职业沟通与团队合作

主编 闫洪雨 王 妍 高 龙

苏州大学出版社

图书在版编目(CIP)数据

职业沟通与团队合作/闫洪雨,王妍,高龙主编. —苏州:苏州大学出版社,2022.1
ISBN 978-7-5672-3794-0

Ⅰ.①职… Ⅱ.①闫…②王…③高… Ⅲ.①人际关系学-高等学校-教材②组织管理学-高等学校-教材 Ⅳ.①C912.11②C936

中国版本图书馆 CIP 数据核字(2021)第 253027 号

| 书　　名：职业沟通与团队合作 |
| 主　　编：闫洪雨　王　妍　高　龙 |
| 责任编辑：孙志涛 |
| 封面设计：刘　俊 |
| 出版发行：苏州大学出版社(Soochow University Press) |
| 地　　址：苏州市十梓街1号　邮编:215006 |
| 印　　装：丹阳兴华印务有限公司印装 |
| 网　　址：http://www.sudapress.com |
| 邮　　箱：sdcbs@suda.edu.cn |
| 邮购热线：0512-67480030 |
| 销售热线：0512-67481020 |
| 开　　本：787 mm×1 092 mm　1/16　印张:12.75　字数:290千 |
| 版　　次：2022年1月第1版 |
| 印　　次：2022年1月第1次印刷 |
| 书　　号：ISBN 978-7-5672-3794-0 |
| 定　　价：42.00元 |

凡购本社图书发现印装错误,请与本社联系调换。服务热线:0512-67481020

《职业沟通与团队合作》编委会

主　审　张明华
主　任　陈树一　孙曙光　徐生华
副主任　郭文锋　常利国　张　勇
　　　　秦国峰　郑志慧　吴景瑞
　　　　王　涛

《职业沟通与团队合作》编写组

主　编　闫洪雨　王　妍　高　龙
副主编　杨　阳　赵长夫　孙庆楠
　　　　李　月
参　编　贾连莹　张纪元　刘春雨
　　　　康　添　毕京铭　徐艳华
　　　　马孝男

前言

2018年以来,国家出台了一系列关于加强本科教育质量的新论述、新要求、新措施,掀起了一场本科教育的质量革命。在关注质量的人才竞争中,已由专业素质竞争转化为包括非专业素质的综合素质的竞争。思想道德素质不高、沟通协调能力欠缺、团队合作能力弱、心理素质欠佳等问题严重制约学生的全面发展。用人单位对一些专业水平高的员工整体评价不高,其主要原因就在于员工非专业素质的匮乏。一定意义上,非专业素质对一个人的全面发展、长远发展起着决定性作用。为此,许多院校注意到这一实际问题,并增加了相关职业素养类课程。

基于以上认识,结合应用型本科院校培养目标、教学要求和学生的学习特点,编写了《职业沟通与团队合作》这本教材,本书分为职业沟通篇和团队合作篇两篇,共11章,内容包含了沟通概述、倾听、说服、拒绝、冲突处理、交谈技巧、非语言沟通、演讲、团队概述、如何融入团队、如何打造团队、如何提高团队执行力和团队合作与竞争等内容。以学习者应用能力的培养和提高为主线,依照职业沟通与团队合作开展的基本过程和规律循序渐进地进行讲解。

本书立足教材是为了教师的"教"和学生的"学"而服务的思想,追求体系的合理、知识的准确和结构的严谨,在内容全面、充实的情况下讲求精练和突出要点,体现了本书的科学性和规范性;在正文中采用了大量的有针对性的案例分享、过程训练、能力测评,有利于达到知识的学以致用,突出了本书的应用性。在每章开头设计了名人名言、学习要点、导学案例,在每章最后安排了拓展阅读,有利于提高教师的教学水平和学生的学习效果,突出本书的方便性。本书可作为应用型本科院校师生的教材和教学参考书。

本书由闫洪雨、王妍、高龙任主编,杨阳、赵长夫、孙庆楠、李月任副主编,贾连莹、张纪元、刘春雨、康添、毕京铭参与了本书的编写工作。在编写过程中,我们参考、借鉴和引用了相关领域的国内外专家学者的研究成果和相关资料,在此致以诚挚的谢意。

由于编者的理论水平和实践经验有限,教材中如有疏漏和不足之处,敬请读者提出宝贵意见。

本研究为2021年黑龙江东方学院思政项目"疫情背景下生涯理论对大学生价值引领和职业选择作用发挥的研究"成果之一,项目编号:HDFKYSZ202102。

编者
2021 年 11 月

目录

职业沟通篇

- 第一章　沟通概述 ·· 3
  - 第一节　了解沟通 ·· 4
  - 第二节　沟通类型 ··· 10
  - 第三节　有效沟通 ··· 13
- 第二章　倾听 ··· 21
  - 第一节　倾听的意义 ·· 22
  - 第二节　倾听的障碍 ·· 25
  - 第三节　倾听的技巧 ·· 33
- 第三章　说服、拒绝与冲突处理 ··· 37
  - 第一节　说服 ·· 38
  - 第二节　拒绝 ·· 45
  - 第三节　冲突处理 ··· 50
- 第四章　交谈技巧 ··· 60
  - 第一节　典型交谈 ··· 61
  - 第二节　赞美和反馈 ·· 67
  - 第三节　职场交谈 ··· 72
- 第五章　非语言沟通 ·· 79
  - 第一节　了解非语言沟通 ·· 80
  - 第二节　典型非语言沟通 ·· 84
  - 第三节　改善非语言沟通 ·· 94

◇ 第六章　演讲 ·· 99
　第一节　了解演讲 ·· 101
　第二节　演讲稿 ··· 104
　第三节　演讲技巧 ·· 113

团队合作篇

◇ 第七章　团队概述 ··· 123
　第一节　认识团队 ·· 124
　第二节　团队类型和功能 ··· 129
　第三节　团队的角色 ··· 132
◇ 第八章　融入团队 ··· 138
　第一节　如何融入团队 ·· 139
　第二节　团队精神 ·· 141
　第三节　团队信任 ·· 144
◇ 第九章　打造团队 ··· 148
　第一节　明确团队目标 ·· 149
　第二节　建立团队制度 ·· 152
　第三节　打造团队文化 ·· 155
　第四节　提升团队能力 ·· 157
◇ 第十章　团队执行力 ·· 162
　第一节　执行力概述 ··· 163
　第二节　团队执行力 ··· 168
　第三节　提高团队执行力 ··· 171
◇ 第十一章　团队合作与竞争 ··· 176
　第一节　团队合作 ·· 177
　第二节　团队竞争 ·· 186
　第三节　团队合作与竞争的关系 ·· 191

参考文献 ·· 196

职业沟通篇

第一章 沟通概述

名人名言

谈话，和作文一样，有主题，有腹稿，有层次，有头尾，不可语无伦次。
——梁实秋

一个人必须知道该说什么，一个人必须知道什么时候说，一个人必须知道对谁说，一个人必须知道怎么说。
——彼得·德鲁克

管理者最基本的功能是发展与维系一个畅通的沟通渠道。
——切斯特·巴纳德

学习要点

- 什么是沟通？
- 沟通的过程和内容是什么？
- 沟通的类型有哪些？
- 什么是有效沟通？
- 有效沟通的特征和原则是什么？
- 我们要克服哪些有效沟通的障碍？

导学案例

为一次调研做具体时间的落实

小高在读博期间，经常要跟着导师去公司做实地调研，有一次，要去一家颇有影响力的高科技企业做调研，导师让小高去安排。小高和企业进行了沟通，并提前一周给导师打电话。

小高问："老师，我已经跟王总联系过了，王总说，他周二和周五都在公司，欢迎我们这两天随时去。"导师回复说："太好了，周一我有课，那我们就周二去吧。"小高接着又问："老师，我们这次去调研，可能要考察公司内部与家长式领导相关的一些问题，对家长式领导的问卷,我经过研究,发现有三个有效的问卷,A版本有42个条目,B版本有28个条目,而C版本只有19个条目,您看我们应该用哪个比较好?"导师说:"42个条目有点太长了,听起来28个条目比较好,但我还不能确定,你把三个版本都发给我,我看过之后再给你回复。"小高回答道:"好的,我这就发给您。另外,我还有个建议,这次问卷能不能改成电子问卷,因为这个公司的大部分员工都是90后,我们采用电子问卷会比较便捷,后期的成本也会更低,所以,这次我们是不是放弃纸版问卷?"导师说:"好!"

由于小高前期的准备工作做得详细而充分,和导师的沟通虽然只花了短短的几分钟,却把具体的调研工作落实下来了,效率非常高,沟通得很顺畅。小高把这次沟通中所要解决的问题,比如要做什么、怎样做、为什么要这么做,有哪些不同的选择,都一一做了详细的分析准备,当他将几个不同的版本展现在导师面前时,让导师既有选择的余地,又能详细了解问题所在,从而达成最大程度的有效沟通。

第一节 了解沟通

一、什么是沟通

对于沟通的概念,可以说众说纷纭。沟通,原意是通过开沟使两水相通。英文中,"communication"这个词,既可以译作沟通,也可以译作交流、交际、交往、通信、传达、传播等。《大英百科全说》中定义沟通就是"用任何方式,彼此交换信息。具体来讲,就是一个人与另一个人采用视觉、符号、电话、文字等工具作为媒介,从事交换信息的方法";《韦氏大词典》中定义沟通就是"文字、文句或消息之交流,思想或意见之交换"。总结以上定义,沟通的基本含义就是"与他人分享共用信息"。具体来讲,沟通就是把某种意思、观念通过某种途径或方式传达给他人,并让别人理解这一意思或观念的过程。

案 例

慷慨的转账

2008年9月,席卷全球的金融危机爆发了。有一百五十八年历史的美国L公司终于支撑不住,于9月15日上午十点正式申请破产;但离奇的是,十分钟后,公司账户竟然收到三亿欧元的巨款。谁如此"慷慨"? 答案是欧洲某国的D银行。

针对此事,法院启动了相关调查。首先被调查的是D银行首席执行官。执行官说,他知道当天要按照协议约定给对方公司转账,至于是否撤销这笔巨额交易,须由董事会开会讨论决定。法院一看,既然此事由董事会讨论决定,则应调查董事长。董事长说,他们还没有得到风险评估报告，无法及时开会决策。为什么报告没有来呢？董事会的秘书打电话给国际业务部催要风险评估报告，那里总是占线，想隔一会儿再打。为什么总是占线呢？国际业务部的经理周末准备带全家人听音乐会，此时正在打电话提前预订门票。

从理论上讲，高层出了问题，中层执行机构还有能力挽回，为什么中层也没有挽回？负责处理 L 公司业务的 D 银行高级经理说，他当时正在休息室喝咖啡，让文员上网关注新闻，一旦有 L 公司的新闻，立即向他报告。文员也不愿背锅，他说："十点零三分我曾上网看到了 L 公司申请破产保护的新闻，赶紧跑到了经理的办公室，他不在办公室，我将一张便条放在桌子上，他回来会看到。"但巧合的是，该经理并没回办公室，故未看到便条。D 银行信贷部负责人说："我在走廊上遇到了文员，他告诉我 L 公司破产的消息，但我相信我们银行职业人员的专业素养，不会犯低级错误，他们应该会处理好的。"

根据调查的结果，造成此次重大损失的一项重要原因就是 D 银行内部的业务部门信息沟通不通畅，相互之间的协调不及时。

案例思考：
虽然这则故事是虚构的，但在一定程度上体现了沟通的力量。

二、沟通的过程

一个完整的沟通过程包括以下环节：信息源、信息编码、信息传输、信息解码、信息反馈和干扰源。图1.1描述的沟通过程模型具体反映了一个完整的信息交流过程，是对人际沟通中最具代表性、最简单的一对一沟通过程的描述。

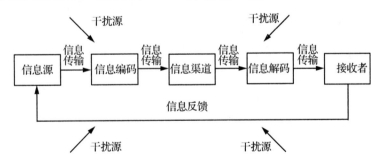

图1.1 沟通过程模型

（一）信息源

信息是沟通的基础，信息产生于信息的发送者。信息发送者在头脑中形成清晰、完整、有条理的信息，这是良好沟通的开始。发送者进行信息策划的过程，就是对信息进行收集、整理、分析的过程，信息策划的过程反映着信息发出者的逻辑思维能力的高低和信息量的多少。很多人在沟通过程中或过程后经常会感到"我都不知道自己说了什么"，这种情况多半是由于信息质量不高造成的。

一般来说，信息越明确，标准化程度越高，其明示程度越强，越有利于沟通。

（二）信息编码

信息编码就是将信息以相应的语言、文字、符号、图形等形式表达出来。除此之外，还要借助于面部表情、声调、手势等身体语言和动作语言等。

信息编码在两方面对沟通效果产生重要影响。一方面，编码方式会影响到信息占用信息载体的容量。例如，计算机文件的字节数、书籍的字数等。一般来说，占用信息载体的容量越少，越有利于提高沟通的效果。例如，要实现视频的网络同步传输和播放，一是要提高网络信息的传输速度，二是要利用数据压缩技术降低信息占用信息载体的容量。

另一方面，编码方式会影响到信息还原的质量，因为任何一种编码方式都会导致信息的损失，即失真，从而影响信息的接收者对信息的接收。例如，非语言沟通会补充和支持语言沟通，但有时非语言沟通也可能弱化或抵消语言沟通，如言行不一致的做法势必会冲淡语言沟通的效果。另外，在使用口头或书面语言来编码时，由于发送者自身语言表达能力的限制、语意模糊不清或者有意过滤信息，如报喜不报忧等，往往会导致信息沟通出现障碍。

（三）信息传输

信息传输就是通过一定的传输渠道将信息从信息发送者传递到信息接收者的过程。随着科技的发展，信息传输渠道越来越多样化。从谈话、演讲、信函到杂志、报纸、电视节目，再到电子邮件、视频通信，都可以实现信息传输。

一个沟通过程很多时候都需要多条渠道共同参与，如面对面谈话，需要同时使用口头表达和身体语言等多种方式进行；另外，一条渠道也可以同时传达多种形式的信息，如视频会议就可以把语言、文字、数字、图像等融合到一起进行传送，这极大地提升了复杂信息传递的效率。

不同渠道适用于传递不同的信息，比如房屋着火，需要电话紧急传输信息，用书面传递显然不合适。渠道选择不当，就可能导致信息传递中断、失真。信息传输过程通常会造成信息损耗。比如，在口头沟通中，声音、音量、音调、语速、距离、环境、面部表情、眼神、身势语都会影响信息传递的效果。图1.2形象地揭示了信息传递时信息损耗的过程。

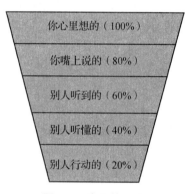

图1.2 沟通的漏斗

（四）信息解码

接收者是信息发送的对象，接收者对所获信息的理解过程称为信息解码。接收者的文化背景及主观意识对解码过程有显著的影响，这意味着信息发送者所表达的意思并不一定能使接收者完全理解。缺乏共同语言、先入为主和心理恐惧等，都可能导致接收者对信息的理解错误。信息发送者和接收者采取一种共同语言进行沟通，是正确解码的重要基础。当然这是一种理想状态，因为每个人都具有自己独特的个性视角，这些个体的差异必然会反映在信息编码和信息解码过程中。但只要沟通双方以诚相待、精诚合作，沟通就会接近理想状态。

（五）信息反馈

信息接收者对所获信息所做出的反应就是反馈。当接收者确认信息已收到，并对信息发送者做出反馈，表达自己对所获信息的理解时，沟通过程便形成了一个完整的闭环。

反馈可以反映出沟通的效果，反馈使人与人之间的沟通成为双向互动过程，可以使传送者了解传递给接收者的信息是否被其理解。沟通中，信息接收者应该积极做出反馈；同时信息发送者也可以主动获取反馈。例如，直接向接收者发问，或通过察言观色来捕捉接收者对所获信息的反应。

（六）干扰源

人们在沟通中都会遇到一些干扰因素，这些干扰因素也被称为噪音。在沟通过程中，噪音是一种干扰源，它可能有意或无意地交织，会影响信息编码或信息解码的正确性，并会导致信息在传送与接收过程中变得模糊和失真，从而影响正常的沟通与交流。

例如，某公司早晨上班时有人发现小王请假没来。一打听，A说："小王病了，好像还挺严重的。"再问，B回答说："小王病重，好像住院了。"之后又有人问："小王怎么没来？"C说："小王住进医院，好像病危了。"再往下问，D说："小王病危，好像快死了。"而事实上，小王只是打了个喷嚏而已。

干扰源可能来自沟通者本身，也可能来自外部环境。例如，在沟通过程中沟通者本身语言表达能力较差，不自觉地出现的一些干扰对方注意力的眼神、表情或身体姿势等，又或者由于沟通双方个性的不同，如性格、受教育程度、气质等，会使沟通受到干扰。外部环境如沟通场所的氛围、噪声、光线等也会对沟通双方产生干扰。因此，为了确保有效沟通，通常要有意识地避开或弱化干扰源，或者重复传递信息，以增强信息传输的完整性。

三、沟通的内容

何因（Why）、何人（Who）、何事（What）、何地（Where）、何时（When）、如何（How），简称"6W"，这6个方面的问题就构成了沟通的基本内容。

（一）何因

"何因"也就是沟通的目标，是所有沟通计划、准备和实施过程都必须围绕的主题。如果目标不明了，整个沟通过程就会南辕北辙。

确定沟通目标非常重要，首先要确定沟通各方的底线，包括沟通双方的沟通理解能力、态度转变、行动能力和意愿的空间，在谈判中也称为可谈判空间。例如，我们对一个两三岁的孩子讲要学好文化、造福社会，这就超出了这个年龄的孩子的理解范围；但如果我们以一种孩子喜欢的食物或玩具作为奖赏，要求这个孩子去背一首唐诗或几个英文单词，则是可能的。

沟通的目标可分为三个层次，分别为总体目标、行动目标和沟通目标。总体目标指信息发送者期望实现的最根本结果;行动目标指走向总体目标的具体的、可度量的、有时限的步骤;沟通目标指信息发送者对信息接收者起何种反应的期望。

例如,某企业为了实现研发部、制造部和市场部的有机协调,总经理决定这三个部门的负责人每月举行一次例会,共同讨论在研发、生产、市场几个部门之间如何高效协调的对策。总经理的总体目标是为了实现公司内部各部门间的沟通;行动目标是要求各部门的负责人每一个月协调讨论一次;而沟通目标则要求各部门的负责人能够了解各部门工作的实际情况并能够领会公司每个阶段的意图。

(二)何人

"何人"指的就是沟通的对象。在沟通过程中,我们不仅要把注意力集中在自身的沟通目标和沟通信息的清晰、简明、准确和完整上,还要充分考虑沟通另一方的感受。评价沟通效果的最终标准是接收信息一方的理解和接受程度,而不单单是信息传递一方表达的清晰程度。

比如,同样是对于一个科学原理的介绍,提供给专业人士使用的科学著作和提供给一般大众的科普书籍在写法上就存在很大的差异。前者的基本原则是尽量使用专业术语,力求逻辑和论证严谨;后者的基本原则是尽量减少专业术语,更讲究通俗易懂。

在沟通之前,有必要搞清楚以下问题:沟通的对象是谁?他们属于哪一类人群?他们的性别、年龄、种族、民族、受教育程度、地位、身份、经历如何?沟通对象对沟通信息了解多少?沟通对象对沟通本身和沟通信息的内容持什么态度?是欢迎还是排斥?预计会有什么反应?

(三)何事

"何事"指的是沟通的主题。主题是指沟通活动紧密围绕的核心问题或话题。在沟通活动中,主题的作用是串起所有相关信息。

以下问题可以帮助人们更好地确定沟通主题:沟通者想传递什么信息?沟通者的沟通对象需要了解什么?沟通者需要讲哪些内容?有哪些沟通信息必须采纳?哪些可以忽略?

另外,有时由于沟通中的不确定性和随意性,可能转入某一细节或一个不相关的话题,故须确定明确的主题并保持主题意识,这是实现高效沟通的重要途径。

(四)何地

"何地"是指沟通活动发生的空间范围,包括地理区域、特定场所和室内布置等。地理区域往往暗示着某种文化背景和区域特征。例如,法国常使人联想到浪漫、考究、富裕、艺术等。特定场所往往暗示着一定的身份和地位。同样接待客人,安排其住在五星级酒店还是住在普通连锁酒店,所暗示的接待方的重视程度肯定不同。室内场所的布局和陈设对沟通双方的心理也有影响。如果一个企业的老板坐在硕大的老板桌后面的老板椅上,桌前放了一张很小的椅子给员工坐或者干脆让员工站着,那么,员工在与老板沟通的过程中一定会感觉到紧张和压力。

沟通的地点也影响人们对信息的解读方式,同样的信息在不同地点的含义是不同的,如同样是老师与学生谈心，在办公室交流和在学生寝室交流，学生的感受会有不同。

（五）何时

时间对沟通效果的影响非常复杂，是多方面的。合适的沟通时机指已经具备沟通的客观环境条件，且双方都愿意进行对话的时候。比如祝福要当场传达，道歉要在事发当天。

选择沟通时间时要充分考虑以下几个问题：沟通对象现在是否有沟通的时间？这个时间是否合适（如时间太晚会影响对方作息，周末会影响对方休闲娱乐等）？沟通对象是否具备较好的时间观念？沟通时间长度如何确定？多久为宜？

（六）如何

"如何"是指实现沟通目标的手段，它包括两个方面的内容：一是沟通形式；二是沟通技巧。

沟通的具体形式有口头沟通、书面沟通和非语言沟通。但随着科技的发展，沟通形式有了更多的选择，沟通也更加的便捷和快速。沟通技巧包括倾听、交谈、提问、回答、说服、拒绝、赞美、冲突处理等。

过程训练

传口令

口令内容："明晚8点钟左右，哈雷彗星将可能在这一地区可以看到，这种彗星每隔76年才能看见一次。命令所有士兵着野战服在操场上集合，我将向他们解释这一罕见的天文现象。如果下雨的话，就在礼堂集合，我将为他们放映一部有关彗星的影片。"可根据课堂需要调整内容，内容需尽量多地包含"何因、何人、何事、何地、何时、如何"。

1. 活动程序

学生按10人一组进行分组。第一个同学看口令，其余同学在走廊准备。第一个同学熟悉口令后，叫小组第二名进到活动现场，第一名需小声重复两遍口令。之后，第三名同学进场接受传递，全组依次传递。最后一位同学把自己理解的口令写在黑板上，将口令原稿和学生所写口令进行对比。

2. 问题讨论

（1）口令传输很成功的原因是什么？

（2）口令传输失败的原因是什么？

（3）如何提高成功率？信息传递过程中要注意什么？

第二节 沟通类型

要学会沟通,首先对沟通的分类要有所了解,从沟通的分类中获得学习沟通理论和技能的基本框架。依据不同的标准,沟通可分为不同的类型。主要的分类有以下几种。

一、语言沟通与非语言沟通

根据沟通所借用的媒介的不同,沟通可以分为语言沟通与非语言沟通。

(一)语言沟通

语言沟通是指以语词符号为载体实现的沟通,主要包括口头沟通、书面沟通和电子沟通等。语言沟通是最有效、运用最广泛的一种沟通方式。

(二)非语言沟通

非语言沟通是指借助非语言符号来实现信息交流,它的内涵十分丰富,包括身体语言、语调、物体位置、空间利用及沟通环境等多种形式。非语言沟通可以交流大量的关于感觉、情绪和态度的信息。这些信息可以通过声音状态、眼神交流、面部表情、手势姿态和接触方式等表现出来,所以非语言沟通也被称为"情绪沟通"。

二、正式沟通与非正式沟通

根据信息在组织中流动的途径不同,沟通可以分为正式沟通与非正式沟通。

(一)正式沟通

正式沟通是指组织中依据规章制度明文规定的原则和渠道进行的沟通。例如,组织间的公函来往,组织内部的文件传达、发布指示、指示汇报、会议制度、书面报告,一对一的正式会见,等等。它的优点是沟通效果好,有较强的约束力;缺点是沟通速度慢。

(二)非正式沟通

非正式沟通是指在正式沟通渠道之外进行的信息传递和交流。例如,员工之间的私下交谈、小道消息、群体闲谈等。这种沟通的优点是沟通方便,沟通速度快,且能提供一些正式沟通中难以获得的信息;缺点是信息容易失真。

三、单向沟通与双向沟通

根据信息发送者与接收者的地位、沟通的互动性,沟通可分为单向沟通和双向沟通。

(一)单向沟通

单向沟通是指不具有反馈渠道的信息沟通。在单向沟通中,信息发送者与接收者两者之间的地位不变,信息保持单向传递,一方只发送信息,另一方只接收信息。双方无论是在情感上还是在语言上都不需要信息反馈。例如，作报告、发布指令等。这种方式，信息传递速度快，但沟通有效性较差，有时还容易使接收者产生抗拒心理。

（二）双向沟通

双向沟通是指具有反馈渠道的信息沟通。在双向沟通中，信息发送者和接收者两者之间的位置在不断交换，且发送者常常是以协商和讨论的姿态面对接收者，信息发出以后还需及时听取反馈意见，必要时双方可进行多次重复商谈，直到双方共同明确和满意为止。双向沟通的优点是沟通信息准确性较高，接收者有反馈意见的机会，双方有平等感和参与感，且这种沟通增加了双方的自信心和责任心，也有助于双方建立感情。

过程训练一

折纸游戏

1．活动程序

每人准备一张 A4 纸，全体闭上眼睛，全程不得发问。把纸对折，再对折，再对折。把右上角撕下来，转 180°，把左上角撕下来。睁开眼睛，打开纸，对比一下大家撕下来的图样是否相同。

2．问题讨论

（1）折纸的结果有什么不同？原因是什么？

（2）单向沟通的缺点是什么？双向沟通比单向沟通具有哪些优势？

四、上行沟通、下行沟通与平行沟通

根据信息流向的不同，可以将沟通分为信息由基层向高层流动的上行沟通、信息由高层向基层流动的下行沟通及信息在同级组织和部门间流动的平行沟通三种沟通方式，如图 1.3 所示。

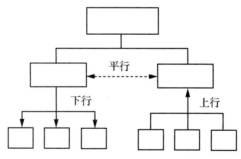

图 1.3 组织沟通类型

（一）上行沟通

上行沟通是指下级的意见向上级反映，即自下而上的沟通。目的就是要有一条让管理者听取员工意见、想法和建议的通路。同时，上行沟通又可以达到管理控制的目的。上行沟通是管理者了解和掌握组织和团体全面情况的重要途径，集体决策实际上要以上行沟通的信息为依据。良好的上行沟通可使管理者掌握真实的情况，从而做出符合实际的决策。

上行沟通的信息内容包含：成员自己的工作表现和问题；有关其他成员的工作表现和问题；有关组织或团体的决策与工作活动的信息；成员个人的需求；等等。

（二）下行沟通

下行沟通是管理者对员工进行自上而下的信息沟通。通常下行沟通的目的是为了控制、指示、激励及评估。在组织中，当信息下行沟通经过许多组织层级时，许多信息会遗失，最后接收者真正能收到的只是一小部分。因此，精简组织，减少组织层次，能使沟通有效执行。

有效的下行沟通并不只是传送命令而已，应能让员工了解公司政策、计划内容，并获得员工的信赖、支持，有助于组织决策和计划的控制，达成组织的目标。

（三）平行沟通

平行沟通是信息在组织或群体内部同一职级或阶层的人员之间流动的沟通活动，比如公司内部同级部门之间的协调合作。平行沟通的目的主要是交换意见，以促进彼此的了解，进而加强合作。

平行沟通具有很多优点：第一，它可以使办事程序、手续简化，节省时间，提高工作效率。第二，它可以使企业各个部门之间相互了解，有助于培养整体观念和合作精神，克服本位主义倾向。第三，它可以增加员工之间的互谅互让，培养员工之间的友谊，满足员工的社会需要，提高员工的工作兴趣，改善员工的工作态度。

平行沟通的缺点表现在，沟通头绪过多，信息量大，易于造成混乱。此外，平行沟通尤其是个体之间的沟通也可能成为员工发牢骚、传播小道消息的一条途径，涣散团体士气，造成消极影响。

五、人际沟通、群体沟通与组际沟通

根据沟通所涉及的范围不同，沟通可以分为人际沟通、群体沟通与组际沟通。

（一）人际沟通

人际沟通是指人与人之间的信息交流过程。即人们采用言语、书信、表情、通信等方式彼此进行的事实、思想、意见、情感等方面的交流，以达到人与人之间对信息的共同理解和认识，取得相互之间的了解、信任，形成良好的人际关系，从而实现对行为的调节。人际沟通是群体沟通与组际沟通的基础。

（二）群体沟通

群体沟通也叫小组沟通或团队沟通，是指在三个及三个以上的个体之间进行的沟通。个体和群体之间及群体和群体之间的一对多、多对多的正式或非正式沟通，比如会议、演讲、谈判等，都属于群体沟通。

组织内部的群体沟通包括信息传递，组织内人与人的相互理解，这些沟通活动以人际沟通为载体，贯穿于组织的活动和工作中，影响管理者的工作效率和领导力。

(三)组际沟通

组际沟通是指组织与组织之间,组织与投资者、供应商、消费者、竞争者、政府、媒体、公众之间以各种形式展开的沟通。组织对外沟通同样依赖人际沟通,代表组织对外交流的领导者、管理者、责任人员的人际沟通决定了组际沟通的效率和效果。

过程训练二

蒙眼摸号

1. 活动程序

集体参与,10~15人一组,让每位学生带上眼罩。老师给每位学生一个数字,这个数字只有学生本人知道。让小组根据每人的数字顺序,从小到大排列出一条直线。哪个小组最先排好为胜。全程不能说话,若有人说话,则判该小组输。

2. 训练目的

让学生体会沟通的多种方法;使学生在条件受限的情况下寻找解决问题的方法;培养学生的创新精神。

3. 问题讨论

(1) 你们小组成功了吗?你们是通过什么样的方法排队的?你是用什么方法来通知小组你的位置及号数的?

(2) 游戏开始前,你们是否进行过沟通?沟通效果如何?

(3) 在排队时,你们小组有没有存在混乱的状态,你们是怎样解决的?

(4) 游戏中,你们是否选出了一个领导者指挥大家进行排队,你们小组的执行能力强吗?大家都听从领导者的指挥了吗?

(5) 各个小组在游戏后交流各自的经验及成功的方法。

(6) 讨论一下是否还有更好的办法。

第三节 有效沟通

所谓有效沟通,是指通过听、说、读、写等载体,通过演讲、会见、对话、讨论、信件等方式将思维准确、恰当地表达出来,以促使对方更好地接受。有效沟通越来越多地被应用在企业管理上,常见主流商业管理课程如EMBA、MBA及其他各类企业培训均将"有效沟通"作为管理者必备的一项素质要求包含在内。

一、有效沟通的特征

有效沟通具有如下特征:

(一) 准确

当你接近你的听众时，隐含之意是在寻求信任。即使你的听众中只有一个听众发现了一个实际错误，你也会陷入困境。在沟通中，不准确有以下典型形式：数据不足、对关键因素的无知、资料解释错误、没有意识到的偏见及夸张。对这些不准确因素保持警戒将提高你在沟通过程中的可信度。

案例一

可怕的差错

早在 2009 年，美国许多州就通过法律，要求药房向有需要的病人提供药方翻译服务。不过，和大多数其他商业机构一样，许多药房的经营者只用电脑软件来进行翻译。在纽约布朗克斯地区进行的一项调查显示，药房使用的电脑翻译程序，超过半数的药方翻译都存在严重错误，而且错误层出不穷。"口服"被译成"少量服用"，"两次"被译成"两个吻"。还有一个极度令人担忧的例子：一位男士按照血压药的说明书一天服了 11 次药，而非实际上要求的一次（once），出现这样的误译是因为"once"一词在西班牙语中就代表数字"11"。

翻译的过程就是典型的沟通过程，如果信息翻译不准确，一些时候后果是不堪设想的。

(二) 清晰

当我们向领导汇报工作、与人沟通讨论的时候，只有清晰表达自己的观点，才能让沟通更顺畅，让汇报更高效。而现实的情况是，我们常常一股脑地把自己的想法说给对方听，这样给对方造成的印象就是混乱、没头绪，对方不知道我们到底要说什么。当别人不知道我们想说什么时，双方就无法达成共识，事情就很难按照我们的期待顺利进展。

让别人听懂，让自己表达清晰，是有套路的。这个套路就是结构化。结构化思维就是面对问题的时候，能够用某种结构把它拆解成能够解决的小的部分。在用语言表达观点时，就是三个层次。

第一层，先说结论。一开始就让对方知道我们最核心的观点，不啰嗦，不废话，对方更容易理解，沟通效率会更高。

第二层，分级论证。按一定的规律将内容归类，再分别进行论证。分级论证的好处是将大问题拆解成小问题，这样就容易找到突破点。同时，也容易发现漏洞，从而在分析问题时能考虑得更全面。

第三层，强化结论。当分析论证完以后，再次强调结论，能让表达的重点更突出，让对方印象更深刻。

(三) 简洁

良好的沟通追求简洁，追求以极少的字传递大量的信息。无论和谁进行沟通，简洁都是一个基本点。每一个人的时间都是有价值的，没有人喜欢不必要的烦琐的沟通。如

P&G等公司对简洁做了规定，高级经理审阅报告不得超过两页，这样的限制降低了办公用纸的使用量，虽然这并不能保证把该说的都说了。简洁并不意味着绝对地采用短句子或省略重要的信息，它是指字字有力。

例如，1954年，周恩来总理出席日内瓦国际会议，为了向外国人宣传中国，表明中国爱好和平的愿望，决定为外国嘉宾举行电影招待会，放映越剧艺术片《梁山伯与祝英台》。为此，工作人员准备了一份长达16页的说明书。周恩来看后笑道："这样看电影岂不太累了？我看在请柬上写上一句话就行，即请您欣赏一部歌剧电影：中国的《罗密欧与朱丽叶》。"果然，一句话奏效，外国嘉宾都知道了这部电影要讲述的故事。

（四）活力

活力意味着生动和易记。人们在组织中有许多责任，并且每天进行许多沟通。人们通常对某个念头或信念只能集中很短一段时间，生动的风格有助于你处于鹤立鸡群的地位。活力部分来自准确、清晰、简洁，部分来自对词语的选择、构思和句式。生动的语言有助于理解并且使你的消息更容易被记住。它还传递信任和决心。

例如，在杭州的"美食家"餐厅，一对新人在举行婚礼时，正赶上滂沱大雨，新人和客人们被大雨淋得很懊丧，婚礼气氛很不愉快。这时，餐厅经理来到100多位客人面前微笑着，高声说："老天爷作美，赶来凑热闹。这是入春以来的第一场好雨。好雨兆丰年，这象征着今天这对新人的未来是十分幸福的。雨过天晴是艳阳天，象征着今天在座的所有客人都将迎来更加灿烂的明天。我提议：为了迎接雨过天晴的明天，大家干杯！"话音刚落，整个餐厅的情绪和气氛发生了180°的转变，沉寂的婚礼场面变得热闹起来。

二、有效沟通的原则

管理学家彼得·德鲁克认为要获得有效沟通，必须首先考察对沟通的四个原则是否满足。

（一）沟通是一种感知

与他人说话时必须依据对方的经验。如果一个经理人和一个半文盲员工交谈，他必须用对方熟悉的语言，否则结果可想而知。谈话时试图向对方解释自己常用的专门用语并无益处，因为这些用语已超出了他们的感知能力。接受者的认知取决于他的教育背景、过去的经历及他的情绪。如果沟通者没有意识到这些问题的话，他的沟通将会是无效的。另外，晦涩的语句就意味着杂乱的思路，所以，需要修正的不是语句，而是语句背后想要表达的看法。

有效的沟通取决于接受者如何去理解。例如，经理告诉他的助手："请尽快处理这件事，好吗？"助手会根据老板的语气、表达方式和身体语言来判断，这究竟是命令还是请求。彼得·德鲁克说："人无法只靠一句话来沟通，总是得靠整个人来沟通。"

所以，无论使用什么样的渠道，沟通的第一个问题必须是："这一信息是否在接受者的接收范围之内？他能否收得到？他如何理解？"

案例二

秀才买柴

有一个秀才去买柴,他对卖柴的人说:"荷薪者过来!"卖柴的人听不懂"荷薪者"(担柴的人)三个字,但是听得懂"过来"两个字,于是把柴担到秀才前面。秀才问他:"其价如何?"卖柴的人懵懵懂懂,但是听清了"价"这个字,于是就告诉秀才价钱。秀才接着说:"外实而内虚,烟多而焰少,请损之。"(你的木材外表是干的,里头却是湿的,燃烧起来,会浓烟多而火焰小,请减些价钱吧。)这次,卖柴的人因为听不懂秀才的话,于是担着柴就走了。

(二)沟通是一种期望

对信息发送者来说,在进行沟通之前,了解信息接收者的期待是什么尤为重要。只有这样,我们才可以知道是否能利用他的期望来进行沟通。

例如,一位经理安排一名主管去管理一个生产车间,但是这位主管认为,管理车间是一件费力不讨好的事。经理于是开始了解主管的期望,如果这位主管是一位积极进取的年轻人,经理就应该告诉他,管理生产车间更能锻炼和反映他的能力,今后还可能会得到进一步的提升;相反,如果这位主管只是得过且过,经理就应该告诉他,由于公司精简人员,他必须去车间,否则只能离开公司。

(三)沟通产生要求

沟通永远都是一种宣传,都是为了达到某种目的。沟通总会产生要求,它总要求信息接收者要成为某人、完成某事、相信某种理念,它也经常诉诸激励。换言之,如果沟通能够符合信息接收者的渴望、价值与目的的话,它就具有说服力,这时沟通会影响和改变一个人的性格、价值、信仰与渴望。假如沟通违背了信息接收者的渴望、价值与动机时,信息接收者可能一点也不会接受,甚至抗拒。

一家公司员工因为工作压力大、待遇低而产生不满情绪,纷纷怠工或准备另谋高就,这时,公司管理层反而提出口号"今天工作不努力,明天努力找工作",更加招致员工的反感。

(四)信息不是沟通

公司年度报表中的数字是信息,但在每年一度的股东大会上董事会主席的讲话则是沟通。当然这一沟通是建立在年度报表中的数字之上的。沟通以信息为基础,但和信息不是一回事。

信息与人无涉,不涉及人际间的关系。它越不涉及诸如情感、价值、期望与认知等人为的成分,它就越有效力且越值得信赖。信息可以按逻辑关系排列,技术上也可以储存和复制。信息过多或不相关都会使沟通达不到预期效果,而沟通是在人与人之间进行的。信息是中性的,而沟通的背后都隐藏着目的。

尽管信息对于沟通来说必不可少,但信息过多也会阻碍沟通。信息就像照明灯一样,当灯光过于刺眼时，人眼反而会看不见。信息过多也会让人无所适从。

三、有效沟通的障碍

我们与他人的沟通存在着一个重要问题，即各种各样因素影响着沟通过程，影响信息传递的真实性和易于理解的程度。人们交谈时所处的环境千差万别，各种各样的环境因素时常会吸引人们的注意力，不仅从客观上干扰信息传递过程，消减、歪曲信号，同时，也会影响沟通者的心境，从而改变倾听者的主观意识，影响倾听的效果。

常见的干扰源来自很多方面的内容。认知水平、伦理道德观、价值观等方面的差异，交流环境、健康状态、心理状态、情绪波动及身份地位差异等都会对沟通产生显著影响。信息传递媒介的物理性障碍、模棱两可的语言、难以辨认的字迹、不同的文化背景等，都会在很大程度上造成信息失真，阻碍沟通。具体地分析和解决沟通中的噪声源，可以改善沟通效果，提高沟通的有效性。

（一）心理障碍

人的心理状态会成为人际关系发展的障碍。人际关系是一种建立在心理接触基础上的社会关系，沟通是人际关系中最为重要的一环，所以，在沟通中，心理障碍产生的影响最大，也最直接。例如，嫉妒心理、自负心理、羞怯心理、自卑心理、恐惧心理、猜疑心理、孤僻心理等对沟通会造成很大的影响。

（二）语言障碍

语言是最重要的沟通工具，语言又很复杂，掌握运用语言的能力绝不是简单的事。由于语言方面的原因引起的沟通麻烦到处可见。很多误会、争吵和冲突都是由于沟通者不能明确地表达自己的意思引起的。

语言差异造成隔阂、语言习惯造成误解、语言不明造成歧义，在我们日常沟通中时有发生。中国幅员辽阔，是个多民族的大家庭，许多民族有自己的独特语言，不同民族间的交流就面临语言差异障碍，同样不同地域的方言也会造成沟通障碍。语言习惯也会因为地区不同而存在差异，如北方人称老年男子为老先生是尊称，在上海嘉定人听来，会认为侮辱他。语言不明大多为语言表达上的失误所造成的，表达中措辞不当或者内容失调都可能使对方不知所云。例如，某学生给学校领导写信："张老师对自己十分关心，一有进步就表扬自己。"这就会给学校领导造成困扰，这里面的"自己"到底是"学生自己"还是"老师自己"？所以在语言表述中要注意词语搭配得当，根据场合和沟通双方地位、品位的不同，分别选用恰当的词语。在内容上做到表述完整，分清主次。

（三）场所和地位障碍

在会议厅里向下属征询建议，大家会十分认真地发言；但若换作在餐桌上，下级可能会随心所欲地谈谈想法，有些自认为不成熟的念头也在此得以表达。在咖啡厅里上司随口问问你西装的样式，你会轻松地聊几句；但若老板特地走到你的办公室前发问，你多半会惊恐地想这套衣服是否有违公司仪容规范。这是由于在不同场合，人们的心理压力、氛围和情结都大有不同。

(四) 信息渠道障碍

信息传递者应该根据传达信息的要求和接收者的特点选择合适的信息渠道，提高沟通效果。如果你想让接收者迅速采取行动，就不要传送冗长的文字报告，而应打电话或直接到他办公室说明来意。一张图片可以起到用语言无法表达的效果，用计算机制作图片信息或其他信息是快捷传递信息的有效方法。不适宜的信息渠道会降低或扭曲信息传递的准确性。

(五) 环境障碍

沟通过程中会存在很多干扰。几个人一起谈话，同时进行的交流会相互影响彼此的沟通效率。有人做过一个实验，如果让一个人同时听到两个信息，他会选择复述一个，而放弃另一个。所以荀子说："耳不能两听而聪。"（《劝学篇》）抵抗环境干扰是很费力的事，需要倾听者细心克服。

另外，干扰因素并非只是他人同时进行的谈话，还包括令人分神的举止，不合场合的装束，缭乱的字迹，等等。比如，穿透房间的汽车噪声，办公室里其他人电脑键盘噼噼啪啪的敲击声，人员在办公室内频繁走动，漫无目的地用手拨弄铅笔，在进行交流的关键阶段送来了咖啡或响起了电话铃声，等等。

(六) 文化障碍

文化差异存在于国与国之间、不同地区与民族之间，也存在于组织与组织之间、组织内部各个部门之间。文化差异勾勒不同的意识形态和行为准则，在不同的文化下，同样的信息、同样的行为会得到不同的理解。例如，在组织内部，研发部门和生产部门之间常常存在文化差异。研发部门的人员具有长期意识，注重未来；而生产部门的管理者只关心装配流水线的运行，关心完成每日的生产指标。再如在世界上的大部分国家里，点头表示"同意"，摇头表示"不同意"；而在印度的一些地区，意思则截然相反。

(七) 反馈障碍

虽然单向信息交流快捷，但双向信息交流更加准确。在复杂的交流环境中，双向交流既有助于信息传递者和接收者判断其理解是否有误，也可促使沟通双方全身心地投入沟通内容中去，察觉并消除误解。

案例三

不善沟通，从同事到冤家

小贾是公司销售部一名员工，为人比较随和，不喜争执，和同事相处融洽。但是，前一段时间，不知道为什么，同一部门的小李老是处处和他过不去，有时候还故意在别人面前指桑骂槐，对跟他合作的工作任务也都有意让小贾做得多，甚至还抢了小贾的好几个老客户。

起初，小贾觉得都是同事，没什么大不了的，忍一忍就算了。但是，看到小李如此嚣张，小贾一赌气，告到了经理那儿。经理把小李批评了一通，从此，小贾和小李成了绝对的冤家了。

小贾所遇到的事情是在工作中常常出现的一个问题。在一段时间里，同事小李对他的态度大有改变，这应该让小贾有所警觉，应该留心是不是哪里出了问题了。但小贾只是一味地忍让，忍让不是一个好办法，更重要的应该是多沟通。

小贾应该考虑是不是小李有了一些什么想法，有了一些误会，才让他对自己的态度变得这么恶劣，他应该主动及时地和小李进行一个真诚的沟通，比如问问小李是不是自己什么地方做得不对，让他难堪了之类的。任何一个人都不喜欢与人结怨，可能他们之间的误会和矛盾在比较浅的时候就能通过及时的沟通而消失。

小贾到了忍不下去的时候，他选择了告状。其实，找主管来说明一些事情，不能说方法不对。关键是怎么处理。小贾、部门主管、小李三人犯了一个共同的错误，那就是没有坚持"对事不对人"，主管做事也过于草率，没有起到应有的调节作用，他的一番批评反而加剧了二人之间的矛盾。正确的做法是：把双方产生误会、矛盾的疙瘩解开，加强员工的沟通，这样做的结果肯定会好得多。

过程训练

训练一：经历交流

请同学们想一想，在生活中你的亲身经历，有哪些是受某种障碍影响而导致了沟通失败或克服了某种障碍而取得了成功？

在不影响隐私的前提下，把你的经历写下来，并尝试着与大家交流。

训练二：分析自己的沟通能力

（1）是不是很难找到一个大家都有兴趣的谈话题材？

（2）是不是常常无意中说些犯了别人禁忌的话？

（3）发觉自己的话使别人发生反感时，是不是只能发愁，不知如何是好？

（4）能不能把自己所要谈的问题，用各样不同的表达方式表达，以适应每一个不同的谈话对象？

（5）是不是在熟识的人面前就有很多话说，而在陌生人面前却连一句话也说不出来呢？

（6）是不是在遇见别人不同意自己的意见时，只会再三地重复自己已经说过的话呢？

（7）是不是喜欢和别人发生争执？

（8）是不是常常被人说自己很固执呢？

（9）对于比自己年龄大或地位高的人，有没有给予适当的尊敬呢？

（10）自己一向跟别人谈话的态度恰不恰当呢？

（11）能不能根据别人的说话方式来调整自己的态度？

（12）自己说话的内容是不是不能引起别人的发言？

（13）是不是自己的谈话总是东一句西一句地没有条理、内容空洞？

（14）是不是能够很轻松自然地改变谈话的题材？

(15) 是不是不知道应该在何时结束自己的谈话？

(16) 是不是口齿不清？

(17) 说话的声调是不是不悦耳？

(18) 是不是常常忘记别人的姓名？

(19) 是不是常用一些不文雅的俗话？

(20) 是不是一旦见了陌生人或在人群中，就觉得好像无话可说？

对于以上20个问题，一般人几乎都不可能完全做到，但必须先弄清楚自己究竟在哪一方面发生困难。可以用一支红笔，在有困难的问题上做一个记号，看究竟困难是多还是少，并研究如何改善。

拓展阅读

[1] 宋晓阳. 完美沟通［M］. 北京：中国友谊出版公司，2020.

[2] 樊登. 可复制的沟通力：樊登的10堂表达课［M］. 北京：中信出版社，2020.

第二章　倾听

名人名言

倾听对方的任何一种意见或议论就是尊重，因为这说明我们认为对方有卓见、口才和聪明机智，反之，打瞌睡、走开或乱扯就是轻视。

——霍布斯

要做一个善于辞令的人，只有一种办法，就是学会听人家说话。

——莫里斯

做一个好听众，鼓励别人说说他们自己。

——戴尔·卡耐基

学习要点

- 倾听的意义是什么？
- 影响倾听效果的障碍有哪些？
- 如何用同理心倾听，进行沟通交流？

导学案例

在古希腊，苏格拉底教授沟通技巧，有一个人慕名而来，他为了在老师面前展示自己的才能，滔滔不绝地谈论自己具有何等的天赋与才能，他为了来学习做了多少准备。苏格拉底听完之后，表示可以收下他做学生。但是，苏格拉底说："你必须缴纳双倍的学费。"这人疑惑不解，怯怯地问："为什么要收我双倍的学费呢？"苏格拉底说："我除了要教你怎样说话以外，还得先教你怎样做一个听者，你得要先学会倾听。"

会说话是一种才能，会倾听不仅是一种才能，也是一种修养。在与人的沟通中，倾听与说话一样重要。

第一节 倾听的意义

狭义的倾听是指用听觉系统去听别人说的话或描述的事；广义的倾听则是指用心、认真、有共鸣地听人倾诉甚至通过文字书信来倾听，倾听过程中有互动、询问、解答、感同身受和安抚等表现。

倾听可以让我们彼此了解，彼此接纳，彼此尊重。它的意义不只是给对方一个表达意见的机会，它实际是放下姿态，用温暖的笑脸去面对说话者，加强彼此的沟通，获得对方的尊重与信任。

要想获得倾听的技巧，首先要了解倾听的意义。

一、倾听是信息获取的重要来源

根据维恩拉克的调查，美国企业管理人员每天约有33%的时间用于倾听，更有研究表明，多数公司的员工要把60%的时间花在倾听上。缺乏经验的人可以通过倾听来弥补自己的不足，富有经验的人通过倾听可以使工作更出色，善于倾听各方面的意见有利于做出正确的决策。

中国古代的帝王，深知倾听对于了解民情、巩固自己统治的重要性，所以，从秦代起就有了搜集民谣、以观风俗的专业机关——乐府。乐府搜集的民谣一方面供自己享受，另一方面借以观察人民对于朝政国事的意见。

日本经营之神松下幸之助（图2.1）是一位善于倾听的人，一次他在市场闲逛，听到几位妇女讨论说："现在家里电器多了，家用电器的电源插头不够用，如果有一个能同时插上几种电器的插头，就方便多了。"说者无意，听者有心，松下幸之助回去研制，很快生产出三通电源插头。

图2.1 松下幸之助

案例一

听来的锅盔

在第一次世界大战期间的一天，德军突然向法军的一个阵地发动猛烈的进攻。顿时炮声隆隆，法军阵地被炸得烟雾弥漫，连厨房也没有幸免。

这时，在厨房里值班的一个法军士兵要去前沿阵地战斗。但是，天上纷纷落下炮弹皮、石头、树枝。他怕头被砸伤，慌乱之中拿起一个炒菜锅扣在头上，奋勇冲上前沿阵地，战斗异常激烈，法军伤亡惨重，战斗结束后，虽然他身上也多处挂彩，但头部没有受伤，成了这个阵地唯一活着的人。

事后，法国将军亚德里安来医院慰问伤员，看到这个士兵，便问他是怎么脱险的，他说，这要归功于炒菜的铁锅，士兵向将军讲述了他头上扣着铁锅参加战斗的经历。将军拿起炒菜铁锅，看了看，脑海里闪现出了"钢盔"的想法，于是，法国工程师根据亚德里安将军的指示，设计出了现代军用钢盔，并命名为"亚德里安头盔"。第二年，每个法国士兵头上都戴上了这种头盔。后来，军用头盔就在各国军队中很快推广开了。

二、倾听有利于知己知彼

了解他人、通往他人内心世界最好的方式，除了观察，就是用心倾听。通往别人内心世界的第一步就是认真并乐于倾听他们的语言，在陈述个人观点之前先让对方畅所欲言，自己则专心倾听，就能做到有的放矢，找到说服对方的关键突破口。用心倾听同样有利于了解自己。

马克·吐温有篇题为《神秘的访问》的小说，小说中写道，某人接待一位来访者，为了诱惑对方，抬高自己的身价，胡诌瞎吹自己每年每月有十分可观的收入。结果，这位陌生人原来是估税员，正想抓住一两个阔佬收一笔巨款呢！从这个例子中我们可以看出，人际沟通中，如果不注意倾听，不注意了解对方的意图，难免吃亏上当，至少会带来某种麻烦。

三、倾听有利于获得友谊和信任

每个人都有强烈的倾诉愿望，特别希望有人愿意听听自己的心声，发发牢骚，诉诉苦……如果你能倾听，让他人尽情说自己想说的话，会拉近人与人之间的距离。在与人交谈的过程中，认真聆听，对对方的话题表示出浓厚的兴趣，实际上是对对方最大的尊重。倾听无论在朋友之间、同事之间，抑或在家人之间，都是十分重要的。

案例二

隔阂的产生

圣诞节前，一个男人为了和家人团聚，兴冲冲从异地乘飞机赶往家中。男人一路上幻想着团聚的喜悦情景。恰恰老天变脸，这架飞机在空中遭遇猛烈的暴风雨，飞机脱离航线，上下左右颠簸，随时随地有坠毁的可能，空姐也惊恐万分地嘱咐乘客写好遗嘱放进特制的口袋。这时，飞机上所有人都在祈祷。在这万分危急的时刻，飞机在驾驶员的冷静驾驶下平安着陆，大家都松了一口气。

这个男子回到家后异常兴奋，不停地向妻子描述在飞机上遇到的险情。

然而，他的妻子正和孩子们兴致勃勃地分享着节日的喜悦，对他的经历丝毫不感兴趣。男人叫喊了一阵，却发现没有人听他倾诉，他死里逃生的巨大喜悦与被冷落的心情形成强烈的反差，他觉得妻子并不关心自己，渐渐地和妻子产生了距离感，不久后，男子提出了离婚。

每个人在烦恼和喜悦后都有一份渴望，那就是对人倾诉，他希望倾听者能给予理解与赞同，然而那位妻子没有做到。

如果你是这个人的妻子，你会怎样做？

四、倾听是推销的最好手段

卡耐基曾说："一双灵巧的耳朵胜过十张会说话的嘴巴。"有些销售人员在面对客户时喋喋不休地介绍产品如何好，产品功能如何齐全，企业如何优秀，使用自己的产品能给客户带来多大的收益，却忽略了倾听客户的意见和想法。从销售成果来看，不具备专业的"听"的能力，其销售业绩往往也不会很理想。

认真倾听，才是增进彼此信任的催化剂，无论你是推销自己还是推销物品，学会倾听对方，你才会真正走进对方心里，最终成功获取信息或达成目的。

案例三

一个汽车推销员的故事

他是世界上最伟大的推销员，连续12年荣登吉尼斯世界纪录大全世界销售第一的宝座，他保持着世界汽车销售纪录：连续十二年平均每天销售6辆车。他还是世界上最受欢迎的演讲大师，曾为众多世界500强企业精英传授他的宝贵经验，来自世界各地数以百万计的人们被他的演讲所感动，被他的事迹所激励。他就是美国雪佛兰汽车推销员——乔·吉拉德。

下面介绍一段吉拉德入职初期的推销故事：

有一次，吉拉德花了将近一个小时的时间让顾客下决心买车，接下来他要做的仅仅是让顾客走进自己的办公室把合约签好。

在走向办公室的过程中，那位顾客给吉拉德说起了自己的儿子。"乔，我儿子考进了普林斯顿大学，他毕业就能当医生了。"顾客十分自豪地说着。

"太棒了。"吉拉德回答说。

两人继续前行，吉拉德开始看着其他顾客。

"乔，我儿子很聪明吧？他还是婴儿的时候，我就发现他很聪明了。"

"孩子的成绩肯定很棒吧？"吉拉德应付着问道。

"是呀，在他们班，他学习最好了。"

"那他高中毕业后打算去干什么？"吉拉德心不在焉。

"乔，我刚才告诉你他考上普林斯顿大学了呀？将来毕业要当医生的。"

"哇，对，他真是太棒了。"吉拉德说。

那位顾客看了看吉拉德，感觉吉拉德并不重视自己所说的话，于是，他说了句"我该走了"，转身走出了车行，只剩下吉拉德呆呆地站在那里。

下班后，吉拉德到家回想这一天的工作，分析自己做成的交易和失去的交易，并开始分析失去客户的原因。

第二天，吉拉德再次给昨天的顾客打电话，诚恳地询问道："我是吉拉德，我想我有一辆更好的车可以推荐给您。"

"哦,伟大的推销员先生,"顾客说,"我要告诉你的是,我已经从别人那里买到车子啦。"

"是吗?"

"对,我从那个欣赏我谈话的推销员那里买到的。乔,当我提到我儿子时,他是那么认真地听。"顾客沉默了一会,接着说:"乔,你知道吗?你并没有听我说话,对你来说我儿子当不当医生并不重要。你真是个笨蛋!当别人给你说他骄傲的事情时,你应该聚精会神地倾听着。"

案例思考:

请结合案例,简述吉拉德销售失败的原因,并思考倾听最重要的价值在哪里。

案例四

某公司主管张主管属下一个最优秀的技术员王某今天递上了辞呈,辞呈几乎没有说明任何辞职的理由。张主管脑袋一拍,想起自己好长时间没有关心过这位优秀的技术员王某,他想起总经理经常指示各级主管要学习沟通的技巧。因此,他向王某发出了邀请,请他今天下班后一起到咖啡厅聊聊天,王某十分爽快地答应了。张主管和王某一同坐在咖啡厅后,张主管开始了他的演讲。他想挽留王某,因此从企业文化、经营理念说起,谈到企业的前途,谈到自己工作的繁忙,谈到他自己正在苦苦探索的员工绩效考核指标,谈到自己如何的为员工着想,正准备向总经理要求多给员工发放奖金……可是,当张主管谈到最得意的时候,王某却向他提出了告别。

案例思考:

如果你是张主管,你要怎样做,才有可能挽回王某呢?

第二节 倾听的障碍

要想做到有效倾听,就要先了解干扰倾听的因素,从而找到解决的办法。影响倾听的因素有很多,按照其来源可分为主观障碍和环境障碍。

一、主观障碍

在沟通过程中,造成沟通效率低的最大原因在于倾听者本身。有研究表明,沟通过程中的信息失真主要是在理解和传播阶段,归根结底在于倾听者的主观因素。

(一)倾听者急于发言

在他人话还没说完就打断对方,即使没有打断也表现为内心的不耐烦。著名日裔美籍语言学家塞缪尔·早川曾说:"我们都倾向于把他人的讲话视为打乱我们思维的烦人东西。"在这种思维情况下,许多人认为只有说话才是表达自己、说服对方的唯一有效方法,若要掌握主动,便只能不停地说。在这种情况下,倾听者容易迫不及待地打断对方。

(二)倾听者排斥有异议的信息

倾听者往往为了达成自己的目的,拒绝倾听自己不喜欢、和自己意见不一致的意见,注意力不能够集中在逆耳之言中。

(三)倾听者表现出消极的身体语言

你有没有在听人说话时东张西望,双手交叉抱在胸前,甚至不停地用手敲打桌面?这些动作会被视为发出这样的信息:"你有完没完?我已经听得不耐烦了。"不管你是否真的不愿意听下去,这些消极的身体语言都会大大妨碍你们沟通的质量。

(四)倾听者急于结束谈话

如果注意力不集中,那么你只会把一部分注意力放在倾听上;如果你觉得对方的话无聊或让你感到不自在,可改变话题或者讲笑话,终止对方谈话的思路。

斯坦福大学的来历

美国有一所著名大学叫哈佛大学,在美国加州还有一所大学叫斯坦福大学。

相传有一天,一对中年夫妻,穿得非常的朴素简单,来到哈佛大学。秘书一看,便迅速地做出了判断:他不会跟我们哈佛有任何业务往来的。然后秘书说,我们校长太忙了,时刻都在忙。中年夫妻就说没有关系,我们可以等他。秘书就想,我们冷淡了他们,他们一定会迅速地离开。但是没想到他们一直在等,后来这位秘书没有办法,就跟校长说,你就见一见他们吧,没准见了马上就走了。

校长非常不情愿地见了他们,这对夫妻对校长说,我们的儿子非常喜欢这所学校,但是很不幸,一年前他由于染病去世了,我们想给学校捐建一个纪念物。校长说:"如果每一个喜欢哈佛大学的人去世了我们都建设一个纪念碑的话,我们哈佛大学岂不成墓地了吗?"然后这对夫妇说:"我们不是要建纪念碑,我们要捐一个建筑物。"校长不但没有被感动,反倒觉得很好笑,反问他们:"你们知道哈佛大学的一栋楼多少钱吗,我们的建筑总价值达到了七百五十万美元。"这对夫妻沉默了,校长心想我终于可以把你们赶走了。

在回去的路上,妻子转过头跟丈夫说,七百五十万就可以建一所大学,那么何不建一所大学来纪念我们自己的儿子呢?他们就去了加州建立了一所新的大学,也就是后来的斯坦福大学。这对夫妇,丈夫是当时的加州铁路大王、曾担任加州州长的利兰·斯坦福。哈佛大学的校长由于没有倾听人家的全部信息,主观地做出判断,使哈佛失去一个非常好的发展机会。

案例思考:

在沟通过程中,我们不能凭主观臆断,要善于倾听全部的信息。

> 过程训练一

倾听对照训练

美国倾听方面的研究者迈克尔·普尔迪对900名年龄在17~70岁的大学生和军队学员进行调查,发现好的倾听者和差的倾听者存在着如下一些差异,如表2.1所示。请按照下面表格的内容与自己的倾听习惯进行对照训练,以训练自己获得良好的倾听习惯。

表2.1 倾听对照训练表

好的倾听者	差的倾听者
适当使用目光接触	不保持目光接触(眼神游离)
对讲话者语言和非语言行为保持注意和警觉	心烦意乱,不注意讲话者
容忍且不打断(等待讲话者讲完)	打断讲话者(不耐烦)
使用语言和非语言表达来表示回应	谈论太多
用不带威胁的语气来提问	很少给讲话者反馈或没有反馈
解释、重申和概述讲话者所说的内容	改变主题
提供建设性的反馈	做判断
移情(起理解讲话者的作用)	忙得顾不上听
显示出对讲话者的外貌感兴趣	对讲话者不感兴趣
展示关心的态度,并愿意倾听	自己抢先说话
不批评、不判断	给予不必要的忠告
敞开心扉	思想封闭

二、环境障碍

对于职场沟通来说,环境障碍直接影响着倾听的顺利开展。环境障碍详见表2.2。

表2.2 环境类型特征及倾听障碍源

环境类型	封闭性	氛围	对应关系	主要障碍源
办公室	封闭	严肃、认真	一对一、一对多	不平等造成的心理负担,紧张,他人或电话打扰
会议室	一般	严肃、认真	一对多	对在场他人的顾忌,时间障碍
现场	开放	可松可紧、较认真	一对多	外界干扰,事前准备不足
谈判	封闭	紧张、投入	多对多	对抗心理,说服对方的愿望太强烈
讨论会	封闭	轻松、友好、积极投入	多对多、一对多	缺乏从大量散乱信息中发现闪光点的洞察力
非正式场合	开放	轻松、舒适、散漫	一对一、一对多	外界干扰,易走题

表2.2展示了不同的环境带来的倾听障碍,分析了沟通主客体通常所处的几种倾听

环境,主要从环境的封闭程度、环境氛围和谈话者双方对应关系三个因素来分类,并指出该环境中影响倾听效果的主要障碍来自何处。

案例二

巴顿将军尝汤

巴顿将军为了显示他对部下生活的关心,搞了一次参观士兵食堂的突然袭击。在食堂里,他看见两个士兵站在一个大汤锅前。

"让我尝尝这汤!"巴顿将军向士兵命令道。

"可是,将军……"士兵正准备解释。

"没什么'可是',给我勺子!"巴顿将军拿过勺子喝了一大口,怒斥道:"太不像话了,怎么能给战士喝这个?这简直就是刷锅水!"

"我正想告诉您这是刷锅水,没想到您已经尝出来了。"士兵答道。

案例思考:

只有善于倾听,并且在倾听之后再做出决定,才不会做出像巴顿将军这样愚蠢的事!

过程训练二

商店打烊

让同学们领会倾听中存在的障碍。

1. 活动程序

(1) 老师将故事向同学们读一遍,请学生在5分钟内完成答题纸上的选择题;答完后再请同学们统计"对""错""不确定"的数目。

(2) 老师将故事发给学生后,将正确的答案告知学生,并说明判断的理由。

(3) 请根据以下这个简短的故事回答下列12个问题:

一个商人刚关上店里的灯,一男子来到店堂并索要钱款。店主打开收银机,收银机内的东西被倒了出来,而那个男子逃走了。一位警察很快接到报案。

请仔细阅读下列有关故事的提问,并在"对""错""不确定"三者中圈选出你认为正确的答案。

① 店主将店堂内的灯关掉后,一男子到达。　　　　　　　　对　错　不确定
② 抢劫者是一男子。　　　　　　　　　　　　　　　　　　对　错　不确定
③ 来的那个男子没有索要钱款。　　　　　　　　　　　　　对　错　不确定
④ 打开收银机的那个男子是店主。　　　　　　　　　　　　对　错　不确定
⑤ 店主倒出收银机中的东西后逃离。　　　　　　　　　　　对　错　不确定
⑥ 故事中提到了收银机,但没有说里面具体有多少钱。　　　对　错　不确定
⑦ 抢劫者向店主索要钱款。　　　　　　　　　　　　　　　对　错　不确定
⑧ 索要钱款的男子倒出收银机中的东西后,急忙离开。　　　对　错　不确定
⑨ 抢劫者打开了收银机。　　　　　　　　　　　　　　　　对　错　不确定

⑩ 店堂关掉灯后，一个男子来了。　　　　　　　　　对　错　不确定
⑪ 抢劫者没有把钱随身带走。　　　　　　　　　　　对　错　不确定
⑫ 故事涉及3个人物。店生、一个索要钱款的男子以及一个警察。对　错　不确定

（4）上面12题的答案说明如下：

① 答案：不确定。商人可能是店主，也可能不是店主。
② 答案：不确定。"一男子"不一定是抢劫者，可能是乞丐。
③ 答案：错。故事明确说明"一男子来到店堂并索要钱款"。
④ 答案：不确定。店主的性别不确定。
⑤ 答案：不确定。不知是谁倒出来的。
⑥ 答案：对。
⑦ 答案：不确定。可能是"乞丐"索要钱款。
⑧ 答案：不确定。东西倒了出来，但不知是谁倒的。
⑨ 答案：错。是店主打开收银机。
⑩ 答案：对。
⑪ 答案：不确定，不一定是抢劫。
⑫ 答案：不确定。也可能涉及4个人：一个商人、一个索要钱款的男子、店主、警察。

2. 结果应用

也许你看了答案后，会觉得有些奇怪，本来那么多可以确定的事情，为什么答案大多是不确定的？这是因为，我们在日常生活中大多是靠着知觉来判断世界的，而知觉本身都是带有一定的认知偏差的，它会结合我们的经验、惯例，对外界事物进行想当然的判断，但是这种判断并不完全符合事实，需要我们用心去倾听和分析，发现其中潜在的逻辑关系和事实真相。

三、克服倾听障碍的方法

克服倾听障碍，主要有以下几种方法。

（一）营造良好的环境气氛

环境不好是倾听的第一障碍。环境对人的听觉与心理活动有重要影响。环境中的声音、气味、光线及色彩、布局，都会影响人的注意力与感知。布局杂乱、声音嘈杂的环境将会导致信息接收的缺损。

1. 营造幽静的环境

清除房间中有形的和无形的杂音，如电脑机箱的声音等，并避免别人的突然打扰，最好把手机也关掉。

2. 营造轻松的气氛

在谈话开始之前轻松地调侃一些无关的话题，在倾听的过程中保持微笑的表情，都有助于下属在轻松的气氛中诉说心事。

（二）打消下属的疑虑

在职场沟通中，如果下属在你面前躲躲闪闪，害怕言多有失，则他表达的信息必然会出现偏差。在谈话开始前，可以先告诉下属：我只听你的意见，没有记住你是谁，让下属敢于畅所欲言。

（三）平静下属激烈的情绪

有时候下属在提意见的时候，会表现出很激烈的情绪，使用过激的言辞或者表达过度的抱怨，等等。这种情况下，受自身情绪的影响，下属很难发出有效的信息，从而影响倾听的质量。在这个时候你要微笑着拍拍下属的肩膀，附和一下，并说一些平静下属心理的话："小伙子，别那么激动，事情总会有解决办法的。"如果还不行，就稍微沉默一会，或者让下属去洗洗脸，先让他慢慢平静下来。

（四）克服自己的主观障碍

研究表明，信息的失真主要是在理解和传播阶段，归根到底在于倾听者的主观障碍。下面给出几点建议：

1. 避免由于自己粗心大意导致的沟通失误

（1）尽早列出你要解决的问题。

（2）在会谈接近尾声时，与对方核实一下你的理解是否正确，尤其是关于下一步该怎么做的安排。

（3）对话结束后，记下关键要点，尤其是与最后期限或工作评价有关的内容。

2. 克服误解障碍

可从以下几点着手。

（1）不要自作主张地将认为不重要的信息忽略，最好与信息发出者核对一下，看看这样做有无道理。

（2）消除成见，克服思维定式的影响，客观地理解信息。

（3）考虑对方的背景和经历。

（4）简要复述一下他的内容，让对方有机会更正你理解错误之处。

另外，克服以自我为中心，可以暂时放弃自己的观点，不去想自己，先去关注一下别人。克服个人偏见，要提醒自己"对话不对人"。克服先入为主，如果对方一开始就提出和自己观点大相径庭的说法，应该立刻告诉自己，也许这种说法也有道理，听听也没有坏处，要避免产生抵触心理。应该学会从客观、他人、自身三个方面克服倾听中的障碍，保障倾听的顺利进行。

过程训练三

我们有近一半的工作时间是在倾听别人。但是我们在多大程度上真正理解了倾听？通过完成表2.3和表2.4的测试，可以帮助你成为一个更好的倾听者。

这份检查表可以测试，你在和他人面对面交谈时，倾听的有效性如何？请勾出你的评分。

表 2.3 倾听技巧检查表

测试项目	总是	经常	很少	从不	得分
1. 我选择合适的位置以便听得清楚。	4	3	2	1	
2. 我释义说话者所说的,以检测我的理解能力。	4	3	2	1	
3. 我观察说话者的身体语言。	4	3	2	1	
4. 在做出回应之前我先让说话者把话讲完。	4	3	2	1	
5. 我在谈话时通过点头示意和给出其他非语言提示来鼓励说话者。	4	3	2	1	
6. 我不关心说话者的衣着和外貌。	4	3	2	1	
7. 我眼睛看着说话者。	4	3	2	1	
8. 我注意说话者的潜在情绪和事实。	4	3	2	1	
9. 我在倾听时发出鼓励性的声音,如"我明白""啊哈""是的"等。	4	3	2	1	
10. 我专注说话者所述。	4	3	2	1	
11. 我对说话者所讲的关键点做笔记。	4	3	2	1	
12. 我总结对谈话的理解。	4	3	2	1	
13. 我在合适的时候模仿说话者的身体语言,让他们放松。	4	3	2	1	
14. 我考虑说话者的立场。	4	3	2	1	

想要做一个有效的倾听者,你需要运用你的身体和智力去鼓励开诚布公的对话。

将你对第1、第3、第5、第7、第9、第11及第13陈述的评分相加。

这些陈述有关于当他人在讲话时,我们所给予的非语言信号。

如果你的总分在21分或21分以上,那么你的身体语言可以帮助你成为一个有效的倾听者。你鼓励说话者在谈话时充分利用非语言提示。

如果你的总分在20分或20分以下,那么说明你的身体语言无法向说话者传达你对他们讲话的兴趣。

再将你对第2、第4、第6、第8、第10、第12及第14陈述的评分相加。

这些陈述有关于你对别人所说的话的理解。

如果你的总分在21分或21分以上,则说明你是一个积极的倾听者。你专心聆听,辨别说话者的潜在感情和主题,然后理解他们所说的话。

如果你的总分在20分或20分以下,则说明你不是一个积极的倾听者。你很容易分心,难以集中精力。你与说话者缺乏共鸣,意味着他们会发现很难在思想上接近你。你的这种倾听技巧有待提高。

看看检查表中你得分低的陈述。然后完成下列句子,试着叙述在现实情形中你是如何倾听的。写下出现在你头脑中的内容。答案不分对错。

(1) 我喜欢听_____说话。

(2) 如果我打断别人的谈话,他们会_____。

(3) 当_____的时候,我集中精力听别人讲话。

(4) 如果交谈中我无法插话,我感到_____。

(5) 如果我不能理解别人所说的话,我_____。
(6) 在_____时候,我听得很不耐烦。
(7) 我认为说话者令人愤怒的习惯包括_____。
(8) 当别人正在说话的时候,我的大部分时间是在_____。
(9) 当别人说话时,可能转移我注意力的事情包括_____。
(10) 当别人说话很慢时,我_____。

反思你对这些句子的回答及对检查表的反应。然后写下:
(1) 作为一个有效倾听者,我需要继续_____。
(2) 为了成为一个更加有效的倾听者,我需要开始_____。
(3) 为了成为一个有效倾听者,我需要停止_____。

表2.4 倾听技巧自我测试

	测试项目	几乎都是	常常	偶尔	很少	几乎从不	得分
态度	你喜欢听别人说话吗?	5	4	3	2	1	
	你会鼓动别人说话吗?	5	4	3	2	1	
	你不喜欢的人在说话时,你也注意听吗?	5	4	3	2	1	
	无论说话人是男还是女、是年长还是年幼,你都注意听吗?	5	4	3	2	1	
	朋友、熟人、陌生人说话时,你都注意听吗?	5	4	3	2	1	
行为	你是否会目中无人或心不在焉?	5	4	3	2	1	
	你是否注视说话者?	5	4	3	2	1	
	你是否忽视足以使你分心的事情?	5	4	3	2	1	
	你是否微笑、点头及使用不同的方法鼓励他人说话?	5	4	3	2	1	
	你是否深入考虑说话人所说的意思?	5	4	3	2	1	
	你是否试着指出说话人所说的意思?	5	4	3	2	1	
	你是否让说话人说完他的话?	5	4	3	2	1	
	你是否试着指出他为什么说那些话?	5	4	3	2	1	
	当说话者在犹豫时,你是否鼓励他继续说下去?	5	4	3	2	1	
	你是否重述他的话,弄清楚后再发问?	5	4	3	2	1	
	在说话者讲完之前,你是否避免批评他?	5	4	3	2	1	
	无论说话者的态度和用词如何,你是否都注意倾听?	5	4	3	2	1	
	若你事先知道说话者会说什么,你也会注意听吗?	5	4	3	2	1	
	你是否询问说话者所说字词的意思?	5	4	3	2	1	
	为了请他更完整地解释他的意思,你是否询问?	5	4	3	2	1	
总分							

将你的得分加起来。

如果你的得分是：

(1) 90~100分，你是一个优秀的倾听者。
(2) 80~89分，你是一个很好的倾听者。
(3) 65~79分，你是一个良好的倾听者。
(4) 50~64分，有效倾听方面，你确实需要再训练。
(5) 50分以下，你注意听别人说话了吗？

第三节 倾听的技巧

在了解了倾听的意义和影响倾听的障碍之后，我们知道倾听并不简单，为了能更好地在沟通过程中倾听，以达到我们交流的目的，我们应该掌握倾听的原则、层次及技巧。

一、倾听的原则

卡耐基曾说过，专心听别人讲话的态度是我们所能给予别人的最大赞美。在实际倾听过程中有五大行为准则。

(一) 准备共鸣

准备对话时，要放下所有的主观意识和偏见。

(二) 肯定对方

在说话过程中集中精力观察对方的言行，肯定对方存在的重要性。

(三) 节制说话

我们要先去了解，再被理解。懂得节制说话，学会倾听。

(四) 态度谦虚

保持谦虚的态度，即使对方的想法有悖于自己，仍然要谦虚地去感受对方的情感。

(五) 全身心响应

我们要全身心响应，倾听时一定要用全身心来传达自己在注意倾听的自然状态。

二、倾听的层次

具体而言，倾听有以下几个层次。

(一) 听而不闻

所谓听而不闻，简言之，可以说是不做任何努力地去听。听而不闻的表现是不做任何努力，你可以从他的肢体语言看出，他的眼神没有和你交流，他可能会左顾右盼，他的身体也可能倒向一边。听而不闻，意味着不可能有一个好结果，当然更不可能达成一个协议。

例如，一位顾客前来购买空调。顾客问："这台1.5匹的空调每小时耗电量是多少啊？"销售员（摆弄着手机）回答："1.2度。"顾客自言自语："没达到真正的节能标准啊。"销售员心不在焉地回答："对啊，真的很节能了，买一台吧！"顾客再问："如果我要买，可不可以打九折？"销售员故作为难地答道："那可不行，哪个商场的空调可以打九折啊。"顾客非常生气地走掉了。

销售员一直在做自己的事情，对于顾客的问话仅做被动的回答，给顾客的感觉是不尊重顾客，回答问题时心不在焉，给顾客的感觉更不好，这种倾听效果是最差的。

（二）假装倾听

假装倾听就是要做出倾听的样子让对方看到。在工作中常有假装倾听的现象发生。例如，你和客户交谈的时候，客户有另外一种想法，出于礼貌，他假装倾听，其实他根本没听进去；上下级在沟通过程中，下级惧怕上级的权力，所以装出倾听的样子，实际上没有在听。假装倾听的人会努力做出倾听的样子，他的身体大幅度的前倾，甚至用手托着下巴，实际上并没有听。

（三）选择性倾听

选择性倾听，就是只听一部分内容，倾向于倾听所期望或想听到的内容，当对方谈的内容与自己意见不同或自己不感兴趣时，就厌烦、不予理睬。

（四）专注地倾听

专注地倾听就是认真地听讲话的内容，同时与自己的亲身经历做比较。这种倾听方式较前几种方式效率高。

（五）设身处地地倾听

设身处地地倾听，是指倾听者不仅在听，而且努力理解讲话者所说的内容，用心和脑，站在对方的利益上去听。设身处地地倾听是为了理解对方，多从对方的角度着想：他为什么要这么说？他这么说是为了表达什么样的信息、思想和情感？如果你的上级在和你说话的过程中，他的身体却向后仰过去，那就证明他没有认真地与你沟通或不愿意与你沟通。当对方和你沟通的过程中，频繁地看表，也说明他现在想赶快结束这次沟通，你必须去理解对方：是否对方有急事？可以约好时间下次再谈，对方会非常感激你的通情达理，这样做将为你们的合作建立基础。

三、倾听的技巧

掌握一些倾听的技巧，可以提高我们的沟通能力。

（一）设身处地，站在对方的角度

站在对方的角度想问题，可以更好地理解对方的想法，赢得对方的好感，从而找到对双方都有利的解决方法。

（二）积极回应

这样做，一方面，会使对方感到你的确在听他的谈话；另一方面，有利于你有效地进行倾听。

倾听过程中的回应主要有三种表现形式：

(1) 冷漠。例如，"你说你的，我这里什么反应也没有。"

(2) 同情。例如，"哎呀，是这样吗？太糟糕了。"

(3) 关切。例如，"真是太糟糕了。我能为你做点什么吗？你看这样好不好……"

（三）准确理解

理解对方要表达的意思是倾听的主要目的，同时也是使沟通能够进行下去的条件。

(1) 听清全部的信息，不要听到一半就心不在焉，更不要匆匆忙忙下结论。

(2) 注意整理出一些关键点和细节，并时时加以回顾。

(3) 听出对方的感情色彩。要注意听取讲话的内容，听取语调和重音，注意语速的变化，只有将三者结合，才能完整地领会谈话者的真义。

(4) 注意谈话者的一些潜台词。

(5) 克服习惯性思维。人们常常习惯性地用潜在的假设对听到的话进行评价，倾听要取得突破性的效果，必须要打破这些习惯性思维的束缚。

（四）听完再澄清

由于信息传播的不实，造成他人对你的误解，在这种情况下，要等对方表达结束后，再去澄清事实，消除他的误解。有些事情，越急于解释越说不清楚，还容易给人造成越描越黑的印象。

（五）排除消极情绪

先不要下定论。在谈话者准备讲话之前，自己尽量不要就所要谈论的事情本身下定论，否则会带着"有色眼镜"，不能设身处地、从对方的角度看待问题，出现偏差。

伤兵归来

一个战争归来的士兵，他从旧金山打电话给他的父母，告诉他们："爸、妈，我就要回来了，可是我有个不情之请，我想带一个朋友同我一起回家。"

"当然好啊！"他们回答，"我们会很高兴见到他的。"

儿子又继续说下去："可是有件事我想先告诉你们，他在战争中受了重伤，少了一条胳膊和一条腿，他现在走投无路，我想请他回来和我们一起生活。"

"儿子，我很遗憾，不过或许我们可以帮他找个安身之处。"母亲又接着说："儿子，你不知道自己在说些什么，像他这样残障的人会对我们的生活造成很大的负担，我们还有自己的生活要过，不能就让他这样破坏了，我建议你先回家，然后忘了他，他会找到自己的一片天空的。"

"可是妈妈……"儿子还想再说些什么。

"你不用说了。我明白你的意思，你自己回来吧，他自己会找到活路的。"

就在此时，他挂上了电话，他的父母再也没有他的消息了。

几天后，这对父母接到了来自旧金山警察局的电话，告知他们亲爱的儿子坠楼身亡了。警方相信这只是单纯的自杀事件。于是他们伤心欲绝地飞往旧金山，并在警方带领下去辨认儿子。那的确是他们的儿子，但令人惊讶的是，他们的儿子居然只有一条胳膊和一条腿。

案例思考：

儿子拐弯抹角地说，母亲貌似明白地听，在其中产生了误会。在现实生活中，许多的猜疑、误解、矛盾、冲突来源于沟通不畅，有些时候，甚至会带来不可挽回的后果。父母与子女之间的沟通尚且这样，何况是在没有任何血缘关系的职场人士之间呢！

过程训练

假设你是一个三岁小孩的父母，你的孩子生病了需要打吊针，针管插在孩子的胳膊上，孩子一直哭着，这个时候，您怎么让孩子不哭呢？

A. 拜托你不要哭好不好，医院的人都被你吵得受不了啦！

B. 妈妈抱你，听话啊，等一下我买玩具给你喔。

C. 你再哭，病就好不了喔！

D. 你不哭，我就去买好吃的麦当劳给你，好不好？

E. 你一直哭，那么大声，被隔壁警察听到了，就麻烦喔！

同理心沟通训练讨论：你会怎样做？

同理心对话模拟："你很想不打针，是吗？""你很想把这点滴拿掉，是吗？""你害怕打针打很久了，是吗？""我去问医生，可不可以不要打？"

拓展阅读

[1] 石磊. 倾听胜于言谈 [M]. 北京：中国财富出版社，2012.

[2] 戴尔·卡耐基. 卡耐基沟通的艺术与处世智慧 [M]. 宋璐璐，编译. 北京：新华出版社，2018.

第三章 说服、拒绝与冲突处理

名人名言

在预备说服一个人的时候，我会花三分之一的时间来思考自己以及要说的话，花三分之二的时间来思考对方以及他会说什么话。

——林肯

拒绝是一种权利，就像生存是一种权利。

——毕淑敏

学习要点

- 什么是说服？
- 说服的主要途径、要素、技巧有哪些？
- 什么是拒绝？拒绝别人的方法有哪些？
- 什么是冲突？如何处理冲突？

导学案例

触龙说赵太后

战国时期，赵国的太后刚刚执政，秦国趁机攻打赵国，形势非常危急。赵国向盟友齐国求救，齐国答应出兵支援，但有个条件，就是要求长安君到齐国做人质。长安君是赵太后最疼爱的小儿子，做人质要寄人篱下，在那个动荡战乱的年代，人质的性命常常难以保证。所以对于齐国的要求，赵太后断然拒绝。

赵国的大臣们都十分着急，纷纷劝说赵太后答应齐国的条件，赵太后非常生气，宣下旨意："谁再来劝我让长安君去做齐国的人质，我就啐他一脸。"大家一看，都不敢再开口了。

秦国的进攻日益加紧，赵国安全危在旦夕，老臣触龙看在眼里，十分忧虑，决定冒险再劝一次赵太后。赵太后听说后，怒气冲冲地在大殿等他。

触龙故意小步缓慢地走上殿堂，先谢罪说："老臣的脚有毛病，不能快走，非常失礼。很久没有来拜见太后您了，担心您的身体，今天特来问候！"看到触龙老态龙钟的样子,太后不忍苦着脸,跟着感慨道:"我现在进出也要靠车子才行,我们都老喽!"

"那吃饭还好吗?"触龙很关切地问。

"只能喝些稀粥,成天这么多的烦心事,哪里有胃口啊!"

"我的胃口也不好,但我还坚持散散步,每天走二三里路,增加点食欲。"

"唉,我可做不到。"赵太后叹了口气,脸色好多了,先前的怒气基本看不到了。

这时触龙用恳求的语调说:"太后,老臣有个儿子叫舒祺,排行最小,不成器,但老臣很喜欢他,老臣想请求您让他当一名侍卫,也算为国家出些力。"

"好啊,他几岁啦?"

"15岁,虽然还不大,但我想趁我活着的时候先安排好。"

"哈哈,原来男人也疼爱自己的小儿子。"赵太后笑了。

"当然,我喜欢这个小儿子比他妈妈还多呢。没办法,天下父母心嘛。"赵太后很开心,谈话的气氛越发缓和了。

这时,触龙趁机说:"老臣认为太后疼爱女儿燕后比长安君要多。"

"这怎么可能?"赵太后睁大了眼睛。

触龙很感慨地说:"父母疼爱儿女,总是替他们做长远的打算。当年你送燕后远嫁外地,她也哭个不停,不愿意远离家乡;出嫁后,您非常想念她,但每次祭祀时总是祈祷她不要回国,好好当她的王后。这不是替她做长远打算,让她的子孙世代继承王位吗?"

"是啊!"赵太后点头说。

触龙进一步说:"您想过没有,三代以前,甚至赵国的开国重臣,现在子孙还封侯的还有吗?"

"没有了。"赵太后想了一下说。

"是那些封侯人的子孙都不好吗,没有能力吗?不是的。关键是他们没有功劳。没有功绩却享受很高的俸禄,有很高的地位,时间长了就难服众啦。现在你宠爱长安君,可以提高他的地位,赐予他土地与财宝,可你不让他为国立功,您百年之后,长安君凭什么服众呢?所以我认为您没有替长安君做长远打算,您对他的爱不如对燕后的爱。"

一席话,让赵太后醒悟了,她改变了想法,同意长安君到齐国为人质,让他为解决赵国的危机出力。齐国很快出兵,击退了秦军,赵国平安了。

第一节 说 服

在日常生活、学习、工作中,有很多事情都必须征得别人的同意后才能办成,因此,我们经常都会面临着说服人的问题。说服,就是用充分的理由,展开信息交流,开导对方以改变他们的信仰、态度或行为。现实生活中,由于人们的阅历不同,文化教养不同,世界观不同,人与人之间难免会因性情不同、意见相左等种种因素导致各种矛盾产生,要解决这些矛盾就离不开说服。说服他人改变或放弃自己的主意,进而心甘情愿地同意、采纳对方的主张，无疑是一场从精神上征服人心的战斗。

一、说服的定义

说服是在一定的情境中，个人或群体运用一定的战略战术，通过信息符号的传递，以非暴力手段去影响他人的观念、行动，从而达到预期目的的一种交际表达方式。

按形式，说服可以分为小范围当面说服、集团对集团说服、大规模说服。

按传播的媒介手段，说服可以分为语言说服手段和非语言说服手段，包括现代化传播媒介（电视、电脑网络、多媒体信息系统等）。

按功能，说服可以分为政治说服、社会说服、宗教说服、商业说服等。

二、说服的要素

社会心理学家发现说服主要包括以下四个组成部分：传达者、信息内容、沟通渠道和听众。换句话说，就是谁用什么方法将什么信息传递给了谁。那么这些因素是怎样影响我们对中心途径或者外周途径的选择呢？

（一）传达者

社会心理学家发现信息的传达者会影响听众对信息的接受。在一个实验中，荷兰社会党和自由党的领袖在其议会上用相同的语言表达相同的观点，但结果每一方的论点都只对本党的成员最有影响力（Wiegman，1985）。不仅信息本身非常重要，传达者同样起着十分重要的作用。那么是什么因素使得某些传达者比另外一些传达者更具说服力呢？

1. 可信度

几乎所有人都会发现，有关锻炼益处的报告如果来自皇家科学院或者国家科学院就要比来自小报让人觉得可信得多，但是这种信息源的可信度（可知觉的专业性和可信赖性）效应在数月之后就会消退。如果说令人信赖的人所传达的信息具有说服力的话，那么这种影响会随着对信息源的遗忘或者信息源与信息之间的分离而消退。而与之相反，那些可信度低的人的影响力则会随着时间的流逝而增加。

（1）可知觉的专家性。

一个人如何才能成为具有权威性的专家呢？第一种方法是从传达听众赞同的观点开始，这样会使你看上去很聪明。第二种方法则是以在某一专题内的学识渊博者身份被介绍给大家。第三种增加可信度的方法是自信的表达方式。

（2）可知觉的可信赖性。

演讲风格同样会影响演讲者的可信赖度。如果听众认为传达者并不是在努力说服自己，这时传达者的可信赖度会更高。我们会认为那些站在自身利益对立面的说话者是真诚的。当一个演讲者站在一个出人意料的立场上时，我们更倾向于将他们的论点归因于客观事实，并且认为它们是具有说服力的。一个吝啬鬼式的人物提出要为一起人身伤害事件提供慷慨的补偿，会具有最强的说服力。一个和蔼慷慨的人提出吝啬的补偿，也会产生相同的影响效果。

2. 吸引力和偏好

我们可能认为自己不会被他人的吸引力或者个人偏好所影响，但研究者们却发现了相反的结果。对那些我们偏好的东西，我们更有可能做出回应，那些商务聚会的组织者非常清楚这种现象。甚至仅仅一次短暂的谈话也足以增强我们对某个人的偏好和对其影响力的回应程度。

吸引力可以表现在许多方面。外表吸引力就是其中一方面。当一个论点（尤其是感情方面的论点）来自一个漂亮的人时，往往具有更大的影响力。相似性是另外一方面：我们倾向于相信那些与我们相似的人，我们会受这样的人的影响。

（二）信息内容

当一条信息与好心情联系起来的时候会更有说服力。人们在情绪好的时候一般会做出更为爽快、不假思索的判断，而一些引起恐惧心理的信息也同样有效，如果信息接收者能够采取预防行为的话，则更是如此。

一种信息与听众已有观念之间会产生怎样的差异，取决于传达者的可信度。究竟是单方面信息更有说明力还是双方面信息更有说服力，则需考虑：如果听众已经赞成该信息，而且过后不大可能会考虑相反的意见，那么单方面的观点可能会更有效；当听众心思较为缜密或者并不赞同该信息时，那么包含正反两方面的信息则更为有效。

当涉及某个问题的正反两方面观点时，出现的哪种顺序会更有优势呢？最具普遍性的结论是首因效应。但是如果观点之间存在时间间隔，那么较早呈现的信息作用会减小；如果在第二条信息呈现完后立即做出判断，那么人们对于该信息的印象还很清晰，近因效应则起主要作用。

（三）沟通渠道

另一个需要考虑的重要因素是信息是如何被传达和交流的。面对面的沟通交流通常是最有效的。然而对于复杂难懂的信息来说，书面文字媒介则是卓有成效的。当问题无关紧要（如该买哪个牌子的阿司匹林）或情境比较陌生（如在两个不知名的候选人之间做出选择）时，大众传媒则较为有效。

（四）听众

最后，信息的接收者也很重要。听众们接收信息的时候会想些什么呢？他们是在考虑有利的想法还是想做出反驳？他们是否被事先警示过了？有效的信息传达者不仅应该注重自己的形象及所传达的信息，还应该注重听众可能出现的反应。最好的老师总是能够鼓励学生们积极思考，他们用反问的方式提出问题，举出引人入胜的范例，还会用难题挑战学生。所有这些技术都可以使信息沿着中心途径来达到说服的目的。"你们是不是比4年前更富有呢？你们在商店里购物时是不是比4年前更轻松呢？"里根以这样的提问抓取选民的心，人们的回答是否定，于是里根大获全胜。

此外，听众的年龄也有影响作用。对人们做过长期反复调查的研究者们发现，年轻人态度的稳定性较差。

三、说服的原则

说服遵循的原则及应用详见表3.1。

表3.1 说服遵循的原则及应用

原则	应用
权威性：人们会听从可信的专家	建立你的专业知识
偏好：人们对自己所喜欢事物的反应更加积极	赢得朋友并影响他人。在相似兴趣的基础上建立联系，当众公开表扬
社会证明：人们利用他人的例子来证实怎样思考、感觉和行动	利用"朋辈力量"让那些受尊敬的榜样指引方向
互惠性：人们感觉自己应该去汇报所得到过的东西	慷慨地给予你的时间和资源
一致性：人们倾向于遵守自己公开做出的承诺	让别人把自己的想法写下来或者说出来，不要说"请在……情况下做这件事"，而是要通过提问引发肯定的回答
珍奇性：物以稀为贵	真诚地强调信息或者机会的唯一性

四、说服的途径

根据信息接收者对信息进行加工的动机（个人相关性）和能力（认知能力）的不同，存在着两种不同的说服途径，即中心途径和外周途径（图3.1）。

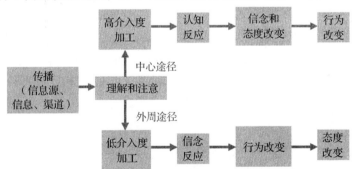

图3.1 精细加工可能性模型（ELM）

外周途径和中心途径的具体影响因素和效果见表3.2。

表3.2 说服的两种途径的对比

路线	特点	态度改变过程中的影响因素	态度改变的效果
外周途径	接收者依据外部线索而非通过积极思考信息本身的内容	宣传说服者变量：可信性和吸引力；信息表面特征；宣传说服次数；等等	态度改变微弱而短暂，根据态度较难推测其行为
中心途径	接收者对信息内容反映积极并做认知加工	信息接收者的认知反应；信息接收者的人格因素；个体的心理倾向；等等	态度改变相对强烈、持久，可由态度预测其行为

（一）中心途径

当人们在某种动机的引导下，并且有能力全面系统地对某个问题进行思考的时候，更多使用中心途径，关注论据，如果论据令人信服，人们就有可能被说服。

案例一

电视购物你相信吗？

电视购物是从美国开始崛起的，早期在美国约有 12 个购物频道，一直到 20 世纪 80 年代末期，电视购物才成功地商业化。1982 年，全世界第一家电视购物公司 HSN 在美国佛罗里达州诞生，随即席卷全美。

中国台湾无线快买公司于 1992 年成立，是中国台湾地区电视购物频道市场的先驱，紧接着 1993 年万里达传播公司也成立了购物频道，而后一直到 1994 年年底止，中国台湾地区电视购物频道约有 200 多家，接着新视线购物频道于 1994 年开台。1992 年，广东省的珠江频道播出了中国大陆第一个购物节目；1996 年，中国大陆第一个专业的购物频道北京 BTV 开播。电视购物当年发展迅猛，其商品独特品种多、促销方式五花八门，且实况转播，和客户实时交流，抓住客户"冲动购买"心理等。

（二）外围途径

如果人们忙于其他的事情，而没有专注于信息，我们就不会花太多的时间去仔细推敲信息所包含的内容，我们会使用外周途径，即关注那些可以不假思索就获得的信息的线索，不考虑论据是否令人信服。

食品、饮料、烟草和衣服通常基于感觉，这些产品的广告更多地使用外周途径；计算机、相机、冰箱等通常基于逻辑，这些产品的广告更多地使用中心途径。研究发现：中心途径过程能引起个体更持久的行为改变，而外周途径的影响要短暂和表浅得多。

五、说服的技巧

说服主要以攻心的方式进行，要敏锐观察，冷静思考，摸准对方的心理要害。消除对方戒备，改变对方成见，化解对方不满，缩短彼此心理距离。寻找角度，打开缺口。先让对方发泄不满，适当表示一些理解和同情，再循循善诱加以说服；从赞美对方入手，逐步转向说服对方；从对方的利益着手，晓之以切身利害。

（一）情理说服，动人心弦

其主要有逻辑说服法（归谬法、类比法）、激发情感法、鉴别利害法、角色互换法。

案例二

1948 年冬，为保护历史名城北平，我党敦促傅作义将军举行和谈，但他顾虑重重，拿不定主意。他手下的少将参议刘厚同老先生受我地下党员杜任之之托，出面说服傅作义。

他语重心长地为傅作义的前途着想，劝道："宜生，是当机立断的时候了，要顺应人心，和平谈判。万万不可自我毁灭，万万不可。"他还针对傅作义怕被人看成是叛逆的顾虑，开导他，给他讲了商汤放桀、武王伐纣的故事，说："汤与武王是桀、纣的重臣，后人不但不称汤与武王是叛逆，反而赞美他们。忠，应该忠于人民，而非忠于一人。目前国事败成这个样子，人民流离失所，处在水深火热之中，人民希望和平，如果你能顺应人心，倡导和平，天下人会箪食壶浆来欢迎你，谁还会说你是叛逆？"刘老先生这样设身处地为他着想，以情开路，以理攻心，使傅作义终于答应和谈。

要想说服对方改变主意，就要注意自己的立足点。要从关心、爱护的立场出发，在思想感情上向对方靠拢，设身处地地为对方着想，帮助他，使对方理解你的诚意和善意，从内心感到你是和他"坐在一条板凳上"同舟共济的。这样，思想感情上的共鸣就为你的说服铺平了道路。

（二）例证说服，启人心智

其主要有权威说服法、现身说服法、借物说服法。

案例三

邹忌说服齐王用的是发生在他自己家中的一件事。他分别问妻子、小妾、客人："我与徐公孰美？"明明徐公比邹忌美，但妻、妾、客人都说邹忌比徐公美。为什么呢？他从中悟出了其中缘由：一个是因为偏爱他；一个是惧怕他；而另一个则是有求于他。推己及人，他告诫齐王说："今齐地方千里，百二十城，宫妇左右，莫不私王；朝廷之臣，莫不畏王；四境之内，莫不有求于王，王之蔽甚矣！"齐王听罢，大受启发，立即接受邹忌意见，在全国广开言路，虚心纳谏，由此实现了齐国强盛的目标。

这是一种现身说服法，用说服者自身经历过的事情及其经验教训，对人进行启发和诫喻，缩短主客体的心理距离，使对方在自觉的对比中产生心灵的共振，具有很强的说服力。

（三）艺术说服，扣人心菲

其主要有比喻说服法、引用说服法、幽默说服法。

案例四

美国费城电气公司的推销员威伯到一个州的乡村去推销电，他叫开了一所富户的家门，户主是一位老太太。她一开门见到是电气公司的，就猛然把门关上。威伯再次叫门，门勉强开了一条缝。威伯说："很抱歉，打扰您了。我知道您对电不感兴趣，所以这一次登门并不是来向您推销电的，而是要买些鸡蛋。"老太太消除了一些戒意，把门开大了一点，探出头，用怀疑的目光望着威伯。威伯继续说："我看见您喂的明尼克鸡很漂亮，想买一打新鲜的鸡蛋带回城。"接着充满诚意地说："我家的鸡下的蛋是白色的，做的蛋糕不好看，所以，我的太太要我来买些棕色的蛋。"

这时候，老太太从门里走出来，态度比以前温和了许多，并且和他聊起了鸡蛋的事，威伯指着院子里的牛棚说："老太太，我敢打赌，您养的鸡肯定比您的丈夫养的牛赚钱多。"老太太被说得心花怒放。长期以来，她丈夫不承认这个事实。于是她把威伯视为知己，并高兴地把他带到鸡舍参观。威伯一边参观，一边赞扬老太太的养鸡经验，并说："您的鸡舍，如果能用电灯照射，鸡的产蛋量肯定还会增多。"老太太似乎不那么反感了，反问威伯用电是否合算。威伯给了她圆满的回答。两个星期后，威伯在公司收到老太太交来的用电申请书。

威伯之所以能说服固执的老太太，诀窍在于他不急于求成，而是采用由小到大、招招紧跟的说服方法，一步一步具体而又细致地为对方剖析情势，为其出谋划策，从而把双方的心理距离拉近了，促使老太太的态度一点一点地发生改变，就这样由小到大地一步一步逼近预定目标，最终取得说服的成功。

（四）间接说服，触人心灵

其主要有诱导说服法、暗示说服法、激将说服法、唤醒说服法。

案例五

朱女士是某大学的对外汉语教师。她上课时，日本留学生河野大辅常常迟到，而且总是穿着拖鞋进教室，只要他一到，劈劈啪啪的响声就闹得教室十多分钟安静不下来，朱老师每次向他指出，他总是油腔滑调地回答："老师，我只有一双拖鞋，要是不让穿，我只好不来上课。"他的话引得留学生们哄堂大笑。

有一次，上课时讲风土人情，朱老师请各国留学生介绍自己国家的文化，有意让河野大辅介绍日本国家的"榻榻米"，河野大辅来劲了，跑上讲台连说带比画告诉大家使用"榻榻米"的规矩，朱老师冷不防插问道："如果有人一定要穿着鞋子踩上'榻榻米'，日本人会怎么看呢？"河野大辅不假思索地回答："那日本人一定会认为这个人脑子有病。"朱老师笑了，然后问道："那么，在中国大学的课堂里，你一定要穿拖鞋来上课，中国人怎么看你呢？"河野大辅愣了半天，恍然大悟道："老师的圈套大大的，我的钻进去了。"第二天他穿了一双崭新的运动鞋走进教室，还故意朝朱老师抬了抬脚。

当正面说服别人有一定的难度时，不妨暂时远离话题，向对方谈论另一件看起来与之毫不相干的事，再诱导对方归纳出其中蕴含的道理，然后由此理渐渐切入彼理，回到原来所论之处，对方只得依常理而服气。这就是诱导说服法。

过程训练

训练一：思考讨论

有个男孩想让母亲为自己买一条牛仔裤，但他怕被拒绝，因为他已经有一条牛仔裤了。男孩没有像其他孩子一样苦苦哀求或者撒泼耍赖，而是一本正经地对母亲说："妈妈，你见过一个孩子，他只有一条牛仔裤吗？"

这颇为天真而略带计谋的问话，一下子打动了母亲。事后这位母亲谈到自己的感受时说："儿子的话让我觉得若不答应他的要求，简直有点对不起他，哪怕在自己身上再节省一些，也不能太委屈孩子了。"

这个说服案例运用了什么原理？

如果换了你，你还可以怎样说服母亲给你再买一条牛仔裤？

训练二：请你解决以下问题

（1）当你与某人讲理时，他恼羞成怒，向你举起拳头威胁，你怎么说服他放下拳头？

（2）几个朋友喝酒猜拳，夜深了，邻居都要休息，你怎么劝说这些正在兴头上的朋友散席回家？

（3）你怎么劝说一些孩子停止在禁火区玩火呢？

（4）单位让你去请一位专家来作专题报告，且要付报酬，你如何去请他大驾光临呢？

（5）某人不止一次向你复述同一件事或同一个笑话，而且讲一次要花很长时间。这次他又开始讲了，你如何说服他别讲了？

（6）某部队文工团的一位演员，在第一次登台演出时，由于缺乏经验而产生怯场心理，任别人怎么劝说，她死活不上台。你若是领导，此时该如何说服她上台？

（7）学生宿舍内有的学生在睡午觉，这时有一个学生却唱着歌走进来。你若在场，如何劝他不要唱歌了？

（8）大家正在排队买火车票，这时，有一个人挤到窗口要插队买票，大家很不满意。你若在场，怎么说服他到后边排队买票？

（9）小王到大学同学大刘家去玩，正赶上大刘夫妻俩"内战"。大刘两口子争相请他评理，小王无言以对。两口子越战越酣。你认为小王应该如何说服他俩握手言和？

（10）高三学生小高学习成绩一直不错，可他对自己信心不足，因此不想参加高考，只打算考技校。你若是他的班主任，怎么说服他考大学？

第二节 拒 绝

为什么要学会拒绝，在生活中大家可能都经历过违背自己做人的原则、不符合自己的兴趣爱好、违背自己的价值观念、不是自己的工作职责等事情，学会科学的拒绝手段，有利于我们在生活和工作中更有能力处理以上问题。

一、拒绝的定义

拒绝，就是对他人意愿、行为的一种直接或间接的否定。一是不答应，不同意，明确地表示不愿意做；二是隔断、遏绝。

拒绝的步骤一般如下：认真倾听对方请求，并简短地复述对方的要求，以表示确实了解对方的需求；明白干脆地说出"不"字，再以和蔼的态度说明拒绝的理由，并请求对方的原谅；感谢对方在需要帮助时想到你，并略表歉意；提出可供选择的其他的途径和办法。

在拒绝中要注意的是：要明白地告诉对方你要考虑的时间，不要以一种高高在上的态度拒绝对方的要求，千万不可通过第三方加以拒绝。若通过第三方拒绝，即显示出你懦弱的心态，而且让对方觉得你非常缺乏诚意。

拒绝的艺术

美国总统罗斯福在就任总统前曾担任海军要职。有一次，他的一位好友向他打听海军在加勒比海一个小岛建立潜艇基地的计划。罗斯福很神秘地向四周看了看，压低声音问道："你能保密吗？""当然能。"罗斯福微笑地看着他："那么，我也能。"

曾有位女士对林肯说："总统先生，你必须给我一张授衔令，委任我儿子为上校。"林肯看了她一下，女士继续说："我提出这一要求并不是在求你开恩，而是我有权利这样做。因为我祖父在列克星敦打过仗，我叔父是布拉斯堡战役中唯一没有逃跑的士兵，我父亲在新奥尔良作战过，我丈夫死在蒙特雷。"林肯仔细听完后说："夫人，我想你一家为报效国家，已经做得够多了。现在把这样的机会让给别人的时候到了。"这位女士本意是恳求林肯看在其家人功劳的份上，为其儿子授衔。林肯当然明白对方的意思，他装糊涂。

二、拒绝的技巧

拒绝主要有以下几种技巧。

（一）缓兵之计法

缓兵之计法是指拖延时间，然后再想办法。有时候，当别人提出一些高难度的请求时，可以缓和一段时间再拒绝。如"能否让我考虑考虑再答复你"或"你的意思我明白了，请让我想一想"等。这比直接回绝给对方的刺激要小。即使对方最终被拒绝，也不容易伤和气。但是，如果确实帮不上忙，就必须及早告知对方，让他不再对你抱有希望；否则，适得其反，以为你在敷衍他。

例如，有人邀请你双休日去郊游，而你对这个时间早已做了安排，你可这样回答："郊游？太棒了！我早就想和你一起好好到郊外玩玩了，可是我得看看那一天是否有空。""哦，我再和朋友商量一下，你也再想想，过几天再决定好吗？"

（二）强调客观法

强调客观法是指直接向对方陈述拒绝对方的客观理由，包括自己的状况不允许、社会条件限制等。通常这些状况也是对方能认同的，对方就比较容易理解你的苦衷，自然会自动放弃说服你，并觉得你的拒绝不无道理。

如有人去拜访著名作家刘绍棠先生，他们来到绍棠先生门前，看到门上贴的一张字条，上面写着："老弱病残，四类皆全；医嘱静养，金玉良言。上午时间，不可侵犯；下午会客，四时过半。人命关天，焉敢违犯；请君谅解，大家方便。"

刘绍棠先生在两年前得过一场大病，至今没有痊愈，行走需要家人搀扶。他的身体、他的精力、他的时间不允许人们过多地打扰，人们会理解，并会尽力关心和保护他们，为他们创造一个宽松的环境。

（三）幽默婉转法

幽默婉转法是指通过一些经典的语言艺术和技巧，不伤害对方，让对方理解的拒绝方式。

第二次世界大战后，为了纪念英国首相丘吉尔在保卫英伦三岛做出的卓越功绩，英国国会拟通过一项提案，在公园里塑造一尊大型的丘吉尔铜像，让人景仰。丘吉尔不愿意搞个人崇拜，他说："这真是一个不错的建议，我感谢大家的好意，不过，我怕鸟儿喜欢在我铜像上拉屎，所以还是免了吧。"听了这一幽默委婉的谢绝后，国会很快撤销了这个提案。

（四）转移话题法

转移话题法是指对于别人提出的问题或要求，不便回答或明确表态，就可以用与对方所提问题或要求相近或相关的话去回答，故意转换话题，引申出新的意义。从表面上看，像是在回答对方的问题或要求，实际上所答非所问。

日本影星中野良子35岁尚未结婚，有一次到上海来参加艺术活动，有人问她什么时候结婚，她回答说："如果我结婚，就到中国来度蜜月。"这个回答非常巧妙，把"何时结婚"换成"何地度蜜月"，既避开了她不愿公开回答的问题，使人不好再追问下去，又强烈地表达了她对中国人民的友好感情，不至于使提问的人感到难堪。如果她直接用"这是个人隐私，无可奉告"或"我还不打算结婚"这类话来回答，都会使对方感到尴尬，而冲淡当时的友好气氛。

有位老教授给研究生做学术报告，从上午8点开始，整整讲了两个半小时，接着回答研究生的提问。有个研究生提出要求："请您谈谈当前这个学科研究的现状。"这个问题实在太大，不是短时间内能够讲的清楚的。这位老教授已80高龄，需要早点休息，可他又不能当着年轻人的面说："你的题目太大，一时难以回答。"于是他很幽默地接过对方的话题说："你不让我回家吃饭了是不是？"一句话把大家都逗乐了，提出这个要求的那位研究生自然也乐于接受老教授的拒绝。

（五）留有余地法

留有余地法是指对于别人提出的要求或问题，不做任何实质性的回答，而是用一些说了等于没说的话去给自己留有一定的余地。因为说的都是一些不符合对方实际要求的话，所以又叫无效回答。

例如，部属要求安装空调，至少你可以给他一台电风扇；朋友希望你送她一盆玫瑰花，至少你可以送她一盆蔷薇。能够留有余地，有替代、有出路、有帮助的拒绝，必能获得对方的谅解。

（六）沉默寡言法

沉默寡言法是指运用摆手、摇头、耸肩、皱眉、转身等身体语言和否定的表情来表

示自己拒绝的态度。

(七) 诱导对方自我否定法

诱导对方自我否定法是指在对方提出要求或问题之后，不马上回答，而是先绕一个弯子，然后再引回到对方所提的要求上来，或者反问一个问题，诱使对方自我否定、自动放弃原来提出的要求或问题。

例如，某单位一司机小张在工作之余，开着公车带着女友兜风，不料车在路上出了事。司机便去找单位领导要求用公费修车。单位领导已知道小车出事的原因。当司机找他时，他说："小张是个好同志，一向能按原则办事，我就是喜欢像你这样的人。"听了领导对自己的表扬，小张不好意思提出要求，终于把要说的话咽了回去，自己想办法修好了车。

过程训练一

身处职场，你一定经常遇到这样的问题：一位同事突然开口让你帮他做一份难度很高的工作。答应下来吧，可能要连续加几个晚上的班才能完成，而且这也不符合公司的规定；拒绝吧，面子上实在磨不开，毕竟是多年的同事了。

应该怎么找一个既不会得罪同事又能把这项工作顺利推出去的理由呢？

三、拒绝的注意事项

拒绝别人时，不但需要技巧，也要牢记一些注意事项；否则，不小心犯了禁忌，可能会弄巧成拙，让别人认为自己不近人情。

拒绝时，应注意以下几点。

(一) 五不要

1. 不要立刻就拒绝

立刻拒绝，会让人觉得你是一个冷漠无情的人，甚至觉得你对他有成见。

2. 不要轻易地拒绝

有时候轻易地拒绝别人，会失去许多帮助别人、获得友谊的机会。

3. 不要盛怒下拒绝

盛怒之下拒绝别人，容易在语言上伤害别人，让人觉得你一点同情心都没有。

4. 不要无情地拒绝

表情冷漠、语气严峻、毫无通融的余地，这样的拒绝会令人很难堪，甚至反目成仇。

5. 不要傲慢地拒绝

一个盛气凌人、态度傲慢不恭的人，谁也不会喜欢亲近他。何况当他有求于你，而你以傲慢的态度拒绝，别人更不能接受。

(二) 五要

1. 要婉转地拒绝

真正有不得已的苦衷时，如能委婉地说明，以婉转的态度拒绝，别人还是会感动于你的诚恳。

2. 要有笑容地拒绝

拒绝的时候，要面带微笑，态度要庄重，让别人感受到你对他的尊重、礼貌，就算被你拒绝了，也能欣然接受。

3. 要有代替的拒绝

如果别人要求你的事你帮不上忙，但可以用另外一个方法来帮助他，这样一来，他还是会很感谢你的。

4. 要有出路地拒绝

拒绝的同时，如果能提供其他方法，帮他想出另外一条出路，实际上还是帮了他的忙。

5. 要有帮助地拒绝

你虽然拒绝了，却在其他方面给他一些帮助，这是一种善良而有智慧的拒绝。

过程训练二

如果以下问题发生在你身上，你将如何处理？

（1）你的朋友给你一根香烟并游说你去尝试，你对吸烟是十分反感的，你会怎样拒绝他？

（2）男朋友的父母要参加宴会而不在家，男朋友邀请你去他家里，你知道他的父母出去了整晚不在家，你觉得不应和他在屋中独处，你会怎样拒绝他？

（3）你的朋友在派对中给你一杯酒并游说你去尝试，你对酒是十分反感的，你会怎样拒绝他？

（4）你的朋友邀请你和他的朋友一起露营，但你在后天有一个测验并需要时间温习，而且你也不喜欢他的朋友，你会怎样拒绝他？

（5）你的朋友邀请你和他一起去唱卡拉OK，但你认为那种场所人员复杂，且你一向歌喉平平，你会如何拒绝他？

（6）你的同学游说你把头发染成红色，但你怕被父母责备，你会如何拒绝他/她？

（7）你的同学向你借钱，说用作购买参考书之用，但你怕他不会还给你，又怕他用于玩乐，你会如何拒绝他？

（8）你的朋友邀请你到他家玩麻将，但你觉得这种玩意很不健康，又浪费时间，你会如何拒绝他？

（9）下星期三是你朋友的生日，他/她会举行一个生日派对，并邀请你参加，但你有一位朋友即将前往美国读书，你已约好在当天为她饯行，你会拒绝哪一位？如何拒绝？

（10）你的同学向你借功课抄，你觉得这样做是不对的，你会如何拒绝他/她？

第三节　冲突处理

冲突无处不在，冲突往往使人际关系恶化，沟通受阻。学会如何避免冲突及如何处理冲突，在我们的生活和工作中具有重要的意义。

一、冲突的定义

冲突是有关双方在观念和行为上的对立或对抗，是一种在满足各自需要的过程中遇到挫折、阻力或力图超越现状时的心理紧张和压力及其外部表现。

调查发现：一个人的成功15%取决于智慧和技能，而其余85%取决于有效的人际沟通所营造的良好的人际关系。大多数人际冲突并不是由不可调和的矛盾造成的，而是由于缺乏了解，同时又疏于有效沟通而产生的。

二、冲突的类型

冲突的类型包括内心冲突、人际冲突、小组冲突、组织内冲突、部门间的冲突等。

（一）内心冲突

内心冲突发生在个体自身（图3.2），且常常涉及目标冲突和认识冲突。当积极的和消极的两种结果间相互作用，就会产生目标冲突。当个体意识到其想法、态度、价值观及行为与现实存在分歧时，就会产生认识冲突。

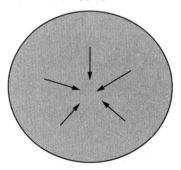

图3.2　内心冲突模型

案例一

2005年4月23日下午4时，一高校中文系大二女生自学校理科2号楼9层跳下，经抢救无效，身亡。当天曾有同学看到她面无表情地站在9层天台上，因平时常有人到天台欣赏风景，这位同学也没在意。谁知他从9层乘电梯到1层，刚一出电梯门就看到这名女生已躺在天井地上。后经证实确认这名女同学因心理压力过大而选择自杀。同学们最后一次见到她是下午1点左右，当时她并无异样。但是两天前，她曾提起对生活失去了信心。半个月后，该校数学系一名男博士从同样地点跳下，当场身亡。

（二）人际冲突

人际冲突是指人与人之间在认识、行为、态度及价值观等方面存在着分歧（图3.3）。通过"囚徒困境"案例可以解释这种冲突。

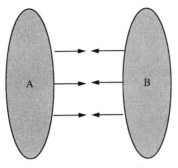

图 3.3　人际冲突模型

表3.3 这一困境强调了个人行为和联合行为的差异。对每个人来说，"招供"的态度对自己最有利，但作为关联在一起的两个人，想要得到最好的结局却是两个人都"否认"。

表 3.3　囚徒困境

甲的选择	乙的选择	甲的结局	乙的结局
承认	承认	判 6 年监禁	判 6 年监禁
承认	否认	判 1 年监禁	判 10 年监禁
否认	承认	判 10 年监禁	判 1 年监禁
否认	否认	判 3 年监禁	判 3 年监禁

（三）小组冲突

小组冲突不同于个体的内心冲突和人际冲突，它涉及不同个体间的冲突（图3.4）。小组冲突是指小组内的成员相互发生矛盾，这种矛盾常常会影响小组的工作效率。

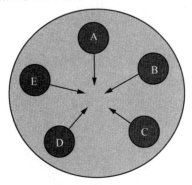

图 3.4　小组冲突模型

（四）组织内冲突

组织内冲突通常分为纵向冲突和横向冲突。纵向冲突是指组织内不同级别之间的冲突，通常由于上司控制过于严格导致下属不满而产生。横向冲突是指组织内同级别部门之间的冲突，产生原因通常是各部门只考虑自己部门的利益，而不顾及其他部门的本位主义。

例如，由于客户坚持要求一次性付清货款，采购经理到财务部要求马上支付货款200万元，财务经理说高于100万元的款项，必须提前一周向财务部打报告。两人都认为自己都是为公司争取利益，谁也不让步。

案例二

亚通公司

亚通公司是一家专门提供通信产品和网络服务的中日合资企业，公司的业绩以每年50%的增速不断发展，与此同时，公司内部有许多冲突，影响着业绩的持续提升。因为是合资企业，日方虽然有很多先进的管理模式和方法，但是有时未必完全适合中国员工。例如，在日本加班是司空见惯的事，而且没有加班报酬，而中方员工对义务加班非常不满，一些优秀的员工还因此离开了亚通。亚通的职能机构是典型的直线型，所以部门沟通十分困难。例如，销售部时常抱怨研发部门的设计不能满足客户的需求，生产部门效率太低；而生产部门抱怨研发部门的设计不能符合生产标准；研发部门总怕别人超过自己，经常压制其他的工程师；等等。

（五）部门间冲突

部门间冲突是指职能划分不清，职责交叉严重（图3.5）。职能范围不清，造成了越位和缺位；机构间职能划分不合理，又导致职位交叉重叠。主要体现在以下两方面：第一，职能分割，多家分管。许多职能，没有一个统一的机构集中管理，而是分割成若干部分，由多家机构分管，一方面增加了管理成本，造成机构膨胀，同时还造成大量内耗，更为严重的是责权不明确，出了问题，机构间互相推诿，出现管理真空，降低了行政效率。第二，机构并立，职能重叠。既按行业设置，又按部门设置，甚至按地域设置，按产品设置，在职能范围上必然产生交叉重叠，齐抓共管，政出多门，造成了部门利益的大范围冲突。

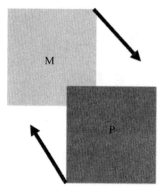

图3.5 部门间冲突模型

案例三

2004年7月，姚沟镇短时间内骤降暴雨，长江下游水位超过了警戒线，可能危及全镇人生命，全镇面临着严峻的防汛形势。为及时发现堤坑隐情，调度全镇防汛、排汛工作，确保全镇的财产、人身安全，姚沟镇镇政府将全镇主要的党政负责人都安排在工作岗位上，也包括主管全镇财政的财政所所长程所长。而从2003年10月至今，按照上级制定的财政体制改革要求，镇财政所归县财政局管辖。7月防汛工作最繁重的时候，程所长接到县财政局通知，要求第二天参加全县各乡镇财政所所长会议，并强调会议很重要，不能请假。可第二天姚沟镇发现一处防汛险情，程所长获悉后边排除险情边请示镇长派人接替他组织排险工作，但镇长认为程所长最熟悉当地情况，要求他请假不参加会议，先把险情排除。程所长给县财政局局长说明情况，并请假，局长不批。程所长该怎么做呢？这实际上就是一个典型的部门间冲突问题。

三、冲突产生的原因和过程

（一）冲突产生的原因

冲突产生的原因有很多种。例如，误解、个性差异、缺乏合作精神、欠佳的绩效表现、对有限资源的争夺、工作方式方法上的差异、文化及价值观的差异、追求目标的差异、工作中的失败、观念差异等（图3.6）。可将冲突产生的原因分为硬根源和软根源两种。

1. 冲突的硬根源

冲突的硬根源是指冲突各方利益追求的多样化且趋向无限大，但社会或组织所能供给的资源却十分有限，因而冲突是无处不在的。

2. 冲突的软根源

冲突的软根源是指观念，双方对问题有不同的看法，职责不清、相互推诿，缺乏了解、片面主观，资源待遇你争我夺，相互博弈、依权傍势，个性、兴趣、利益差异。导致观念差异主要的因素有背景和经历上不同，在工作和交往中对话语的理解、情感反应不同等。观念差异会导致急于下结论、武断、混淆观点和事实、产生偏见。

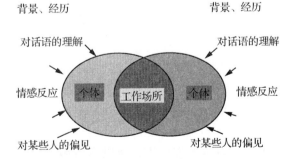

图3.6 观念差异因素示意图

总之，要想有效处理冲突，首先应了解自己的观念，保持清醒头脑，以对事物做出正确的判断。

（二）冲突产生的过程

冲突产生的过程大致可以分为五个阶段（图 3.7）。

（1）潜在冲突。潜在冲突是指组织和个体所处环境中潜伏着但尚未凸显出来的冲突。

（2）感知冲突。当个体和小组开始意识到差异存在，就到了感知冲突的阶段。

（3）感觉冲突。感觉冲突是感知冲突对潜在冲突的参与者情感的影响。

（4）公开冲突。公开冲突亦称为冲突的"行动阶段"，是真正的冲突。

（5）冲突结果。是指由潜在、感知、感觉和公开冲突相互作用的结果。冲突既具有消极作用，也具有积极作用。

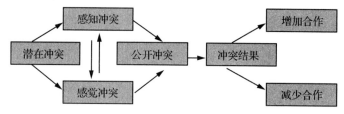

图 3.7 冲突产生的过程模型

四、处理冲突的方法

处理冲突的方式包括回避、强迫、迁就、合作、折中。回避是不自信且不合作；强迫是自信但不合作；迁就是基本合作和不太自信；合作是合作且自信；折中是中等水平的合作和自信（图 3.8）。其目的是使冲突达到激化、减弱、维持、避免的效果。

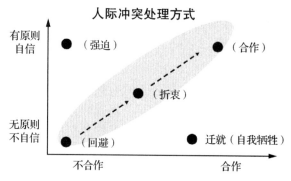

图 3.8 冲突处理风格模型图

（一）回避

回避采取不自信和不合作的行为。个体运用这种方式来远离冲突、忽视争执或者保持中立。回避反映了对紧张和挫折的反感，而且可能包括让冲突自己解决的决定。由于忽视了重要的问题，会使他人感到灰心，所以总是用回避方式常导致他人的不利评价。

适用情境：

（1）问题比较细小或只有短暂的重要性，所以不值得个体消耗时间和精力去面对冲突。

（2）个体在当时没有足够的信息来有效地处理冲突，当没有机会得到自己所想要的时候。

（3）对抗可能带来的损害超过进行解决所带来的益处。

（4）当需要冷静、减少紧张及重新获得远见和镇定时。

（5）需要收集更多信息。这个时候先回避一下问题和冲突，待收集到足够的信息，再来解决问题。

（6）他人能更有效率地解决冲突。例如，一个服务员与客户发生了冲突，主管走过来，请服务员回避，防止进一步激化二人的矛盾，然后自己亲自解决问题。

（7）冲突主体中没有一方有足够的力量来解决问题。

（8）问题 B 看起来具有另一个基本问题 A 的症状。这个时候需要回避 B，转而研究并解决 A 问题。

（二）强迫

强迫采取自信和不合作的行为，同时也代表了对人际冲突采取赢-输方法。那些运用强迫方式的人努力达到他们自己的目标而不考虑其他人。这一方式包括强制性权利和控制的方面。它将帮助个体获得个人目标，但是就像回避方式一样，强迫倾向会导致他人不利的评价。由于员工的利益未被考虑，所以管理者过分依赖于强迫方式，降低了员工的工作动力。相关的信息和其他可能的选择方案通常就被忽视了。

适用情境：

（1）当需要迅速、果断地行动时。

（2）对于重要的事情需要采取不受欢迎的行动。例如，在电梯里，一个孩子不断地按键，并跑进跑出，这样的行为非常危险，危及到孩子和其他宾客的人身安全。服务员进行干涉，有可能引起孩子和家长的反感。此时，服务员要用友好、温和的口气告知风险，在行为上要立即坚决地制止孩子的行为，或者自己把按键区域控制起来。

（3）关于对客户至关重要的事情，而你知道自己是对的。例如，你带客户去休假，客户想攀爬一堵矮墙照相，而就你知道墙后是悬崖，于是你坚决制止了这个员工的行为。

（4）冲突主体实力相差悬殊，一方具有压倒性力量。

（5）在冲突中获胜要付出很高的成本，但也能得到很大的回报。消费者不接受供方的道歉，根据假一赔三的法律规定，执意把官司打到底。虽然付出了时间和心理成本，但官司胜诉，既惩罚了商家的欺诈行为，又获得了较高的经济收益。

（三）迁就

迁就采取合作和不自信的行为，代表了一个不自私的行为，一个长期的被他人所鼓励的合作策略，或者是对其他人愿望的服从。运用迁就方式的个体是典型的被他人给予积极评价的人，但是他们也会被人认为是软弱和顺从的。当运用迁就方式时，个体会表现得好像冲突最终会消失，同时他也求助于合作。个体将通过安慰和支持来努力降低紧张和压力。这种方式表现出对迁就冲突的情感方面的关注，但对于实质问题则没什么兴趣。迁就方式仅仅导致个体掩饰或者掩盖个人的情感。如果将它作为主要解决冲突的方式，则它基本上是无效的。

适用情境：

（1）当一方意识到自己错了。

（2）当问题对另一方来说重要得多。

（3）对于更重要的问题，需要积攒信用。

（4）当对方需要成长，允许其从错误中学习时。例如，一个孩子不小心摔碎了餐厅的一把汤匙，孩子和家长向值班经理道歉说明，值班经理表示谅解。她认为孩子不懂事，控制力弱，摔碎餐具也在所难免，相比一把汤匙的价值，选择谅解，赢得一家客户的好感和信赖更为重要。

（5）力量过于悬殊，希望以让步换取维持自身利益或者未来其他问题上的合作。

（6）继续采用强制模式只能带来损害。

（7）需要维护稳定和大局。

（四）合作

合作采取合作和自信的行为。这种行为对人际冲突的解决而言是双赢的结果。运用合作方式的个体想使共同的结果最大化。这种个体倾向于把冲突看作是自然的、有益的，如果处理得当，会带来一个更有创意的方案；表示对他人的信任和对他人的重视；认识到冲突的解决会使所有人满意的话，则所有人也将对这个解决方案给予承诺。运用合作方式的个体通常被视为是有能力的，并得到他人的积极评价。通过这种方式，冲突被公开地认识并被所有有关的人评价。分享、检查和评价冲突的原因，可讨论出一个有效的解决冲突并使所有相关的人都可以接受的解决方案。

适用情境：

（1）双方涉及的利益都太重要了而不能妥协。这个时候为了避免双方的失败，需要创造性地解决问题，设计出能满足双方利益的方案。

（2）需要结合对某个问题持不同观点者内心的想法。例如，顾客对现有服务系统意见比较大，商家正在计划设计一套新的服务系统，需要了解顾客的不同观点和需求，考虑如何把他们的观点和需求纳入设计方案中。

（3）试图通过把对方的利益结合到一致决定中以增加承诺。当你需要对方的承诺时，或者说为了赢得对方的信任，以方便下一步的合作，就需要把对方的诉求和利益纳入决策方案。

（4）试图摆脱令人不悦的人际关系。运用强制的方法处理冲突易使人际关系紧张，回避、迁就和妥协行为容易使人郁闷、压抑和失去自尊，而在协作模式中人们坦诚相待，诚实面对问题和各自需求，力求双方受益，试图建立富有建设性的身心愉悦的人际关系。

（5）双方有共同的利益，且可以通过改变策略来满足双方的意愿。

（6）试图验证自己的假设。例如，有一个老旧小区，相当一部分业主不交物业费。A 物业公司接手后，认为这么多业主不交费，肯定与原物业公司的工作不到位有关。于是，A 物业公司广泛听取业主意见，用心服务，到了该交物业费的时候，果然绝大部分业主交了费。

（五）折中

折中采取中等水平的合作和自信的行为。运用这种方法的个体进行平等交换并作出进一系列的让步。折中是一种被广泛使用和普遍接受的解决冲突的方法。一位同他人妥协的个体将更有可能被积极地评价。对于折中方式的积极评价有很多解释，包括：① 它基本上被视作一种合作性的"退让"。② 它反映了一种实用主义的解决冲突的方法。③ 它有助于为未来保持良好的关系。折中方式之所以不能用在冲突解决过程的早期，有以下几个原因。第一，相关个体很可能在被宣称的争端而不是真正的争端上折中。冲突提出的第一个争端往往不是真正的争端，所以过早的折中将妨碍对真正争端的全面分析或探究。第二，接受一个最初的主张比寻找一个使所有相关的个体都满意的方案要简单得多。第三，当折中不是可以得到的最好的决策时，它对所有或部分的情景是不合适的，进一步讨论会揭示一个解决冲突的更好的方法。

适用情境：

（1）目标有一定的重要性，但不值得采取强制模式以免带来潜在的破坏。

（2）双方势均力敌，而且强烈追求互斥的目标。例如，客户想付出越少越好，供方想获的经济收益越多越好，这个时候双方为了谈成生意不得不各退让一步。

（3）在复杂的问题上需要暂时的调停。

（4）双方未来的利益有一定的相互依赖性，还有合作的余地。

（5）双方互不信任，无法通过协作解决问题，但问题的解决又能给双方都带来好处。

（6）协作或强制模式失败，需要把折中作为候补模式。

五、人际冲突中的沟通策略实例

（一）冲突激化的策略实例

（1）"你的态度不端正。"

（2）"我认为你不想完成工作。6个月前你就一直不愿给我们生产线增加编制，现在和以前仍然一样。"

（3）"我可不想让周围的人都与我作对，要么你现在把机器修好，要么你走路。"

（4）"我不愿和王先生一起实施这个计划，李先生或张先生都可以，就是不要王先生。"

（5）"我本应该和你们一道来讨论这个计划，但现在我必须去总公司。"

以上案例分别是对个人或问题进行评价，将冲突扩大化，与以前未解决的争论联系起来，通过控制冲突结果来威胁对方，特意限制他人的选择，出于特殊原因而打破以前的约定的策略实例。

（二）避免冲突的策略实例

（1）"王先生获得这份工作，我知道你很沮丧，但总是垂头丧气是没有用的，你感觉好点时我们再谈。"（上司在下属没有得到升迁或表扬时）

（2）"我知道你认为你的上司不公平，但我们有公开的政策，如果你有什么不满的话，可以提出申诉，只有经过这一程序后，我才会处理这个问题。"（高层管理者面对不满的员工时）

(3)"这不是一个问题,你不必这么激动,我想肯定没有任何问题。"

以上案例分别是拖延冲突的处理时间,使用正式的规定、等级制度或其他方式控制过程来限制冲突方的行为,否认冲突的存在,承认一部分问题但忽略更重要的问题,使冲突变得模糊的策略实例。

(三)减少冲突的策略实例

(1)"目前,改变整个计算机系统是我们最主要的工作。我想现在我们可以考虑派一个人去接受关于新系统维护的培训。"

(2)"李先生虽然承诺在本月中旬发货,但看来很困难。如果他实在来不及按时发货,应该提前通知我们。他只要能在本月底前发货,我们就不与他计较了。"

(3)"我想在配备秘书之前就雇佣另一名财务主管,我会考虑配备一名兼职秘书。"

以上案例分别是确认已经存在的管理问题,建议从具体问题入手、描述行为和结果、减少冲突、从原来的位置让步的策略实例。

(四)维持冲突的策略实例

(1)"我知道晚班增加两个人很重要,你非常需要他们,但我相信你能维持目前的生产水平,你们小组的协作能力强,相信你们将继续做好这一工作。"

(2)"我想,我不会把事情搞糟的,在经理会议上我总是支持你,即使我认为不太恰当,也会继续支持你。"(两名经理在董事会议前碰头)

(3)"我相信我们都能同意这一点:这个预算的水平与我们的期望值相当。如果你考虑你的兼职秘书的费用问题,我也会重新考虑我的旅行计划。"

以上案例分别是承认一部分问题但忽略更重要的问题,使冲突变得模糊、保持长期关系的规则,论及意见一致的方面和可以让步的方面的策略实例。

过程训练

训练一

(1)将学员分成5~6个组,每个组将分别代表一家航空公司在市场经营。

(2)市场经营的规则就是:所有航空公司的利润率都维持在9%;如果有三家以下的公司采取降价策略,降价的公司由于薄利多销,利润率可达12%,而没有采取降价策略的公司利润率则为6%;如果有三家或三家以上的公司同时降价,则所有公司的利润都只有6%。

(3)每个小组派代表到小房间里,由老师交代上述游戏规则,并告诉小组代表,你们需要初步达成协商。初步协商之后小组代表回到小组,并将情况向小组汇报。

(4)小组经过讨论,五分钟之后,需要作出最终的决策:降还是不降?并将决定写在纸条上,同时交给老师。

(5)老师公布结果。

训练二

马某今年34岁,在一家保险公司工作,由于工作出色,不久前,他被公司任命为理赔部经理，那是一个受到高度重视的部门。

走马上任后，马某了解到在自己谋求理赔部经理这一职位的同时，另外还有两名业务能力很强的同事（吴某和苏某）也曾申请过这个职位，他确信公司之所以任命他到这个位置，部分原因也是为了避免在两个有同等能力的员工中作出选择。

马某在理赔部的第一个月的业绩很不错，他因此而对部门员工的素质及能力感到十分满意。即使是吴某和苏某也表现得很合作。于是马某信心百倍地决定用培训员工及安装新计算机系统的计划来推动部门的快速发展。

然而当马某提出实施这一计划时，苏某却埋怨说他在还没有完全了解部门运作程序前就这样干，显然有些操之过急。

马某认为苏某可能还没有完全地接受他得到她想要的职位的事实，当吴某来找马某的时候这一点似乎得到了证实。吴某说，在面对所有即将到来的变革时要关注一下员工的士气，他甚至对马某暗示说某些人正考虑要提出调任。尽管吴某没有指名道姓，马某确信苏某是问题的根源。

因此，马某一方面谨慎地推出新计划，另一方面对苏某的言行保持一定的警觉。在日后的工作中，苏某隐约地觉察到这位新上任的马经理正在与她疏远，这使她陷入苦恼之中。

请认真阅读回答以下问题。

（1）马某和苏某的冲突在哪里？
（2）这是员工问题还是纯业务问题？
（3）马某的到来是争论点吗？
（4）吴某是如何卷进去的？
（5）如果你是马某或苏某或吴某，你将如何做？
（6）你能帮助马某作出决定吗？
（7）作为一个理赔部门的经理，他需要了解些什么呢？

拓展阅读

［1］元心语. 别让不好意思害了你［M］. 北京：民主与建设出版社，2019.
［2］罗纳德·B. 阿德勒，拉塞尔·F. 普罗科特. 沟通的艺术：看入人里，看出人外［M］. 黄素菲，李恩，译. 北京：北京联合出版公司，2018.

第四章 交谈技巧

名人名言

有效的沟通取决于交谈者对议题的充分掌握，而非措辞的甜美。

——葛洛夫

说话周到比雄辩好，措辞适当比恭维好。

——培根

学习要点

- 如何与陌生人进行有效的交谈？
- 交谈的技巧有哪些？
- 如何与上级、同事、下级进行交谈？

导学案例

小王偶遇总裁

在电梯里，小王偶遇总裁，于是一场简短的随机对话开始。

总裁："小王，最近怎么样啊？"

小王："还好……还好。"

然后是难堪的沉默、尴尬的笑容。小王恨不能摇身一变，变个苍蝇飞出电梯。其实小王很想抓住机会跟总裁多说几句，可就是不知从何讲起。

这种情形下，总裁一般会说："好好好，好好做。"对话结束。

或者，总裁会问："都有哪些工作啊？"接下来，进入我们上面描述过的一问一答循环，直到电梯到站。

试想，走出电梯，总裁会对小王什么印象？我们能预期的最好结果就是跟进电梯前的一样。

其实小王完全可以这样回答："挺好的。我和同事们一起做了三个 CASE，都接近收尾了，能创造多少成效。接下来我们还要做某某项目，预期可以达到什么效果。今年我和大家都一直挺忙，但觉得非常充实，非常愉快。我学到了很多东西，感觉成长很快，可以独当一面了，比如某某项目，就是我负责的，客户很满意，打电话给某经理来感谢……"

如果时间足够，小王可以一路说下去，如果总裁起了兴趣，他会把小王叫到办公室继续说。那样的话，小王在总裁心里的印象会是怎样？

案例思考：

要想化解对方心中的疑问于无形，要想引起对方的兴趣，我们必须懂得如何进行交谈。

如果在以上过程中，总裁问了别的话，那么整个对话就因之而变了。但无论怎么变，只要小王学会与总裁交谈的技巧，有效地进行表达，一定会在工作中为自己加分。

第一节 典型交谈

交谈是人类口头表达活动中最常用的一种方式。随着人类社会的高度发展，交谈已成为外交、教育、商贸、公关等各个领域中重要的、不可缺少的一项语言活动。交谈是以两个人或几个人之间的谈话为基本形式，进行学习讨论、交谈信息、交流思想感情等的言语活动。

典型的交谈主要有面对面交谈、电话交谈、与陌生人交谈等。

一、面对面交谈

面对面交谈是指运用口头表达方式来进行信息的传递和交流，也就是我们通常所说的你一言、我一语的面对面的交谈。

面对面交谈很重要，因为面对面沟通能够产生的误解少，了解彼此更多，不用靠想象，大家可以有更加丰富的感受与回应，你会发现彼此的握手、问候都影响到对方的看法。

面对面交谈还可以让双方感到对方的重视，很多问题仅仅是会面本身就能帮助解决问题，尤其是长期的误解，经过直接沟通，你突然明白了某些你过去对别人的心结其实是因为偏见或者误解，一个微笑就能化解多年的怨恨。

（一）面对面交谈的过程

1. 交谈前的准备

确定交谈的目的、面谈的对象，确认地点和时间、面谈的内容，把握面谈交谈的方式。

2. 营造氛围的技巧

简要概述面谈者自身面临的问题，就某个问题征求意见或寻求帮助，以引人注目的方式打开话题，不谈问题本身而谈其背景。

3. 阐明目的

除非由于某种特殊目的有意不向面谈对象透漏这些信息；否则，在开始阶段就提出面谈目的。

4. 交流信息

这是面谈的关键阶段，占据面谈的大部分时间。在这一阶段要获取、传递和阐明信息。

5. 结束面谈

对内容做归纳，确认双方对问题的理解和认识，避免误解。

（二）面对面交谈的技巧

1. 增加语言的魅力

幽默是一种高级智力活动，幽默语言如同润滑剂，能有效降低人们之间的摩擦因数，消灭对方的怒火，减轻对方的怒气，化解冲突和矛盾，并能使我们从容地摆脱交谈中遇到的困境。

2. 要善于倾听

一般人在交谈时常常很容易打断对方讲话，或发出认同的声音。在交谈的过程中较佳的倾听却是完全没有声音，而且不打断对方讲话，两眼注视对方，等到对方停止发言时再发表自己的意见。而更加理想的情况是让对方不断地发言，越保持倾听，你就越握有控制权。是非型问题是最好的。说话时以自在的态度和缓和的语调，一般更容易让人接受。

3. 不要指出对方的错误

你交谈的目的不是去不断证明对方是错的。生活中我们常常发现很多人在交谈过程中不断证明自己是对的，导致其十分不得人缘。交流天才认为事情无所谓对错，只有适合还是不适合你而已。如果不赞同对方的想法，不妨还是仔细听他话中的真正意思。若要表达不同的意见，切记不要说："你这样说是没错，但我认为。"而最好说："我很感激你的意见，我觉得这样非常好，同时，我有另一种看法，不知道你认为如何？"同时，顶尖交谈者都有方法进入别人的频道，让别人喜欢他，从而博得信任，表达的意见也易被别人采纳。

4. 话要通俗易懂

说话要简洁明白，切忌眉毛胡子一把抓，抓不住要领，又显得啰唆。要想别人明白你的话，你说的话就要条理清晰、通俗易懂。

5. 真情胜过滔滔不绝

在交谈中，感情的真切流露要比讲究语言华丽更重要，评价一个人说话是否有魅力，其标准不是他的讲话多么流畅，多么滔滔不绝，而是他的感情是否发自内心的真诚。

6. 真话最能感动人

说话时，尽管你有热情和技巧，如果你的话都是不着边际的胡扯瞎说，也是不行的。说话时必须围绕着一个中心，把自己的意思合理归类，把问题讲明白，你用到的事例应该与这个中心保持一致，这些都是说话的最基本要求。但是有一点需要注意，你的话必须是发自内心的。

钥匙

一把坚实的大锁挂在大门上,一根铁杆费了九牛二虎之力,还是无法将它撬开。钥匙来了,他瘦小的身子钻进锁孔,只轻轻一转,大锁就"啪"的一声打开了。

铁杆奇怪地问:"为什么我费了那么大力气也打不开,而你却轻而易举地就把它打开了呢?"

钥匙说:"因为我最了解他的心。"

每个人的心,都像上了锁的大门,任你再粗的铁棒也撬不开。唯有关怀,才能把自己变成一只细腻的钥匙,进入别人的心中,了解别人。所以交谈时,一定要多为对方着想,以心换心,以情动人。

二、电话交谈

电话交谈是个体交谈的一种方式。现代社会,各种高科技的手段拉近了人与人之间的距离,即使远隔天涯,也可以通过现代通信技术近若比邻。事实上,我们在日常的交谈活动中,借用最多的工具就是电话。电话使人们的联系更为方便快捷,但电话交谈也有其自身的缺陷。

(一)打电话的技巧

1. 通话时间恰当

白天应在8点以后,假日最好在9点以后,夜间则应在22点以前,以免影响对方休息。与国外通话,务必注意时差和当地的生活习惯。

2. 第一句话要自我介绍并询问对方时间是否合适

电话接通后,要询问对方时间是否合适,并先自报一下家门和证实一下对方的身份。如果你找的人不在,可以请接电话的人转告。这时可以先说一句:"对不起,麻烦你转告×××",然后将你所要转告的话告诉对方,最后,别忘了向对方道一声谢,并且问清对方的姓名。

3. 要有喜悦的心情

当电话一接通时,就要亲切、优美地打招呼,即使对方看不见你,但是从欢快的语调中也会被你感染,双方对话就此顺利展开。在电话中只要稍微注意一下自己的行为就会给对方留下完全不同的印象。由于面部表情会影响声音的变化,所以即使在电话中,也要抱着对方看着我的心态去应对。声音清晰、悦耳、吐字清脆,都能够给对方留下好的印象。

4. 姿态要端正,声音要清晰明朗

打电话过程中绝对不能吸烟、喝茶、吃零食,即使打电话时懒散的姿势,对方也能够听得出来。如果你打电话的时候,弯着腰躺在椅子上,对方听你的声音就是懒散的,无精打采的；若坐姿端正，身体挺直，所发出的声音也会亲切悦耳，充满活力。因此，打电话时，即使看不见对方，也要当作对方就在眼前，尽可能注意自己的姿势。声音要温雅有礼，以恳切之话语表达。口与话筒间应保持适当距离，适度控制音量，以免对方听不清楚、滋生误会；或因声音粗大，让人误解为盛气凌人。

5. 有效地进行电话交谈

打电话时，谈话中心要突出，要旨明确，陈述简洁，口齿清楚，语速适当。讲话时速度极快，含糊不清，说话不停顿，都不是正确的通话方法。重要的地方和难以理解的词要强调、慢说，或在此之前停顿一下，或再重复一遍，以保证对方听得明白。

对对方提出的问题应耐心倾听；表示意见时，应让他能适度地畅所欲言。其间可以通过提问来探究对方的需求与问题。注重倾听与理解、抱有同理心、建立亲和力是有效进行电话交谈的关键。接到责难或批评性的电话时，应委婉解说，并向其表示歉意或谢意，不可与通话人争辩。

6. 认真清楚地记录

随时牢记5W1H技巧（即 When 何时、Who 何人、Where 何地、What 何事、Why 为什么、How 如何进行）。在工作中这些资料都是十分重要的。对打电话、接电话具有相同的重要性。电话记录既要简洁又要完备。

7. 挂电话前要有礼貌

要结束电话交谈时，一般应当由打电话的一方提出，然后彼此客气地道别，应有明确的结束语："我们就谈到这儿吧，再见！"或通知对方要挂机，千万不要没有任何表示就挂断电话。

（二）接电话的技巧

1. 掌握"铃声不过三"原则

在电话铃声响起后，如果立即拿起，会让对方觉得唐突；但若在响铃超过三声以后再接听，是缺乏效率的表现，势必给来电者留下公司管理不善不好的第一印象，同时也会让对方不耐烦，变得焦急。接起电话应说："您好！×××"。然后稍做停顿，让对方说话。如果超过三声应说："您好！×××，不好意思，让您久等了。"

2. 使用规范的问候语

接电话时不允许出现"喂，喂"或者"你找谁？"等非商务用语。特别不允许一开口就毫不客气地查问对方"你找谁""你是谁""你是哪儿""你有什么事"。如果对方没有自报家门，应该问："请问哪位？"

在工作场合接听电话时，首先应问候，然后自报家门。对外接待应报出单位名称，若接内线电话应报出部门名称。

3. 要找的人不在或不能接听电话时要妥善处理

如果自己不是受话人，首先放下听筒，然后代为传呼。不能在听筒尚未放下时就大声叫嚷："某某，你的电话！"显得缺乏教养。如果找的人正忙着，不能马上接电话，应该重新拿起电话告诉对方稍候。如要找的人不在，则不能把电话挂断了事，而要耐心地告诉对方受话人不在，如可以选择说："对不起，他正好出去了。您需要留话吗？"

4. 正在通话时有其他电话打进时要正确处理

如果接 A 线电话时，B 线电话响了：

第一步，先对 A 线客人说："对不起，我去接个电话。"

第二步，接起 B 线电话后说："对不起，我正在接听另一个电话，请稍后。"

第三步，放下 B 线电话后对 A 线客人说："对不起，让您久等了。"

第四步，等接听完 A 线电话后马上去接 B 线电话，并说："对不起，让您久等了。"

5. 接错打的电话应该礼貌应对

接到错打的电话，人们很容易忽略了礼貌问题，甚至很粗鲁，这是因为人们认为错打的电话与自己没有关系。但事实上，并非错打的电话都必定与自己没有关系，有时，对方也恰恰是与自己有重要关系的人。

6. 注意挂电话前的礼仪

通话结束后，一般由主动发话的一方结束谈话并先挂断电话。如对方话还未讲完，接听人就先挂断电话，则是失礼的行为。

过程训练一

客户来电话说需要 S3104 的材料，但此刻没有货存，你作为工作人员如何作答？

你可以试着这样回答：

"对不起，S3104 的材料昨天刚好用完，现在还有两个替代品，S3101 跟 S3102 可以吗？"

"不行，我只需要 S3104。"

"噢，这样呀？最近的库存在南京还有 3 500 个，如果调拨，大概下个星期二可以拿到。"

"我很着急，这个星期能不能拿到？"

"那这样，今天下午 4 点钟我给你回话，紧急调拨 1 500 个，星期六早上先让你拿到，必要的时候我们看看能不能在星期五的下班前让你拿到，你看怎么样？"

三、与陌生人交谈

在生活中，有很多时候我们都要和陌生人沟通，陌生人是你第一次接触，你对他的性格也不了解，因此，在和他沟通的时候一定要注意一下沟通技巧，有些事只须点到为止，这样才能给对方留下好的第一印象，以便今后的人际交往。在与陌生人交谈过程中应该注意哪些问题，又有哪些技巧呢？

1. 谈话要讲究语气

和陌生人交谈要讲究语气和语速，语速不能太快，像连珠炮、竹筒倒豆一样；语调既不能过高，也不能过低。如果不是老乡，则要使用普通话来交谈。千万不能在言语中带脏话，一举一动、谈吐要有风度和气质，给人以良好的感觉。

2. 不要涉及隐私话题

由于和你交谈的是陌生人，你们是第一次交流，因此，你们谈话的话题应该较为轻松,不要涉及对方的隐私,如你的月薪是多少啊、你结婚没有啊等一类话题。如果你交谈中不可避免地涉及这些话题,则不可以直接发问,而应该采用旁敲侧击的方法,婉转提问。

3. 善于交互

和陌生人交谈,有别于和好朋友交流。所以,一定要注意不能一味地说话给对方听,而要相互交谈,你一言我一语。要善于用疑问句给对方话语权,比如说:我认为这个事情,你觉得怎么样啊?这样就很自然地把话语权交给了对方。通过交互的过程,你能够了解对方对某些事情的看法和观点,从而找到下一个话题。

4. 善于推销自己

和陌生人交流,要学会推销自己。当两者打开话匣子后,你可以先介绍一下自己叫什么名,哪里人,因为什么事到这里来,曾经在哪里工作,等。在介绍自己的过程中对方也了解了你,对方会和自己做比对,说不定你在介绍自己的时候会和对方产生共鸣,拉近彼此的距离,找到很多共同的话题。

过程训练二

训练一:根据以下情景进行表演训练

开场白:你好,×××艺考培训,可以了解一下,您平时对艺考这一块关注吗?(有或者没有)递宣传页。

情况一:有了解。因客人有所了解,故很好入手,只需要了解他的需求就可以了,讲解专业知识,邀约就可以。

情况二:没有了解。通过与客人的攀谈,了解足够的信息,判断是不是意向客户。

示例:孩子的文化课成绩怎么样啊,我们是做艺考培训这一块,是不是对孩子能不能上个好大学特别苦恼,您与孩子有没有详细地交谈过,他自己的想法怎么样?

很多人面对家长的时候觉得很难快速建立关系,没有人可以让一个人迅速相信自己,那么你就要讲到打动她的地方。要了解清楚客户的需求,要迅速通过交谈了解和反馈清楚。

示例:您对艺考是不是没有详细地了解过?我们主要做的是传媒类艺术考试,考大学的时候文化分要求不高。

如果家长本身已经表露出兴趣,就要明确问清楚。

第一步的推荐工作已经完成,产品不能直接形成销售的,就要想办法留取客户信息。针对客人愿意留下联系方式和不愿留下联系方式两种情况,要采取不同的交谈方式。

1. 客人留下联系方式

话术一:孩子若要学习,需要先做一个测试,该专业对于孩子的各方面素质都有要求,届时你带他到中心去做个测试,不然要求都达不到,了解再多也无济于事。

话术二:我们最近会有一个关于专业介绍的公开课,你可以让孩子去参加一下,如果你要去的话,可以填一个预约单,到时我们会预约您。

话术三:您现在时间也比较紧张,一时半会可能了解不清楚,这样子吧,你给我留一个联系方式，等您方便的时候我详细地介绍一下。

2. 客人不愿留下联系方式

话术一：若您有这个打算让孩子去学习，我们这边的活动对于孩子来说还是非常有意义的。

话术二：是不是担心会被打骚扰电话，您看，大家时间都很忙，您要是没有这方面的计划，我把电话打烂了您也不会学，浪费的也是我的时间，如果您要来，我发个信息你就来了，对不对。

训练二：打电话练习

角色：A公司业务部秘书、A公司业务部经理、B公司业务部秘书、B公司业务部经理。

内容：A公司秘书打电话给B公司，准备邀请B公司的业务经理出席一个产品发布会，B公司秘书接的电话，当时B公司经理不在。事后，B公司秘书又电话通知了自己的经理。B经理得知消息后亲自打电话联系了A公司的经理，表示对邀请感谢，并决定出席。

第二节 赞美和反馈

一、赞美

赞美是指发自内心的对于自身所支持的事物表示肯定的一种表达。恰如其分的赞美能使我们更好地与人交往，从而增进彼此之间的友情和友谊。研究发现，积极的话语不仅能使人的心情愉悦，还能改善血液的成分，增大血液吸收营养的能力，从而提高细胞的免疫力。平时要多注意收集，把说积极语言变成你的习惯。

（一）赞美的艺术

在社会交往中，人人都期望别人欣赏自己，希望自身的价值得到社会的肯定。恰当地运用赞美的方式，会激发人们的积极性，产生巨大的精神力量。赞美是人的一种心理需要，是对他人尊重的表现，是一剂理想的黏合剂，它给人以舒适感，使我们拥有更多的朋友。

一般来说，赞美是一种能引起对方好感的交往方式。赞同我们的人与不赞同我们的人相比，我们更喜爱前者，这符合人际交往的酬赏理论。但令人遗憾的是，不少人把赞美当作取悦他人的简单公式，不分时间、地点、条件对他人一味地加以赞美，实际上，这一做法是很不可取的。因为赞美的效能也具有相对性和条件性。

美国心理学家阿伦森曾举例说：假设工程师南希出色地设计了一套图纸，上司说："南希，干得好！"毋庸置疑，听了这话，南希一定会增加对上司的好感。但如果南希草率地设计了一套图纸（她自己也知道图纸没设计好），这时，上司走过来用同样的声调说出同一句话，这句话还能使她产生好感吗？南希可能会得出上司挖苦人、戏弄人、不诚实、不懂得好坏、勾引异性等结论，其中任何一项都会影响南希对上司的尊敬和喜爱。

所以，"赞美引起好感"并不是绝对的、无条件的，它要受赞美动机、事实根据、交往环境诸因素的制约和影响。因此，与人交往时必须记住一味地赞美不足取。赞美的效果要受各种条件的制约。能引起好感的赞美还要注意以下几点：

1. 态度要真诚

每个人都珍视真心诚意，它是人际交往中最重要的尺度，能引起好感的赞美须符合事实、发自内心，只有实事求是的赞美才能使被赞美者产生心理上的愉悦，还能让别人对你产生好感。赞美者不是有意说给被赞美者听的赞美叫无意的赞美。这种赞美会被人认为是出自内心，不带私人动机的。阿谀奉承的人心口不一，有目的性，动机不纯，会让人生厌。

2. 内容要具体，符合实际

在赞美别人时，应尽量符合实际，虽然有时可以略微夸张一些，但是应注意不可太过分。从具体的事件入手，善于发现别人最微小的长处，并不失时机地给予赞美。赞美用语越详细、越具体，说明你对对方越了解，让对方感到你的真挚和信心，从而产生亲近效应。空泛、含混的赞美因没有明确的评价原因，常使人觉得不可接受，并怀疑你的辨别力和鉴赏力，甚至怀疑你的动机、意图，所以具体明确的赞美才能引起人们的好感。

3. 时机要恰当

要第一时间送上赞美，因为赞美是有有效期的，过期作废。当别人计划做一件事情时，开头的赞扬能激励他下决心做出成绩，中间的赞扬有利于对方再接再厉，结束的赞扬可以肯定成绩。在交际活动中，遵守愉悦性原则，就是要多说对方喜欢听的话语，不说对方讨厌的言辞。这样，往往能收到较好的表达效果。

4. 对象因人而异

人有素质、年龄、男女等区别。要因人而异，根据特点赞美。老年人不希望别人忘记他"想当年"的业绩和雄风，与其交谈时，可以称赞他引以为荣的过去；对年轻人，可以赞扬他的创造才能和开拓精神。

（二）赞美的技巧

前面已说过，赞美要因人而异，要从对方的文化知识水平、性格特征、心理特点、情感需求、年龄特征、情绪特征等角度进行赞美。

1. 寻找赞美点

外在的、具体的硬件，如衣服打扮（穿着、领带、手表、眼镜、鞋子等）、头发、身体、皮肤、眼睛、眉毛等等。

内在的、抽象的软件，如品格、作风、气质、学历、经验、气量、心胸、兴趣爱好、特长、做的事情、处理问题的能力等。

间接的、关联的附件，如籍贯、工作单位、邻居、朋友、职业、用的物品、养的宠物、下级员工、有亲戚关系的人等。

从小事赞美对方,如"你这衣服的纽扣真好看""错了一点点,你就重新抄一遍,真是认真"。注意使用非语言方式赞美对方,如用眼神、点头、竖大拇指来赞美对方。

2. 赞美与对方相关的人或事

如赞美他人服饰的样式、颜色,有关他妻子、孩子等家人的得意之处,与他有关的活动、他的观点、他的建议,等等。以第三者口吻赞美对方,如"他们都说你人很好""听你们班主任说,你的口才很好""老师,同学们都说喜欢上您的英语课"。

3. 赞美对方的优点

赞美对方心理上的优点,如赞美他人品好、能力强、有才华、有气质、性格好、聪明、有耐心、细心、具有同情心、很善良、善解人意、有智慧、有风度等。赞美对方生理上的优点,如赞美他漂亮、帅气、苗条、高大、秀美、白皙、健康等。并且,赞美你所希望对方做到的,一般领导对下属采取该方法。如果你希望对方很有耐心,就赞美对方是个富有耐心的人,对方也许就真的变得很耐心了。

4. 赞美对方的缺点

先指出对方一个小小的不足,然后再赞美,会取得意想不到的效果。或者变换方式,对胖女士说"你很富态";对瘦女士说"你很苗条";对不胖不瘦的女士说"你的身材正好";对于苛刻的人说"你是一个很认真的人";对于散漫的人说"你这个人很随和"。

案例一

赞美客户,赢得订单

客户:"这事由采购部负责,你跟他们直接联系吧。"(欲挂断电话。)

销售人员:"好的,谢谢您。不过,邓总,能跟您通话,我觉得特别荣幸。我很早就听说过您白手起家的事。今天有幸跟您通话,希望向您请教一些创业方面的问题。"(赞美客户,寻找时机。)

客户:"呵呵,小伙子挺有上进心的……我跟采购部王经理打声招呼,你直接去找他就行了。"(邓总很欣赏这名小伙子,跟他谈了很多。临了不忘把他介绍给采购部王经理。)

销售人员:"谢谢您,邓总。有机会,希望还能向您请教。"(一句请教,其实也是对客户的赞扬。)

二、有效反馈

有效反馈是指人利用文字、语言、肢体语言等手段在与他人进行交流时有效回应对方的观点,使对方清晰获知己方观点的过程,是信息接收者通过多重方式获取更多信息的过程。

所谓反馈,就是在交谈过程中,信息的接收者向信息的发生者做出回应的行为。一个完整的交谈过程既包括信息发生者的"表达"和信息接收者的"倾听",也包括信息接收者对信息发生者的反馈。不做反馈会对交谈带来障碍,一是信息发出的一方(表达

者）不了解接收信息的一方（倾听方）是否准确地接收到了信息，二是信息接收方无法澄清和确认是否准确地接收了信息。

（一）给予反馈的技巧

1. 针对对方的需求

交谈双方应建立相互信任的关系，创造良好的交谈氛围。一是对是否听清对方的信息、理解对方的意思进行反馈；二是对具体的事情进行反馈。

2. 正面、具有建设性

反馈必须适当，因为不适当的反馈会让对方感到窘迫和反感。做出反馈时，应该持中立态度，不要简单地评论。在交谈过程中要试着换位思考，核实信息的准确性和完整性。

例如，销售部经理说："小王，你的工作很有成绩。我有个建议，对你的工作会有帮助。"

3. 对事不对人

反馈是就事实本身提出的，不能针对个人。要把反馈的焦点集中在对方可以改进的方面。

4. 运用肢体语言

在反馈过程中，要注重肢体语言的运用。要保持目光的接触，一是确认自己是否走神，二是激励对方讲下去（要力戒消极的肢体语言）。

（二）接受反馈的技巧

1. 倾听，不打断

作为反馈的接收者必须培养倾听的习惯，使反馈者能够尽可能地展示他自己的性格、想法，以便你尽可能多地了解情况。

2. 提出问题，澄清事实

当对方完全表明自己的意见或态度时，如果发现对方的反馈有问题，可以提出问题并做进一步的澄清。

3. 总结接收到的反馈信息，并确认理解

在对方结束反馈之后，你可以重复一下对方反馈中的主要内容、观点，并且征求对方看你总结的要点是否完整准确，以保证你正确地理解了对方要传递的信息。及时整理，避免遗漏。用自己的话进行复述，必要时要把重要的内容记录下来，以便查阅。

4. 理解对方的目的

当你倾听对方的讲话时，你要把你的目标暂时放在一边，把焦点集中到他们所想反馈的目的上，完全理解他们。要仔细分析是不是包含着其他微妙的目的。

5. 向对方表明你的态度和行动

同上司交谈，你有必要谈谈行动方案。同下属交谈，要表明态度，给下属一个"定心丸"，使对方产生信任感。今后，他们有问题，还会找你进行坦诚的交流。

案例二

恰当的赞美

一次，一个客户在一款地砖面前驻留了很久，销售员走过去对他讲："您的眼光真好，这款地砖是我们公司的主打产品，也是上个月的销量冠军。"客户问道："多少钱一块啊？"销售员说："折后价格 150 元一块。"

他说："有点贵，还能便宜些吗？"

销售员说："您家在哪个小区？"

他说："在第六田园。"

销售员说："第六田园应该是市里很不错的楼盘了，听说小区的绿化非常漂亮，而且室内的格局都非常不错，交通也很方便。买这么好的地方，我看就不用在乎多几个钱了吧？不过第六田园和水晶城我们正在做促销，这次还真能给您一个团购价的优惠。"

客户兴奋地说："可是我现在还没有拿到钥匙呢？没有具体的面积怎么办呢？"

销售员说："您要是现在就提货还优惠不成呢，我们按规定要达到 20 户以上才能享受优惠，今天加上您这一单才 16 户，还差 4 户。不过，您可以先交定金，我给您标上团购，等您面积出来了，再告诉我具体面积和数量。"

这样，客户交了定金，两周之后，这个订单就促成了。

案例思考：

案例中销售员在营销中是如何恰当地运用赞美的技巧的？在现实生活中你能恰当地进行赞美吗？

过程训练

欣赏他人

每个同学都要写出自己学习小组或宿舍成员的优点，最少写出两条；另外，每人要从小组以外找 1~3 人，写出他的主要优点。要求：

（1）必须说优点。

（2）夸别人的优点时态度要真诚，不能毫无根据地吹捧，这样反而会伤害别人。

（3）参加者要注意体验被人称赞时的感受如何；怎样用心去发现别人的长处；怎样做一个乐于欣赏他人的人。

第三节　职场交谈

在中国，早就有"见什么人说什么话"的说法。在职场中的关键时候，怎么才能做到不说错话，应该怎么去说话呢？身在职场，要想让领导和同事及下属都认可你，并尊重你，让自己说话有分量，就应该懂得巧妙的谈话技巧，关键时候说该说的话才能解决问题（图4.1）。

图 4.1　沟通

案例一

李嘉诚的沟通

李嘉诚说："领导全心协力投入热诚，是企业最大的鼓动力。与员工互动交谈、对同事尊重，方可建立团队精神。人才难求，对具备创意、胆识及谨慎态度的同事，应给予良好的报酬，并向其展示明确的前途。"

李嘉诚非常善于同员工进行交谈，他认为在团队中，要和别人有效地交谈必须懂得倾听。对此，他经常讲一个古老的哲学问题："森林中一棵树倒了下来，那儿没有人听到，那么能说它没发出声响吗？"借用这个道理，李嘉诚反问："在一个团队里，如果你说话时没人听，那么能说你进行沟通了吗？"

李嘉诚认为，良好的交谈方式可以让领导与下属同心协力，言行一致，创造出企业的竞争优势和绩效。反之，交谈不良的企业，往往内部信息混乱，员工士气低落，并进一步影响公司的整体面貌和绩效。优秀的企业管理者善于创造一个开放、合作、信任的公司氛围，重视与全体员工分享信息，以此增强企业的凝聚力，达到吸引并留住杰出员工的目的。

一、与上级交谈

与领导沟通，是指团队成员通过一定的渠道和方式，与管理者或决策层所进行的信息交流。上下级之间的有效沟通无论是对于组织还是对于个人都具有十分重要的意义。仅就下级而言，通过与上级主动的沟通，既能准确了解信息、提高工作效能，又能及时表达自己的意愿，形成积极的双向互动。与上级进行沟通时应该注意以下几点：

（一）适度交谈

所谓适度，是说下属与领导的关系要保持在一个有利于工作、事业及二者正常关系的适当范围内，形成和谐的工作环境，交谈既不能"不及"，也不可"过分"。下级与上级的交流应避免交谈频率过高和频率过低。

(二）适时交谈

根据问题的重要与否，选择恰当的交谈时机。首先，要选择上司相对轻松的时候。与上司交谈之前，可以通过打电话、发短信等方式主动预约，或者请对方确定好交谈的时间、地点，自己按时赴约。假如是个人私事，则不宜在上司埋头处理大事时去打扰，否则就会忙中添乱，适得其反。其次，要选择上司心情良好的时候。交谈之前，与其秘书或助理取得联系，以了解对方的情绪状态。当上司情绪欠佳时，最好不要去打搅对方，特别是准备向对方提要求、摆困难或者发表不同意见的时候。

（三）斟酌语言

向领导汇报工作，一定要抓住重点，简单明快，而不能东拉西扯、词不达意。这样的汇报既浪费领导的宝贵时间，又令人生厌。下级向领导汇报，要有提纲，或打好腹稿，使用精辟的语言归纳整理所要汇报的内容，做到思路清晰、观点精炼、语言流畅、逻辑性强，遣词用语朴实、准确。关键语句要认真推敲，把握好分寸，切记说过头话，列举的数字一定要准确无误。尽量避免"估计""可能"之类的模糊词语，如果语言啰唆、拖泥带水，再好的内容也汇报不出应有的效果。

（四）要有真诚的尊重领导的态度

领导不可能事事都能作出"圣君名主"之决断，领导时有失误，在某些方面可能还不如你，千万不要因此而有居高临下之感，滋生傲气，否则只会给工作徒增阻力。尊重领导，要有效表达反对意见，懂得智慧地说"不"。要换位思考，如果我是领导，我该如何处理此事，寻求对上级领导处理方法的理解。跟领导说话时要注重自己的语气，不能盛气凌人，最好采取委婉的语气。

（五）读懂领导的心思

通常读懂一个人的心思可以更有利于沟通，对于领导也是如此。作为领导，肯定希望被下属肯定和仰慕，但是肯定和仰慕并不等于阿谀奉承，无原则地套近乎，有些事情一定要有自己的立场和观点，不能一味附和。下属在平时生活中注意留意领导的兴趣爱好，了解他的性格特点，这样在工作中沟通更顺畅。

鸭子只有一条腿

某城市有个著名的厨师，他的拿手好菜是烤鸭，烤鸭深受顾客的喜爱，特别是他的老板，更是对其倍加赏识。不过这个老板从来没有给予过厨师任何鼓励，厨师整天闷闷不乐。

有一天，老板有客从远方来，在家设宴招待贵宾，点了数道菜，其中一道是老板最喜欢吃的烤鸭。厨师奉命行事。然而，当老板夹了一只鸭腿给客人时，却找不到另一只鸭腿，他便问身后的厨师说："另一条腿到哪里去了？"

厨师说："老板，我们家里养的鸭子都只有一条腿！"老板感到诧异，但碍于客人在场，不便问个究竟。

饭后，老板便跟着厨师到鸭笼去查个究竟。时值夜晚，鸭子正在睡觉，每只鸭子都只露出一条腿（图4.2）。

厨师指着鸭子说："老板，你看，我们家的鸭子不全只有一条腿吗？"

老板听后，便大声拍掌，吵醒鸭子，鸭子当场被惊醒，都站了起来。老板说："鸭子不全是两条腿吗？"

厨师说："对！对！不过，只有鼓掌拍手，才会有两条腿呀！"

图4.2 鸭子

二、与同事交谈

日常工作中，尽管同事之间总的愿望和动机都是一致的，都是为了把工作搞得尽善尽美，但大至思想、观念、为人行事之道，小至对某人某事的看法与评判，在一些地方总会有所不同，而这些程度不同的差异可能就会发展成为同事间的争执与论辩。要将极有可能引起不愉快的争执，转变成一种愉快、平和的思想交换，显然离不开巧妙的语言。因此，注意运用一些交谈的方法和技巧是十分必要的。

不管在什么情况下，创造与保持友善信任的说话氛围都会有易于交流思想，对事物的看法就易于达成一致，行为也容易协调。例如，先肯定优点，再谈出现的问题，就有助于减少对方的抵触与反感，使其感受到你的善意，对方就会很容易、冷静地接受自己的建议。

（一）学会赞美

沉闷的办公室里充满了文件和繁杂的公务，不知不觉中就会使人变得失去热情；当工作压力越来越大的时候，人会变得烦躁，经常想些不愉快的事情，对能完成的简单工作也会觉得复杂和难度增大！这个时候，内心就会涌起一种渴望：渴望得到赞美和关心！赞美能使我们的情绪平静，感受到被关爱的感觉。

（二）主动交流

人际关系要密切，注重彼此的交往是前提，在紧张的工作之余，不妨主动找同事谈谈心、聊聊天或请教一些问题，以便加深印象，增进了解。在主动沟通时，应把握以下几点：一是选择合适的时间、场合及易引起对方兴趣的话题；二是保持诚恳谦虚的态度；三是善于体察对方的心理变化，因势利导，随机应变；四是讲究语言艺术，选择适当的语言，并注意分寸。

（三）避免争执

同事之间因为经历、立场等方面的不同，对同一个问题，常常会产生差异极大的看法，以致引发不同程度的争论，稍不小心就容易伤了同事之间的和气。所以，跟同事发生意见分歧时,不能过分争论是非对错,当然,也是不要一味"以和为贵",事事都讲求一团和气,哪怕涉及原则问题也不坚持、不争论,而是随波逐流,刻意掩盖矛盾。当双方意见不能求得一致时,也不妨冷处理,明确表达"我难以同意你们的观点,我保留我的意见",使争论逐渐淡化,同时又保持自己的立场和态度。

(四)不争强好胜

同事在某些问题上发生分歧很正常,尤其在座谈、讨论等场合。当别人提出不同意见时,要尊重对方,认真倾听,不随意打断,不急于反驳,在清楚了解对方观点及其理由的前提下,语气平和地陈述自己的观点,并提供支持的理由。切不可抱着"胜过对方"或"证明自己是对的,对方是错的"心态一味地争执下去,否则就会影响彼此的关系,伤害别人的自尊。

(五)重视团队合作

随着社会分工的越来越细,现代企业越来越强调员工之间的沟通和协调。每个人无论处于什么职位,在保持自己个性特点的同时,都必须很好地融入集体。比尔·盖茨认为:"大成功靠团队,小成功靠个人。"因此,在工作中同事要同心协力、互相支持、共同合作;需要大家共同完成的,要预先商定,配合中要守时、守信、守约;自己分内的事情要认真完成,出现问题或差错时要主动承担责任,不拖延,不推诿;确需他人协助完成的,要使用请求的态度和商量的语气,不能居高临下、颐指气使。

三、与下属交谈

对管理者来说,与下属进行交谈是至关重要的。因为管理者要做出决策就必须从下属那里得到相关的信息,而信息只能通过与下属之间的沟通才能获得;同时,决策要得到实施,又要与员工进行沟通。再好的想法,再有创见的建议,再完善的计划,离开了与员工的沟通都是无法实现的空中楼阁。并且与下级交谈最大的目的,就是要通过沟通,充分调动下级的积极性,使他们的潜力得到最大限度的发挥。

案例三

小王因为工作出众,升任部门副经理,一天,他发现一名员工的咽喉部有捏过的黑紫印,并且嗓子沙哑,肯定是嗓子发炎引起的。这时,小王提醒员工:"你工作服的第二个扣子没有系上。"员工赶紧说:"我的嗓子上火,所以刚把扣子打开,我马上系好。"另一个副经理看到后把他叫到一边:"他的嗓子这么红肿,等他嗓子稍微好一些,再培训。"小王随后改变了方式,嘱咐员工要多喝水,记得吃药。员工很感动。

可见,在与下属交谈的过程中,不同的方式、不同的着眼点会产生截然不同的效果,掌握以下几个与下属交谈的技巧,会使沟通变得更加有效。

(一)关心下属

在一个群体中,任何人都希望被人接受、尊重并得到赏识,只要他能从你那里得到这些美好的东西，他就会感受到你的友善，你也会因此受到他的欢迎。领导者与被领导者之间有一种特殊的人际关系，领导者要实现其领导功能，除了依赖其权力性影响力和自身的品格、知识、才能等非权力性影响力外，更重要的是能被下属接受、欢迎。这是因为前者是相对稳定的，不易在短时期内改变，因而，上司和下属的关系就成了左右领导者影响力大小、能否有效激发下属工作动机的最大变量。

（二）赞同下属

对下属适时适度地赞同是一种领导艺术，是不需要成本的激励手段。

赞同有两层含义：一是认同；二是赞美。人总是把认同自己的人当作知己，即所谓"士为知己者死"，被下属作为知己的领导者同时必定是群体中的精神领袖。赞美更是任何人都希望得到的精神享受，不论能力强弱，也不论职位高低，下属都希望听到上司的赞美。

在工作中，下属能否得到上司的赞同及赞同的程度如何，往往是其衡量自身价值的尺度。获得领导的赞同，下属就会感到自己是重要的、有价值的，从而产生更强的敬业感和责任感。

一般来说，赞美下属有以下技巧：

（1）要根据员工的特点，讲适合对方的话。如果员工年龄较大、资格较老，领导赞美他经验丰富、几十年如一日兢兢业业地工作，他就非常爱听；大学刚毕业的小伙子，表扬他有创造性、有魄力比较合适。

（2）充分考虑赞美对其员工的影响。为给员工以积极的导向，一般来说，赞美都是公开进行的，这时候要注意在赞美一个员工的时候不要无意伤害其他员工，不要激起其他员工跟被赞美者对抗。在表扬中尊重客观事实，尽可能多地引用受表扬者的有关实例与数据，用事实来化解某些人的消极逆反心理；善于抓住事情的精神实质，富于哲理，给人以启迪，也不任意拔高，故弄玄虚。

（三）语言幽默，轻松诙谐

领导者与下属谈话，语言幽默，轻松诙谐，营造一个和谐的交谈气氛和环境很重要，上级和部下谈话时，可以适当点缀些俏皮话、笑话、歇后语，从而取得良好的效果。只要使用得当，就能把抽象的道理讲得清楚明白、诙谐风趣，会产生一种吸引力，使下属愿意和领导交流。领导的语言艺术，对于下属来说，既是一种享受，又是一种激励，可以拉近上下级的关系。

（四）多激励、少斥责

每个人的内心都有自己渴望的"评价"，希望别人能了解自己，并给予赞美。身为领导者，应适时地给予鼓励、慰勉，认可褒扬下属的某些能力。当下属不能愉快地接受某项工作任务之时，领导会说："当然我知道你很忙，抽不开身，但这事只有你去解决，我对其他人没有把握，思前想后，觉得你才是最佳人选。"这样一来，对方无法拒绝，巧妙地使对方的"不"变成"是"。这一劝说技巧主要在于对对方某些固有的优点给予适度的褒奖，使对方得到心理上的满足，使其在较为愉快的情绪中接受工作任务。对于下级工作中出现的不足或者失误,特别要注意,不要直言训斥,要同你的下级共同分析失误的根本原因,找出改进的方法和措施,并鼓励他一定会做得很好。斥责下属会使下属产生逆反心理,对以后的工作会带来隐患。

(五) 把下属当成朋友

推心置腹,动之以情,晓之以理。领导者的说服工作,在很大程度上,可以说是情感的征服。只有善于运用情感技巧,以情感人,才能打动人心。感情是沟通的桥梁,要想说服别人,必须架起这座桥梁,才能到达对方的心理堡垒,征服别人。领导者与对方谈话时,要使对方感到领导不抱有任何个人目的,没有丝毫不良企图,而是真心实意地帮助自己,为下属的切身利益着想。这样沟通双方的心就接近多了,就会产生"自己人""哥儿们"效应。

某公司老板承诺给自己的员工增加薪水,但是很长时间都没有兑现。一个下属对老板说:"我们部门的张三,这两天神思恍惚,我问他是什么原因,他说身边只有4 000元钱,而工资要过半个月才能发,但是现在有三件要紧的事情必须去做:一是给孩子的学费1 000元;二是还房贷2 000元;三是老婆看中一款价值2 000元的项链。按理说孩子学费和还房贷是首要解决的问题,可是张三曾经许诺:结婚十周年时给老婆买她最想要的礼物。养家的男人真不容易啊!"这番意味深长又不失幽默风趣的话引起了老板的深思。不久,他践行了自己的诺言。

案例四

蒙蒙丢了案子

蒙蒙毕业一年多,在一家广告公司做广告文案策划。她漂亮、聪慧、干活利落,深得男上司的赏识。

一次,上司交给她一项重要的任务,按照上司的既定思路做一个详细的策划方案。上司先告诉她,客户是一个当地大型房地产公司的项目,并表示这个客户对公司发展很重要。为此,上司先提出了策划思路,让她只要按照这个思路做策划方案就行了。

蒙蒙很不解:以前都是上司顶多提个要求,策划方案完全由自己完成,而且每次都能得到上司称赞。"难道是上司对自己不够放心?不相信自己的能力?"她发现上司的思路有一个致命性的错误,如果按照那个思路做策划方案,肯定会遭到客户的拒绝。

于是,蒙蒙又找到上司,当时上司和全公司的领导正在开会,但她当着众人直截了当地说:"你的思路根本不对,应该这样……"直接否定了上司。这让男上司感觉很没面子,最后男上司将方案给了别人做。尽管最终的策划方案的确不是上司预先的思路,但蒙蒙的那位同事没有像她那样直接顶撞上司,而是私下同上司做了交流,上司主动改正了原有的思路。

案例思考:

作为下属,不顾忌上司的面子、挑战他的权威是非常危险的,尤其在公共场合,让上司难堪是最忌讳的。

首先，对上司布置的工作先答应下来。然后，找机会单独和上司交流，说明你自己的想法，建议上司考虑，让上司感觉到你是在为他着想，是为了更好地做好工作。一般来说，上司都会考虑你的想法，同时他也不会感到没面子。

过程训练

谁先逃离？

一场风暴把5个人困在了孤岛上，分别是孕妇、科学家、小孩、市长、企业家，只有一艘小船，小船只能坐一个人，在下次风暴到来之前，小船有机会逃出去。逃出去的人有生还的机会，留下的人可能丧生。请5名同学分别饰演以上人员，各自陈述自己坐船出去的理由。其他人陈述前要先复述前一个人的理由，再说自己的理由。最先说的人陈述最后一人说的理由。最后由同学评价，选出最能完整复述别人理由的人及最充分陈述自身理由的人离岛。

拓展阅读

[1] 科里·帕特森，约瑟夫·格雷尼，罗恩·麦克米兰，等. 关键对话：如何高效能沟通（原书第2版）[M]. 毕崇毅，译. 北京：机械工业出版社，2017.

[2] 梁实秋. 会说话的人，人生都不会太差［M］. 北京：北京时代华文书局，2016.

第五章 非语言沟通

名人名言

非语言交流是不用言辞表达的、为社会所共知的人的属性或行动，这些属性和行动由发出者有目的地发出，由接收者有意识地接受并可能进行反馈。
——伯贡与赛因

察言观色，以求无拂于人。
——《潜书·食难》

学习要点

- 什么是非语言沟通？
- 非语言沟通技巧有哪些？
- 怎样与他人进行非语言沟通？

导学案例

比说话还有用的沟通方式

下面我们试着进入这样的一个情境，一个名叫凯丽的女孩，她掩饰不了她内心的激动，这种激动表现在她的脚步上，表现在她温暖又自信的笑容中，表现在她眼睛的光芒里，表现在她的一举一动中。她欣喜的第一个原因，可能是她从交往了两年的男朋友那里新得到了戒指；她欣喜的第二个原因，可能是前天××集团的首席执行官与她有力的握手，这个广告公司是业内评价极高的一家广告公司，因此，她完全确信自己积极寻找并为之努力的这份工作即将属于自己了；但最好的解释，可能是她的学位帽上的穗子被从这边拨到了那边，这向世界宣布她已经从一名学生变成了一名毕业生。

真是个有趣的现象，凯丽她一句话也没有说，但是了解她的每一个人都能感受到她的快乐和喜悦，大家都会注意到她手上那闪闪发光的新戒指，大家都能理解那一顶学位帽对凯丽的意义，甚至是对他们今后的生活乃至社会身份的影响。这些都是极其普遍的非语言行为，对于大多数人而言，非语言沟通也传达了特别的情感及思想，这就是非语言沟通的魅力。

从一个非语言的暗示，我们可以充分地发挥我们的想象力来回答这一系列相关的问题。在上面的情景中，场景、安排或内容是什么？在这件事中关联了多少人？那个即将跟凯丽结婚的男孩子会是谁呢？这个男孩子的家庭会是什么样的家庭呢？在这种情境中，会不会有人演讲？凯丽那天早晨在做些什么？她晚上会在什么地方庆祝这些？她会和谁一起庆祝？当天在庆祝的时候，凯丽会喝酒吗？当我们考虑所有这些附加的问题时，就很有可能已经回答关于凯丽的问题，因为我们知道，她将学位帽上的穗子从这边拨到了那边意味着她大学毕业了。

非语言沟通，也可以说是身体语言。就好像是上述情境中所说的脚步、温暖自信的笑容、眼睛里的光芒和动作姿势，是不自觉地表现出来的。人们甚至没有意识到他们正在传递一些非语言信息，同时并非刻意地表现出来。换一个角度来说，戒指也好，强有力的握手也好，抑或是拨帽子穗的动作，实际上都是有意的，为传递信息而特别设计的。由此可以看出，非语言沟通也有可能会传递一系列信息，甚至有些时候传递出的内容比人与人之间的语言沟通要传递得更多。毕竟人可以说谎，但是人的身体却不会说谎。

第一节　了解非语言沟通

一个人的手势、表情、眼神、笑声等都可以说话或传情。非言语沟通不仅是利用语言进行信息交流的一种补充，而且是一种人与人之间的心理沟通，是人的情绪和情感、态度和兴趣的相互交流和相互感应。

一、非语言沟通的概念

非语言沟通（non-verbal communication）是指使用除语言符号以外的各种符号系统，包括形体语言、副语言、空间及环境等进行沟通。在沟通中，信息的内容部分往往通过语言来表达，而非语言则作为提供解释内容的框架，来表达信息的相关部分。因此，非语言沟通常被错误地认为是辅助性或支持性的角色。

如在礼节性的拜访中，主人一边说着"热烈欢迎"，一边在不停地看看手表，客人便知道此时该起身告辞了。

二、非语言沟通的功能

按照非语言沟通信息传递的介质，非语言沟通可以分为副语言沟通、身体语言沟通和环境语言沟通。理解好非语言沟通的类型与主要功能，有助于我们更清晰地认识非语言沟通。

（一）加深印象

使用非语言沟通符号来重复语言所表达的意思可起到加深印象的作用，具体可以表现为人们使用自己的语言进行沟通时，附带有相应的表情和其他的非语言符号。例如，当你与某人谈某个问题时，可能说："真对不起！"并且拍对方肩膀或拥抱对方来加强这种信息。

（二）替代语言

有时候某一方即使没有说话，也可以从其非语言符号比如面部表情上看出他的意思，这时候，非语言符号起到代替语言符号表达意思的作用。例如，上司从椅子上站起来，或者整理桌子上的文稿，这些都是向你传递谈话该结束了的信息。

（三）表达准确

非语言符号作为语言沟通的辅助工具，即"伴随语言"，可使意思表达得更准确、有力、生动、具体。例如，老师抬起头，盯着班里一些正在说话的学生，直到几秒钟后所有的学生都安静下来他才继续讲课，他的表情说明"同学们安静下来，我们要开始上课了"。

（四）调整和控制语言

借助非语言符号来表示交流沟通中不同阶段的意向，传递自己的意向变化的信息。例如，当老师告诉班里的学生他将不收超过规定时间提交的论文时，他的声音是有力的和坚定的。

（五）表达超语言意义

在许多场合非语言要比语言更具能表达深层意义。高兴的时候开怀大笑，悲伤的时候失声痛哭，当认同对方时深深地点头，都要比语言沟通更能表达当事人的心情。

美国口语学者雷蒙德·罗斯认为，在人际沟通中，人们所得到的信息总量，只有35%是语言符号传达的，而其余的65%的信息是非语言符号传达的。其中仅面部表情可传递65%中55%的信息。因此，我们可得出这样一个公式：信息传递/接受的全部效果＝词语（7%）＋面部表情（55%）＋声音（38%）。

三、非语言沟通的特点

非语言沟通的主要特点有：生活环境影响非语言沟通；非语言信息可能与语言信息相矛盾；非语言信息通常是无意识的（无意识性）；非语言沟通表明情感和态度（隐喻性）。

（一）生活环境影响非语言沟通

许多非语言行为是在孩童时期学到的，由父母和其他相关群体传给的。人们总是习惯并接纳自己成长、生活区域的文化特征，如当人们第一次相遇时，美国人把目光接触看得很重要，身体接触局限在有力的握手上。阿拉伯人并不介意谈话中的噪音或被人打断。太平洋的密克罗尼西亚群岛人相遇时，他们既不说话也无身体接触，相反，他们通过挑起眉毛或点头问候对方。

来自不同文化群体的人处于同一空间的话会怎样呢？除了学习语言外，要想在新的文化环境中生存，就要具有按照公众交往的当地规则行动并识别日常与人交往的方式和礼仪的能力。入乡随俗，到什么山唱什么歌。当然，这绝不是说用一种文化取代另一种文化，在全球化的今天，它涉及对各种类型文化的理解和整合，结果是每种文化都获得了新的特点。

在绝大多数文化中，男性的非语言行为区别于女性的非语言行为。例如，男人和女人在摆放自己身体姿态方式上存在着极大的区别。不论是女孩还是妇女都靠得更紧，互相直视对方。男人和男人则相互错开而坐，不直接甚至不看对方。男人通常以一种放松的、手脚伸展的方式坐着，不管他们是在男人群体中还是在男女混合群体中。相比之下，当妇女在混合群体中时，她们的坐姿是女性化的，但当她们在都是女性的群体中时，她们手脚伸展、放松地坐着。

（二）非语言信息可能与语言信息相矛盾

非语言交际是如此根深蒂固和无意识，以至于我们在传递一个语言信息时，又会传递另一个直接与之相矛盾的非语言信息。例如，专家们设计了一个可以通过分析面部表情来探测谎言的计算机程序，来检验人是否说谎。电脑可以分析出人类在现实生活中看不见的表情，比如眼睑运动还有假笑，从而检测出人类自己都没有意识到的谎言。

例如，某人总是微笑，给你一个温暖的握手，并深深地关心你的业务和健康。尽管他说了很多好话，但他的很多沟通方式都缺乏基本的诚意。他的肢体语言和态度告诉你，他所做的一切都是为了个人利益，这就是所谓的冲突。令人困惑的是，你得到了一个混合的信息——口头上和非口头上相互矛盾的信息。这个人说的是一件事（我非常关心你的生意和健康），而他的非语言行为却在传达另一种信息（我非常关心我能从你这里赚到多少钱）。因此，非语言信息通常比语言信息更为可靠。我们能够操纵词汇，但操纵非语言沟通真的很难。所以说，人可能会说谎，但是身体不会。

（三）非语言信息通常是无意识的

你早上一觉睡醒后觉得可能感冒了，但是你没有特别不舒服，并没有严重到爬不起来或必须要待在家里，所以你会认为自己的状态是可以上班的。你到达工作岗位后，开始自己一天的工作，并没有说自己身体不适。一名女性同事一看到你就说："你身体是不是不舒服呢，要不要休息一下？"她是通过非语言信息知道你身体不适的。她可以根据你的反应、你的姿态、你的声音及你的脸色感觉出来，她在做一种非语言的评价，你并没有说过一个字，她却能够知道你的感觉。

你对自己的非语言行为通常是无意识的，是无法控制的。例如，你和陌生人处在同一空间内你就会和他保持社交距离，但是你和亲密的人处在同一空间内就会和他保持亲密距离；几个人站在一起时你的腿会朝向和你关系更亲密的人；同样地，我们身体的姿势，如双臂交叉，可能表明自己持反对意见。

（四）非语言沟通表明情感和态度

手势、面部表情、肢体动作及我们使用眼神的方式，都在向人们传达我们的情绪与感受。人们可以在我们的脸上发现情绪及情感，包括开心、难过、悲伤、震惊、惊恐、气愤、羞耻、兴趣、羞愧、害羞和内疚。从神采奕奕、精力充沛、暗送秋波、微笑、哭泣、紧握双手或拳头、立正、拖着脚走路、跳舞、无精打采、双目无神等情感态度来解释情绪状态很容易。如果你想向别人表达更多的温暖和更好的亲和力，你有可能会表现出愉快的面部表情、热情的姿势、更亲近的人际距离和友好的接触。情感交流通常是面部表情、姿势、动作和眼神暗示等相关动作的组合。当然了，并不是所有的身体语言都必须要同时出现，任何一种身体语言都可以为情感传达提供帮助。

案 例

揭开"命令的面具"

小林是一家大型企业的员工，拥有出色的业绩，短短两年升迁为部门主管。她的下属很多曾是她原先合作愉快的同事，然而一直自信满满的小林发现下属并不服从她。其实，她不知道她的肢体动作在"损害"自己的形象。她在和男下属说话时，总是习惯性地斜靠在墙边，而不是挺拔站立，且眼睛很少和下属接触。下属和她讲话时，她总低着头，没有做出专心倾听的姿态；尤其是男下属和她面对面时，小林总让自己的头微垂，她似乎在思忖自己究竟有没有能力承担起职责！这些肢体语言严重损害了她的领导者权威。下属认为她只适合做普通同事而非上司，"一切都很完美，除了小林的肢体语言。她看起来不是能够拿捏主意的人"！

案例思考：

（1）小林因何出现这种问题？结合实际，谈谈如何使用非语言沟通。

（2）通过本节的学习，你认为语言沟通和非语言沟通在日常生活与工作中的关系是什么？

过程训练

训练一：场景模拟

思考分别在乘坐出租车、公司用车和家用车等不同场景下，你与年长者、女士或领导乘坐车辆的座位位置。

训练二：思考分析

护士接到急诊室电话，有位急性肠梗阻的病人急诊入院，护士做好了一切准备工作迎接病人入院。病人被抬进病房，面色苍白，大汗淋漓，非常痛苦，急需手术。此时，护士面带微笑地对病人家属说："请不要着急，我马上通知医生为病人检查。"说完不慌不忙地走了出去。

（1）指出护士在接待病人时的体态语的不妥之处。

（2）护士这样接待病人会造成什么样的后果？

（3）假如你是值班护士，面对这个案例你如何处理？

第二节 典型非语言沟通

通过前面的学习,我们已经知道了非语言沟通信息传递的介质分为副语言沟通、形体语言沟通和环境语言沟通。具体来说,非语言沟通指的是以表情、手势、眼神、触摸、空间、时间等非自然语言为载体所进行的信息传递。在这里,我们将讨论辅助语言、形体动作、眼神信息、服装、空间和距离、接触等,对比较通用的非语言沟通形式进行介绍。

一、副语言沟通

副语言沟通是通过非语词的声音,如重音、声调的变化,以及哭、笑、停顿来实现的沟通,如所谓的抑扬顿挫等。副语言虽然有声音,但因为本身没有具体的语义,所以不能称为语言。副语言沟通却能传递出非常丰富的信息,在某些场合甚至胜似语言。

语音表达方式的变化,尤其是语调的变化,可以使字面相同的一句话具有完全不同的含义。比如一句简单的口头语"真棒",当音调较低,语气肯定时,"真棒"表示由衷的赞赏;而当音调升高,语气抑扬时,"真棒"则完全变成了刻薄的讥讽和幸灾乐祸。

如在生活中最常见的电话沟通,就是一种最典型的语言和非语言相结合的沟通方式。电话沟通没有面对面谈话的形态语言,全靠语言沟通技巧与语调、态度等传达你的自信或心情等。因此,在电话拨通之前需要你准备得非常充分,准备好自己的态度、立场、语速和相关信息,并且考虑打电话的时间。例如,你通常不会想要早上第一件事就是打电话,这个时候人们喜欢回复昨晚或早晨遗漏的信息并对一天的工作做出计划。同样的,避免在一天工作要结束时打电话,这时大多数人都在做收尾工作准备离开办公室,并享受下班后的闲暇时光。表5.1总结了一些实用的、以自信和专业方式接打电话的技巧。

表5.1 电话交流中副语言沟通技巧

情境	副语言沟通技巧
通用技巧	1. 经常使用语言回应,表示你在听,如"好的""嗯""明白"等。 2. 稍微提高音量显示你的自信。 3. 语调不要一成不变;一成不变的语速会让谈话陷入僵持,改变语气语调会使对方感受到你对谈话感兴趣。 4. 当与不同母语的人交谈时语速要放慢。 5. 全程都要把注意力集中在电话上;当你注意力不在上面时人们很容易就可以感觉出来。
打电话	1. 在打电话之前准备好,尽量做到语言简明扼要,不要浪费对方时间。 2. 将干扰降到最小并且避免弄出让对方厌烦的噪声。 3. 报上自己及公司的名字,简要介绍为什么打这个电话,并且确认一下打电话的时机是对的。以友好、积极的方式结束并且再次确认所有重要信息,如开会时间和日期。

续表

情境	副语言沟通技巧
接电话	1. 接听电话要及时，并且保持愉快的声音，这更能显示你的友好。 2. 主动报上自己的名字，抑或所在单位名称，会更加拉近双方的距离。 3. 通过问"有什么我能帮你的吗？"来确认打电话人的需求。 4. 随机应变，如涉及你不了解的领域，及时问问对方有什么是你现在能做的。 5. 如果你必须把电话转给别人接听，试着先跟那个人确认他或她是否有空并且说明是谁打来的。
使用语音留言	1. 如果你要为别人转达信息，一定要记录得完整而准确，包括打电话人的名字、电话号码和所属公司。 2. 发微信或语音留言时，内容尽量简洁明了。 3. 如果由于工作或其他原因，面对一整天无法接听信息的时候，尽量通过微信朋友圈或其他公共留言方式，告诉其他人今天不能接受信息，显示你的友好与主动。 4. 要养成习惯，经常性地检查你的手机信息，并在短时间内尽快回复必要信息。 5. 慢速地说出你的姓名和电话号码，这样对方就可以很容易地记录下来；如果对方不认识你的话，可以重复一遍。 6. 小心说话，大多数语音信息系统都可能将消息转发给系统中的其他人。 7. 在挂断之前重听一遍你的留言，确保清楚完整。

研究发现，说话快的人被看成更有能力、更可靠、更聪明。但是，他们也会被认为没有说话慢的人诚实和值得信赖。说话者音调较高、声音响亮而有节奏感，则被视为更有能力、更有威信和更有吸引力；用低音、无变化的语调说话的人似乎显得胆气不足，可能被人认为没把握或害羞，令人不愉快。

二、形体语言沟通

形体语言既包括先天性的身体特征，如身高、肤色等，也包括后天训练或者展现的，如发型、服饰、化妆、头部动作、身体动作、身体姿态等。总体来说，形体语言分为形象语言、肢体语言、面部表情语言等几种。

(一) 形象语言沟通

一个人的形象对其信息的传递起着非常大的作用，管理学中有"致命的7秒钟"这个说法，即对一个人的第一印象通常在7秒钟之内就已决定。研究表明，看上去有魅力的人往往更容易被人接受，其说出来的话也更容易被人相信，而外表出众的男性往往比外表一般的男性获得的起薪更高。我们必须要清醒地认识并且接受一个事实，自己不仅是作为沟通的对象出现，而且是他人的审美对象。

形象语言主要包括发型、化妆、服饰等。

1. 发型

头发要干净、健康和美观、修剪得整齐。在汉语中有"改头换面"的成语，旧式的理发店通常贴有"进店来虬髯太岁，出门去白面书生"的对联，可以看出古人对发型的重要性已有了相当深刻的认识。现代形象设计专家也说："形象设计从'头'开始，发型变了，你的形象标识也就改变了。"

如图 5.1 所示，人们对于头发的第一印象，首先在于其头发本身的品质，即是否干净、健康和美观，是否修剪得整齐，只有品质较好的头发，才能够配合发型，营造良好的形象。如果一个人的头发脏乱粗糙，给人的印象则会大打折扣；如果头发枯黄，再漂亮的发型都无法得到体现。

图 5.1　合理的发型

2. 化妆

化妆可以改变人们五官的形状，突出想让他人注意的优点，遮蔽自己的缺点（图 5.2）。上班期间宜化淡妆，晚宴或舞会才化浓妆。随着社会的发展，化妆已经成了大部分女性和部分男性生活中不可或缺的内容，以至于有些人必须化妆才能面对自己和他人。现代社会，男女皆用的化妆品应该是香水。香水与体味相融合，形成独有的味道，营造出优雅、时尚的个人形象，让人觉得整洁和职业。香水的选择与个人的喜好和沟通场合有关。一般说，清淡的香水比较高雅，浓烈的香水充满诱惑。

图 5.2　合理的化妆

3. 服饰

服饰搭配要做到整洁平整、色彩协调、配套齐全及饰物点缀。同时要符合着装者的年龄、职业和身份，符合个人特点，符合环境要求。

郭沫若先生曾说，"衣裳是文化的表征，衣裳是思想的形象"。服饰的选择反映了一个人的文化素养和审美水平，直接影响别人对你的看法与接受程度。

服装可以大体分为四类：制服、职业装、休闲装和化妆服，如图 5.3 所示依次为制服、职业装、休闲装和化妆服。

图 5.3 服装的分类

制服是专业化的服装。它受工作场所的社会控制,表明属于一个特定的组织,代表团体或组织的利益,而不代表穿制服的人的利益。在制服上存在着极小的选择自由,穿着者被告知什么时候穿及能不能佩戴装饰品。最常见的制服是军服和警服。通过军衔和警衔的标志,人们可以知道穿着者在队伍里的等级和在组织中与他人的关系。制服也暗示着穿着者要遵循特定的规范。

职业装是要求工作人员穿着的服装。它表明一种特定的工作行为。设计要表现人们对此职业期望的一种特定形象,他们能选择喜欢的样式或颜色并进行搭配,与顾客或客户间的沟通更加便利,将沟通置于亲密的层次上。例如,医生和护士穿白色的服装;公司员工男性穿西装、打领带、穿皮鞋,女性穿套裙、丝袜、皮鞋。老师的服装将影响学生的感觉,穿着要庄重大方、文雅得体。

休闲装是在工作结束后穿着的。因为这种服装的选择权在个人,很能表现人们的个性色彩、身份象征,不受工作场所的社会控制。尤其年轻人,追求时尚、品牌。大众传媒对休闲服的选择产生了极大的影响,以至于很难把影响从个人爱好中分开。

化妆服是一种高度个性化的衣着方式。例如,模仿西部牛仔的破牛仔裤、大手帕和帽子。穿着者宣布:"这是我所要成为的人。"它表明一种强悍、无拘束的男子汉的个性。当今年轻人很喜欢通过穿着,追求新潮、另类,张扬个性。其实很少有人对在日常生活中过分张扬的穿着感兴趣。化妆服与许多规范背道而驰。

(二)肢体语言沟通

身体的姿势与动作称为肢体语言,它是非语言沟通的重要组成部分,包括人的身体姿势、身体动作等,而身体动作中常见的有手部动作、头部动作、肩膀动作、脚势和身体接触。总的来说,舒展的、开放的、上扬的姿势或动作,表示积极或正面的信号;而收缩的、封闭的(交叉的)、下垂的姿势或动作,则传递消极或负面的信息。

1. 身体姿势

身体姿势包括走路的姿势、站立的姿势、就座的姿势(图5.4)。

身体姿势可以反映出一个人的精神面貌和身体状况,是一种无声的语言,中国俗语就有"站如松,行如风,坐如钟,卧如弓"的说法。

男士站姿应体现出阳刚之美,抬头挺胸,双脚大约与肩膀同宽站立,重心自然落于两脚中间,肩膀放松;女士则宜丁字步站立,体现出柔和和轻盈。

在坐姿方面，以大方、舒服为原则。坐得太直，会让人感觉僵硬；坐得太松弛，会让人觉得失礼。

图 5.4　身体姿态

2. 手部动作

手是人类运用最广泛的器官，在非语言沟通中的作用也非常巨大，是身体动作中最重要、最容易被关注的部分。它以不同的动作，配合讲话者的语言，传递讲话者的心声。在聋哑人群体中，手势被上升为手语，是他们最主要的交流方式，如图 5.5 所示。

图 5.5　不同手势

从手势的含义和作用来看，手势可以分为两大类：

（1）功能性手势，主要用来指示事物的方位或描述事物的形状。比如手指前方，向问路的人说"就在前面"，或者用手比划某人的大体身高和身形。

（2）辅助性手势，主要是自觉或不自觉地配合自己的语言，表达说话者喜怒哀乐所使用的手势。比如诗歌朗诵者在朗诵"啊"的时候，通常为了抒情，缓缓地将手从胸前挥出到侧前方。

3. 头部动作

头部动作结合不同的语境识别和判断，含义如下：

点头：在对方说话的时候轻轻点头，一般表示理解、认可、赞同、肯定；在和人相遇的时候轻轻点头，则代表"打招呼"和问候。

摇头：摇头一般代表不同意、不认可、拒绝，有时候轻轻摇头还代表对思考中的问题的否决。

低头：一般表示谦恭、臣服、认错、顺从、害羞。

仰头：仰头一般代表着比较激昂的情绪，比如自信、激越、悲愤、不服气等。

4. 肩膀动作

耸肩膀在西方人的沟通中运用较多，一般是耸耸肩膀，摊开双手，表示一种无奈或不理解，如图 5.6 所示。受到惊吓的时候，也会紧张得耸肩膀。

图 5.6　耸肩

5. 脚势

抖脚表明轻松或无聊，跺脚表明兴奋或愤怒，而脚尖的方向会泄露一个人的倾向，如图 5.7 所示。

图 5.7　脚势

6. 身体接触

身体接触是沟通双方通过身体某一部位的接触，传递某种沟通信息，最典型的应用是握手、拍肩膀、拥抱等。

握手是目前商务交往中最常见的礼仪，握手时的手部力量、姿势和时间长短均能传递不同的信息。

如果男性将手放在臀部上，只要他的手指朝着胯部方向，就意味着蔑视。这是明显的男性气概的象征。

一些常见的肢体语言信号如表 5.2 所示。

表 5.2　常见的肢体语言信号

类别	特点
传递可行的信号	轻松、微笑，直接且柔和的目光接触，积极与富有情感的语调。身体前倾，双手摊开，握手有力。双臂放松，一般不再交叉，双腿交叉叠并朝向你
传递反对的信号	表现出生气与紧张或者忐忑不安的样子，锁紧双眉，不再与你有目光接触，伴随着低沉与消极的语调。突然起身，整个身体背向你或者缩紧双肩，身体向后倾斜，显示出"拒人以千里之外"或者"心不在焉"的态度。或利用清嗓子、擦手或用力地一捏耳朵、环顾左右等方式传达明显的抵制情绪。双臂交叉并紧紧抱在胸前，握手乏力或做出拒绝的手势，双腿交叉并远离你
传递徘徊的信号	迷茫或者困惑，躲避的目光，伴随着疑问或者中性的语调。朝远离你的方向倾斜。双臂交叉，略显紧张，双手摆动或手上拿着笔等物品不停地摆弄着，握手乏力

(三)面部表情语言沟通

面部表情语言,即通过五官的动作形态传递信息,主要包括眼睛、鼻子、嘴巴、眉毛、耳朵、脸部表情等。美国学者巴克研究发现,单是人的脸,就能作出大约上万种不同的表情。

1. 眼睛

俗话说,眼睛是心灵的窗户。《诗经》对卫庄公夫人庄姜的赞美是"美目盼兮",孟子曰:"心中正,则眸子瞭焉。"德国谚语中也有"眼睛是爱情的信使"的说法。一个人眼睛形态及变化可以反映出其喜怒哀乐、思虑爱憎。

眼睛可以传神地表达一个人的内心感情和思想品质。眼神信息最重要的一个方面就是眼神接触。

首先,眼睛瞳孔的变化。在相同的灯光条件下,随着态度和情绪从积极转向消极,瞳孔就会由扩张转向收缩;反之亦然。因此,瞳孔的大小可反映兴趣、偏好、态度、情感和情绪等。

其次,目光的角度也会说话。目光的角度有注视、斜视及眨眼。斜视的含义很丰富,它可能表示感兴趣,也可能表示不确定,甚至表示敌意。如果人们在目光投向侧方的同时,眉毛微微上扬或者面带笑容,那就是很有兴趣的表现,恋爱中的人们经常将之作为求爱的信号,特别是女人。如果斜视的目光伴随着压低的眉毛、紧皱的眉头或者下拉的嘴角,那就表示猜疑、敌意或者批判的态度。

眨眼在沟通中也具有重要意义,在正常而放松的状态下,人们的眼睛每分钟会眨6~8次,每次眨眼时眼睛闭上的时间只有十分之一秒。注视在人们的沟通中具备的意义则更加重要。

根据目光停留的区间,注视分为三类,分别是公务注视、社交注视、亲密注视,如表5.3所示。

表5.3 眼神注视交流的三种情况

类别	特点
公务注视	公务注视一般在进行业务洽谈、商务谈判、布置任务等谈话时采用,注视范围一般是以两眼为底线,以前额上部为顶点所连接成的三角形区域[图5.8(a)]。由于注视这一部位能造成严肃认真、居高临下、压住对方的效果,所以常为企图处于优势的商人、外交人员、指挥员所采用,以便帮助他们掌握谈话的主动权和控制权
社交注视	社交注视一般在普通的社交场合中采用的,注视范围是以两眼为上限,以下颚为顶点所连接成的倒三角区域[图5.8(b)]。由于注视这一区域容易形成平等感,因此,常被公关人员在茶话会、舞会、酒会、联欢会及其他一般社交场合使用。注视谈话者这一区域,会让对方轻松自然,因此,他们能比较自由地将自己的观点、见解发表出来
亲密注视	亲密注视一般具有亲密关系的人交谈时采用,注视范围主要是对方的双眼、嘴部和胸部[图5.8(c)]。恋人之间、至爱亲朋之间,注视这些区域能够激发感情、表达爱意。"频送秋波""眉目传情"都是通过这样的区间进行的

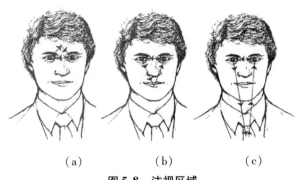

(a)　　　　　(b)　　　　　(c)

图 5.8　注视区域

2. 鼻子

鼻子在沟通中较少使用，但也会泄露一个人的真实感情。比如，不满的时候，会在鼻子里发出哼哼的声音；愤怒的时候，鼻孔会张大、鼻翼翕动；紧张的时候，鼻子会流汗、鼻尖会发红；说谎的时候，会不自觉地摸鼻子。

一个处于压力状态下的人通常会触碰鼻子，无论是轻挠还是重揉。不过，光触碰鼻子并不表示压力，有时因为心生厌恶，整体动作与源于压力的动作不同，可能是用手背抹一下鼻子，或以指节靠在鼻孔前，仿佛要阻挡刺激物进到鼻腔。

3. 嘴巴

嘴的表情是通过上下唇的动作来实现的。生气或不屑时，嘴巴往下撇；开心微笑时，嘴角上翘；惊讶时，张大嘴巴；把手指挡在嘴唇上方，通常代表想要掩饰自己的真正想法。

4. 眉毛

眉毛除了和眼睛一起，构成仪表的重要部分外，还表现着主人的心情（图 5.9）。如眉飞色舞，扬眉吐气，眉开眼笑说明心情很好；横眉冷对说明愤怒；双眉紧锁说明苦恼。

挑眉是个瞬间的表情，主要动作是挑高眉毛，可能发生在一瞬间，一闪即逝。当你认出某人时，眉毛会挑动，这是个不自觉的普遍反映。如果将两名声称互不认识的囚犯带到一起，他们看到对方时眉毛微微挑动，就说明他们在撒谎。

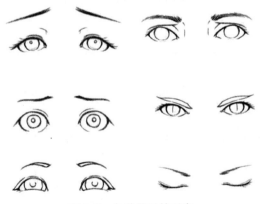

图 5.9　各种眉毛的形态

5. 耳朵

当人们担心被揭穿时，耳朵常会涨红，担心自己可能会陷入窘境。有些人在唬人时耳朵也会变红。

6. 脸部表情

脸部表情是情绪的真实写照，大部分人的喜怒哀乐都会表现在脸上。脸部肌肉放松说明心情很轻松，而脸色阴沉则表示遇到了烦恼。笑容是人类独有的表情，可以用嘴角上扬的表情来表达心中的快乐之情；与此相反，当人们沮丧、绝望、愤怒或紧张的时候，他们就会表现出一种嘴角下垂的、不高兴的表情，也就是我们常说的撇嘴。

三、环境语言沟通

环境是沟通必备的要素，所有的沟通必然都发生在特定的环境中，通过时间环境、空间和距离进行信息和情感的交互。

（一）时间环境

沟通时间的确定，反映出沟通主体对于沟通事项及对象的态度。是迫不及待、越早越好呢还是无所谓？是对方黄金工作时间段呢，还是无关紧要的时间段？是预留了非常充足的时间呢，还是只是两个重要安排中间的一小段"边角料"时间？是只能公事公办的上班时间呢，还是可以进行更深入交流的临近下班的时间？这些安排都流露出对于沟通的重视程度及所希望达到结果的预期和希望。

（二）空间和距离

它涉及使用周围空间的方式，以及坐或站时与他人保持的距离。例如，一进教室，你对坐哪里的选择取决于你打算与老师发生多大程度的相互影响。如果你坐在前排中间，这可能表明你喜欢这位老师并要参与课堂活动；如果你坐在后排或角落里，你可能在向老师传递不想被牵扯进去、最好别被教师看到的信息。

我们也画出特定的空间作为自己的领地，我们常常把它视为暂时或永久属于自己的空间。如果你走进教室，发现有人坐在你的座位上，你会产生反感。绝大多数人认为自己的领地，他人只有得到允许后才能进入。

每一种文化都有关于空间和距离的利用规则——通常是非正式的。大致有四个层次的距离：亲密距离、人际距离、社会距离和公共距离，具体见表5.4。

表5.4 沟通距离

沟通距离	表现形式
亲密距离	人们直接相互接触，或者相距不超过45厘米。如母亲和婴儿在一起时，母亲或者抱着、吻着、摸着婴儿，能闻到婴儿的气息并听到他发出的每一声轻微笑声。恋爱关系中的情人及亲密朋友之间，都可以保持亲密距离。如果在拥挤的公共汽车、地铁或电梯上，人们拥挤在一起时，我们可以通过忽视对方的存在或不与对方进行目光接触来应付这种情况。即使不能在身体上，也要能在心理上保护自己的亲密距离
私人距离	这是一个更有"分寸感"的交往空间，也可分为近位距离和远位距离。近位距离一般为46~76厘米。在这一距离内，稍一伸手就可触及对方，双方可以亲切握手。近位距离在酒会的交际中比较常见，谈话双方会有一种亲切感。远位距离在76~120厘米之间。在这一距离内，双方都把手伸直，还有可能相互触及。由于这一距离有较大的开放性，亲密朋友、熟人可随意进入这一区域

续表

沟通距离	表现形式
社会距离	社会距离一般为1.2~4米的距离。对别人不是很熟悉，非个人事务、社交性聚会和访谈时一般保持社会距离。例如，重要人物的办公室。它大到足以使来访者保持恰当的社会距离。
公共距离	公共距离即超过4米的距离，通常被用在公共演讲中。在这种情况下，人们说话声音更大，手势更夸张。这种距离上的沟通更正式，同时人们互相影响的机会极少

(三) 环境设置

环境的设置不仅影响人们的心情、沟通的效率及效果，而且能够传达出非常重要的信息。环境设置主要包括场所的设计、座位的设置和朝向的设置。

1. 场所的设计

场所的设计包括房间的格局、房间颜色的搭配、房间内的陈设等。

2. 座位的设置

古往今来，人们在社交场合对座位座次的安排也是颇为讲究的，长幼尊卑在座次安排上一目了然：在室内的座次，最尊的是坐西面东，其次是坐北面南，再次是坐南面北，最卑是坐东面西。

在现代沟通理念中，左边的位置比右边的位置显得更有控制力，是政治家们在会面时的"兵家必争"之地。美国前总统小布什在与其他国家元首的会面中，就经常胜利抢占左边的风水宝地。

3. 朝向的设置

沟通双方的位置朝向也透露一定的信息，常见的朝向有如下几种：

（1）面对面。这种朝向是商务沟通中常见的朝向，表示希望得到全面充分沟通的愿望，同时也显示沟通双方或亲密或严肃或敌对的关系。人们在协商问题、讨论合作或者争吵时都常用这种朝向。

（2）背对背。这种朝向要么是完全没有沟通的意愿，要么是非常亲密的人背靠背坐着聊天，如"一起慢慢变老"。

（3）肩并肩。非常亲密，同时也是非常不正式的交流，常见于非正式沟通场合。

（4）V形。双方在面对可能会引发冲突的问题时，采取这种朝向，可以淡化敌对的情绪，并给双方调整自己情绪的空间。上级对下级进行绩效辅导时经常采用这种朝向。

挥手之间

在方纪的散文《挥手之间》，描述了在抗日战争时期，毛泽东去重庆谈判前与延安军民告别时的动作。"机场上人群静静地站立着，千百双眼睛随着主席高大的身影移动。""人们不知道怎样表达自己的心情，只是拼命挥着手。""这时，主席也举起手来，举起他那顶深灰色盔式帽，举得很慢很慢，像是在举一件十分沉重的东西，一点一点地，一点一点地,等举过头顶,忽然用力一挥,便在空中一动不动了。"

"举得很慢很慢",体现了毛泽东在革命重要关头对重大决策严肃认真的思考过程,同时,也反映了毛泽东和人民群众的密切关系和依依惜别之情。"忽然用力一挥"表现了毛泽东的英明果断和一往无前的英雄气概。毛泽东在这个欢送过程中一句话也没有讲,但他的手势动作却胜过千言万语。

案例思考:

(1) 结合本节的知识点说说案例中有哪些动作?分别起了什么作用?

(2) 通过本节的学习,说说你会怎样把非语言沟通与一个实际情景相结合?

过程训练

(1) 请大家就本节的课程内容做如下思考,在与人进行沟通时,都需要注意哪些方面,以便于发现对方通过非语言沟通给我们传递的信息?

下面就这个问题我们进行课堂练习活动,请大家以2人为一组,与相邻的同学完成本次练习活动。活动中,请大家分别按照课程中的内容,在副语言沟通、形体语言沟通和环境语言沟通的代表特征中选择一组及以上的特征进行演示,由小组另一名同学进行判断,完成此次活动。

(2) 你母亲要参加几家公司经理联谊会,出门前,在非语言信息沟通方面(服装、眼神、形体修饰、表情、谈话距离及辅助语言等)你会给她哪些建议?

(3) 你有属于自己的房间吗?你如何布置它?你会传递哪些信息内容?

第三节 改善非语言沟通

因为非语言行为与社会和文化环境非常紧密地联系在一起,所以改变它很不容易,好在多数人并不需要做任何巨大的改变。我们应该关注的是,干扰我们所要说的内容,以及与语言信息相矛盾的非语言沟通。如果发现别人经常误解自己,就要用恰当的方式去询问这是否因为由非语言暗示造成的。可采取下面的几种做法,来检验自己的非语言沟通是否正确。

一、重新认识自己

非语言沟通对人们的日常行为、动作姿势、时间空间、穿着打扮等方面有具体明确的要求,经过长期应用、约定俗成的要求成为人们普遍遵守的行为准则。在日常的工作中要注意自己的非语言行为传达给其他人的信息是否准确,要给对方留下美好的印象。

回想人们曾经以令人吃惊的方式对你作出反应吗?这可能是因为别人对你发出的非语言信息的理解与你的本意有出入。例如,你打算与某人开玩笑,结果却伤害了他或她的感情。如果看到对方很不安,你就要找机会解释你的真正意图。

有时别人会告诉你人们是如何看待你的。例如，在学校里，一个有残疾的学生会被大多数学生忽略——可能是因为他们不知道应该怎样跟有残疾的人打交道。当这个学生有机会在演讲沟通课上说一下他的残疾、他能做什么和不能做什么时，同学跟他的交谈就增多了。

二、学会发现问题

很多时候我们无法客观地从第三视角看到自己在沟通过程中的表现，不妨利用。手机的摄像功能，让他人把自己拍摄下来。如果你能预先通过录像看自己将要在课堂上或其他演说场合的一次演讲，无疑，你将发现一些自己不知道的和要改进的行为。以下是一些常见的非语言沟通过程中可能忽略的问题。

（1）眼睛。眼神接触可以通过传递兴趣、关注、温暖来表示对他人的兴趣，提高可信度。所以要确保你的眼神是令人舒服的、自然的和直接的。

（2）表情。面部表情可以表明幸福、友好、温暖、喜欢，所以要经常保持微笑。微笑会让人觉得人更可爱、更友善和更好接近。

（3）手势。没有手势，你会被认为很无聊、呆板、没有活力。手势活泼生动一些，你就可以抓住别人的注意力，使你要传递的信息更有趣，并强化谈话的积极效果。

（4）姿势与形体定位。包括你走路、说话、站立和落座的方式。保持直立但不僵硬，将身体稍微向前倾斜一点，这表明你是容易接近的、包容的和友好的。

（5）亲近。跟别人谈话时应该站着，在谈话中跟他人站近一点但不要太近。

（6）辅助语言。你需要调整你的声音，包括声调、音调、旋律、音质、音量和形式。尤其要有变化，避免声音无聊和呆板。

（7）幽默。当你表现出想笑的意愿时，你实际上培育了一种让人心动的、温暖的和友好的谈话环境。笑声也可以缓解压力和紧张。

三、掌握角色定位

像语言一样，非语言沟通也应该随着角色的不同而变化。要学会这一点，可多观察处在相应角色中的人们。一个好领导如何沟通？这种沟通中有多少是非语言的？一个老师在她的角色中进行了哪种非语言沟通？如果你想成为一名教师，他或她是你要模仿的对象吗？你不愿意像哪种人那样？是他们的非语言行为使你厌烦吗？你做过这种事吗？你愿意改善自己的非语言沟通方式或行为吗？你能做到吗？

医护工作者，在医患护患沟通过程中非常注重自己的非语言符号传达给对方的信息。同时，也要通过细致地观察患者的非语言行为，体会其所要表达的真实感受，从而加强医患护患之间的有效沟通。

四、充分使用空间

你注意到平时你所生活的空间都有哪些信息传递给你吗？墙的颜色，挂在墙上的画，衣服的颜色、图案、款式，房间的风格等，都在给你传递哪些信息？

你的生活空间是否整洁？又传递给你哪些信息？你意识到哪些空间是属于你自己的吗？你的空间是否足够大？这个重要的空间传递给其他人哪些信息？

在日本，部门领导的办公桌放在一间大办公室的中间，他的下属的办公桌在他的四周。他认为这样可以更好地实现他的领导，他既可以看到他的下属如何工作，又可以与他们保持密切的联系。

五、有效利用时间

生活中时钟的报时或者准点的提示都会给我们以紧迫的感受。勃古恩、布勒和伍杜尔写道："时间被认为是一种珍贵的资源，是无价的和有形的商品。我们花费时间、节省时间、利用时间、安排时间和浪费时间。"那么大家是如何利用时间的呢？

你是否会经常迟到？你对于时间的使用是否想向其他人传递某些信息？你是把事情留到最后一分钟才去做的拖沓的人吗？如果是，是因为你的自控力导致的吗？

另外，你认为时间和地位之间有关联吗？什么事情是必须让别人等待，什么事情你必须准时，什么时候可以迟到，什么情况下你希望他人准时，什么情况下你因为时间给其他人留下了不好的印象？你做出改变了吗？

当我们研究通过非语言方式传递有关内容时，我们应该给非语言沟通以关注。虽然改变非语言行为是困难的，但可以做到的是，当我们知道如何使用它时，还是可以改变的。

约会的情景

她是一位娴静、素雅的女孩。第一次和她约会，心里不免忐忑。和她并排走在校园的林荫路上，你局促得无话可说。语言这东西像千头万绪的丝线，乱七八糟地绞在一起，缠得你心慌意乱。路灯把你们的身影时而牵到前面，时而拉向背后，仿佛也在嘲笑你的懦弱。

两声简洁的见面问候之后，她便不再言语，一直沉默着，只传来稳重的脚步声。你们终于在花圃旁的石凳上坐下来。你鼓足勇气想打破沉默，可你望着她，嗫嚅着，就是不知说点什么……

这时，一件分外显眼的小东西吸引住了你的目光。那是一枚雪白的胸花，别在她那深黑的衣服上，宛如夜空中一颗明星，令人赏心悦目。你立刻觉得你可以从这枚胸花说起……

她平时绝无雕饰，以前从未见她佩戴过胸花。你悟出其中的奥秘：那是绝妙的暗示，它告诉，她和你一样重视这次约会。就这样，那枚胸花成了你们促膝长谈的契机。直到月上中天，你们才款步而归。分手时，还有一种言犹未尽的感觉，盼望着再一次约会。

案例思考：

恋爱时节，双方都想知晓对方所要表达的是什么？其说话的目的如何？是否要求听者采取某些行动？约会中的你如何打破沉默？怎样了解对方的感觉、态度？

过程训练

训练一：成语接力

1. 活动程序

（1）学生按10人一组进行分组。按组数准备一些成语卡片，内容如画蛇添足、井底之蛙等。

（2）每组选1名取卡人，只有取卡人能看卡片上的成语，其他人排成一列，背对取卡人，不能看到成语。

（3）抽取人看到卡片上的成语后，要通过肢体语言，不能发出任何声音，"告诉"他前面的学员自己看到的成语；前面的这位学员明白了他的意思后，也要通过同样的方式再往前传递信息，依此类推，直到传递到队伍最后的同学手中。由他把自己理解的成语写到黑板上。

（4）在信息层层传递的过程中，只有接受信息的人可以转身向后，他要看后面学生的肢体语言，其他学生都要面朝前方，并且要保持静止不动。

（5）在游戏过程中，任何人都不得说话，最后，最先将传递信息写到黑板上并且结果正确的小组获胜。

2. 问题讨论

（1）作为获胜的小组，你们的成功经验是什么？

（2）如果你们出错了，出错的环节在哪里？

（3）大家应当如何正确地使用肢体语言？

训练二：你来表演我来猜

两人一组，一人看完答案后用肢体语言表演，另外一个人根据表演来猜答案。可以允许提示答案是几个字，也可以不允许提示。最后在规定时间内成功答对题数最多的组获胜（或者完成规定题数用时最少的组获胜），时间一分钟。

训练三：帮帮小王

小王讲述了他的一次求职经历。

一天，他接到一家全国知名企业的面试通知，遭遇几次失败的小王这天想出彩，他穿了一套名牌西装，头发梳得又亮又整齐，精心打扮后出门了。面试地点在九楼，不巧的是电梯暂停服务，他满头大汗一口气跑进去，"热死我了"，他拽掉领带。没看到凳子，只好站着回答问题，说话间他感到口干舌燥，就说："我喝杯水。"拿起矿泉水瓶一饮而尽，这时他才注意到几位主考官正襟危坐，一脸严肃。主考官问他是否同意分派到北方某个城市工作，小王很干脆地回答："不去！不喜欢那里，环境太差。"几位主考官如遭电击般一齐抬头打量他。后来一位主考官说他的衣着不得体，小王终于冒火了："我是来面试的，请你尊重人，好不好！……"

在上述事例中，小王求职面试过程表现有不当之处吗？请指出并帮他改进。

训练四：思考讨论

人的大多数情绪反应是通过面部表情和形体语言表现出来的。小张同学在校园里正在和最近才认识的一个女孩说话，想要跟这个女孩保持进一步联系。当他们说话的时候，他们会彼此发出什么眼神信息？小张注意到她的服装，背书包的方式，她说话时的表情、姿势及与他说话时保持的距离变化。他想："她真是个好女孩！"你能描述一下他们的对话内容和彼此传递的非语言信息吗？

拓展阅读

[1] 陈立之. 非语言沟通：[M]. 南昌：江西人民出版社，2017.

[2] 麦克斯·A. 埃格特. 了不起的身体语言：如何用好非语言技能[M]. 丁敏，译. 北京：人民邮电出版社，2020.

第六章 演　讲

名人名言

一声而非，驷马勿追；一言而急，驷马不及。
　　　　　　　　　　　　　　　　——《邓析子·转辞篇》

真懂的人不需大声叫。
　　　　　　　　　　　　　　　　——达·芬奇

语言作为工具，对于我们之重要，正如骏马对骑士的重要，最好的骏马适合于最好的骑士，最好的语言适合于最好的思想。　——但丁

学习要点

- 演讲的基本要素有哪些？
- 如何区分不同类型的演讲？
- 撰写演讲稿的基本要求有哪些？
- 如何进行一场成功的演讲？

导学案例

我有一个梦想（节选）

[1963年，马丁·路德·金（图6.1）]

朋友们，今天我对你们说，在此时此刻，我们虽然遭受种种困难和挫折，我仍然有一个梦想。这个梦想是深深扎根于美国的梦想中的。

我梦想有一天，这个国家会站立起来，真正实现其信条的真谛："我们认为这些真理是不言而喻的：人人生而平等。"

我梦想有一天，在佐治亚的红山上，昔日奴隶的儿子将能够和昔日奴隶主的儿子坐在一起，共叙兄弟情谊。

我梦想有一天，甚至连密西西比州这个正义匿迹、压迫成风、如同沙漠般的地方，也将变成自由和正义的绿洲。

我梦想有一天,我的四个孩子将在一个不是以他们的肤色,而是以他们的品格来评价他们的国度里生活。

我今天有一个梦想。

我梦想有一天,亚拉巴马州能够有所转变,尽管该州州长现在仍然满口异议,反对联邦法令,但有朝一日,那里的黑人男孩和女孩将能与白人男孩和女孩情同骨肉,携手并进。

我今天有一个梦想。

我梦想有一天,幽谷上升,高山下降,坎坷曲折之路成坦途,圣光披露,满照人间。

这就是我们的希望。我怀着这种信念回到南方。

有了这个信念,我们将能从绝望之巅劈出一块希望之石。有了这个信念,我们将能把这个国家刺耳争吵的声,改变成为一支洋溢手足之情的优美交响曲。有了这个信念,我们将能一起工作,一起祈祷,一起斗争,一起坐牢,一起维护自由;因为我们知道,终有一天,我们是会自由的。

在自由到来的那一天,上帝的所有儿女们将以新的含义高唱这支歌:

"我的祖国,美丽的自由之乡,我为您歌唱。您是父辈逝去的地方,您是最初移民的骄傲,让自由之声响彻每个山岗。"

如果美国要成为一个伟大的国家,这个梦想必须实现。让自由之声从新罕布什尔州的巍峨峰巅响起来!

让自由之声从纽约州的崇山峻岭响起来。

让自由之声从宾夕法尼亚州阿勒格尼山的顶峰响起来!

让自由之声从科罗拉多州冰雪覆盖的洛基山响起来!

让自由之声从加利福尼亚州蜿蜒的群峰响起来

不仅如此,还要让自由之声从乔治亚州的石嶙响起来,让自由之声从田纳西州的瞭望山响起来,让自由之声从密西西比的每一座丘陵响起来,让自由之声从每一片山坡响起来。

图 6.1 马丁·路德·金

当我们让自由之声响起来,让自由之声从每一个大小村庄、每一个州和每一个城市响起来时,我们将能够加速这一天的到来,那时,上帝的所有儿女,黑人和白人,犹太教徒和非犹太教徒，耶稣教徒和天主教徒，都将手携手，合唱一首古老的黑人灵歌：

终于自由啦！终于自由啦！

我们终于自由啦！

第一节 了解演讲

一、演讲的含义

什么是演讲？也许大家第一个反应就是说话，但是仔细想想，演讲和说话之间有很大的差异。古希腊旅行家荷马游历希腊各地，在特洛伊战争中，为英雄们唱故事；中国伟大的思想家孔子也走遍世界各地宣传他的理论，为各国公子出谋划策，这些都是演讲。

演讲又叫讲演或演说，是指在公众场合，以有声语言为主要手段，以体态语言为辅助手段，针对某个具体问题，鲜明、完整地发表自己的见解和主张，阐明事理或抒发情感，进行宣传鼓动的一种语言交际活动。演讲不仅是一种语言，它不仅具有书面语言的形式性，而且具有口语的特点和号召力。演讲的目的是表达意见，表明事实。演讲是互动的过程，演讲是在观众面前进行的演讲，演讲场景中，作者与听众进行信息交流和情感互动，形成一定的时空情况。演讲具有一定的表现成分，演讲人在演讲过程中借助相应的艺术手段加强了演讲的号召力。

二、演讲的要素

演讲的要素即构成演讲的主要因素。它包括演讲主体、演讲内容、演讲语言和演讲受体四个部分。这四个要素构成了演讲的整体，缺少其中的任何一个部分，演讲活动都无法进行。只有了解了各要素的具体内容，才能使各要素的作用发挥得淋漓尽致，而各要素的有机统一才能使演讲达到理想的效果。

（一）演讲主体

演讲主体即演讲者，他是演讲活动的中心，是演讲的内容和形式的生发者和体现者，是对演讲活动的成败起决定作用的因素（图6.2）。因此，选择和确定演讲者，是组织演讲活动的重要环节。

演讲者演讲的目的是教育人、启迪人，这就要求演讲者本人具有先进的思想，能高瞻远瞩，识前人所未知，讲前人所未讲。作为演讲主体的演讲者，更应以一个具有高尚道德水准的形象出现在听众面前，带头恪守社会道德规范。

图6.2　演讲者是整个演讲过程的中心

演讲者必须有丰富的学识。这不仅是"传道、授业、解惑"的需要,也是演讲成功的基本条件。古往今来的演讲家无一不是才高八斗、学富五车的人。他们在演讲中往往能信手拈来经典名著,旁征博引,运用自如。这些都是以渊博的知识做基础的。

演讲者必须不断地学习,跟上文化、科学发展的步伐,把自己培养成学识丰厚的人。这样,演讲起来才能有说服力,才能起到促进精神文明建设的作用。演讲者还必须具备良好的口头表达能力。没有良好的口头表达能力的人是不可能成为演讲者的。不管是哪一种类型的演讲,都要"讲"。"讲"必须做到清晰、流畅、抑扬顿挫。不能做到这一点,要想获得成功是不可思议的。

(二) 演讲内容

演讲内容是演讲要反映的客观事物及这些事物在演讲主体心灵中形成的意识成果。演讲的社会功能决定了对演讲内容的要求。首先,演讲内容必须是正确的。内容正确包括立场坚定、旗帜鲜明、观点明确。其次,演讲内容必须是真实的。唯其真实,才有价值,才能教育人、激励人。再者,演讲内容必须符合时代精神。演讲既然是社会实践活动,理应为社会服务,为社会进步摇旗呐喊。不合时宜的演讲,甚至逆历史潮流的演讲,只会遭到听众的唾弃和指责。

(三) 演讲语言

演讲是以语言为载体的,演讲是语言的艺术,语言运用得不好,演讲也难以成功。演讲的语言从口语表述角度看,必须做到发音正确、清晰、优美,词句流利、准确、易懂,语调贴切、自然、动情。演讲以声音为主要物质手段,对语音的要求很高,既要能准确地表达出丰富多彩的思想感情,又要悦耳爽心,清澈优美。为此,演讲者必须认真对语音进行研究,努力使自己的声音达到最佳状态。在演讲中注意演讲语言要通俗易懂。要想让每一句话都深入人心,演讲语言要口语化。

但演讲者也要注意口语的分寸,尽量使用短句,以保证语意之间有足够的停顿;尽量使用简单易懂的词语,少用生僻词或专业术语;尽量不要使用与演讲场合或听众身份不相符的语言。

演讲使用的不仅有口头语言,而且有态势语言。所谓态势语言,是指在一定程度表达思想感情的眼神、表情、姿态和动作。态势语言是有声语言的必要补充,如果运用得好,能使演讲充满活力,增强演讲效果。言辞接于耳,姿态动作接于目。当耳朵听到的与眼睛看到的和谐统一时,演讲更能给听众以美的感受。人的情态是人的思想感情在外形上的显现。它敏感、复杂、精密、微妙、丰富多彩,但演讲者在充分运用态势语言时,应注意适当地把握一个度,使人感到真实、自然、亲切而没有人工雕琢的痕迹。总之,只有有声语言和态势语言两种形式的珠联璧合、有机统一,才能构成完整的演讲载体,才能很好地完成表达演讲内容的任务。

(四) 演讲受体

演讲的受体要素即听众。听众是演讲必不可少的有机组成部分,没有听众,无所谓演讲。听众是演讲活动不可缺少的重要方面。演讲是演讲者与听众的双向交流活动。演讲者是信息的传播者，听众是信息的接受者。演讲者离开了听众就失去了对象，演讲活动就无法进行。了解和掌握听众是实现演讲目的的客观要求。演讲的目的是说服听众改变态度并按照演讲者的意图去行动。这就要求演讲者了解听众的心理、要求和希望及对所讲观点的态度，这样演讲者才能有的放矢地做好演讲。听众在演讲过程中的作用大致有两个方面。

（1）能动地接收演讲信息。演讲者不能强迫听众接收所输出的信息。对于演讲者所输出的信息是否接收，接收到什么程度，主动权完全在于听众。没有听众的参与，信息传输是无法进行的。

（2）对演讲产生信息反馈。听众通过表情、行动及声音等渠道，作为信息反馈作用于演讲者。听众的反馈对于演讲者是十分重要的。因为，听众的反馈，是演讲者调节内容和节奏的依据。如果没有与听众的交流，演讲者就成了一台讲话的机器，必然不能获得理想的效果。

演讲的受体要素，要求演讲者不能不顾听众的实际情况，要求演讲者要有强烈的对象意识，要事先对听众进行调查研究，对听众的思想、文化、年龄、职业和情绪等做到心中有数，以便因人制宜，有的放矢。

三、演讲的分类

（一）按演讲的表达形式分类

按演讲的表达形式，演讲可分为陈述型和鼓动型两类。

1. 陈述型

陈述型演讲是一种叙述事件发生经过、缘由、人物生平事迹的演讲。陈述性演讲是偏记叙文性质的，通篇无特定主题，可讲述经历和想法，也可随性而为。陈述型演讲的目的是使人"知道、知晓"。

2. 鼓动型

鼓动型演讲是指通过演讲者的意志创造一种磅礴的气势，鼓励、动员、号召听众接受演讲者所提倡的理念，从而奋发行动。例如，战争、战斗动员，救灾动员，鼓励人们参加某一行动，从事某一事业，增强某一毅力，等等。

（二）按演讲的内容分类

按演讲的内容，演讲可以分为命题演讲、即兴演讲和论辩演讲。

1. 命题演讲

命题演讲是由他人拟定题目或演讲范围，并经过准备后所作出的演讲。它包含两种形式：全命题演讲和半命题演讲。全命题演讲的题目一般是由演讲组织者来确定；半命题演讲多指根据活动组织限定的范围，自己拟定题目进行的演讲。

2. 即兴演讲

即兴演讲是演讲者在事先无准备的情况下根据现场的场面、情境、事情、人物等临时总结给予演讲。例如，欢迎致辞、聚会临讲、婚礼祝词等。即兴演讲的特点是有感而发、篇幅短小、距离感近。它要求演讲者紧扣主题、言简意赅、迅速组织语言。

3. 论辩演讲

论辩演讲是由双方或多方的人们针对某个问题产生不同意见而展开的面对面的语言交锋。其目的是坚持真理、批驳谬误、明辨是非。比如，我们生活中常见的法庭论辩、外交论辩、赛场论辩，以及每个人都曾经历过的生活论辩等。论辩演讲的特点是针锋相对、短兵相接。这种演讲对演讲者的要求更高，需要有正确的思想、高尚的品质、严密的逻辑性、较强的应变性。

过程训练

（1）如果你要发起一场演讲，怎样能够吸引在座的听众？

（2）你觉着你更适合哪一种类型的演讲？为什么？

第二节 演讲稿

任何成功的演讲都离不开一篇好的演讲稿。演讲稿又叫演说词，它是在大会上或其他公开场合发表个人的观点、见解和主张的文稿。演讲稿的好坏直接决定了演讲的成功与失败。演讲稿像议论文一样论点鲜明、逻辑性强、富有特点，但它又不是一般的议论文。它是一种带有宣传性和鼓动性的应用文体，经常使用各种修辞手法和艺术手法，具有较强的感染力。

好的演讲稿，应该既有热情的鼓动，又有冷静的分析，要把抒情和说理有机地结合起来，做到动之以情，晓之以理。演讲稿的语言要求准确、精练、生动形象、通俗易懂，不能讲假话、大话、空话，也不能讲过于抽象的话。把抽象的道理具体化，把概念的东西形象化，让听众听得入耳、听得明白。

演讲稿有两个方面的作用：其一，通过对思路的精心梳理，对材料的精心组织，使演讲内容更加深刻和富有条理。其二，可帮助演讲者消除临场紧张、恐惧的心理，增强演讲者的自信心。

一、演讲稿的特点

（一）针对性

演讲是一种社会活动，是用于公众场合的宣传形式。它为了以思想、感情、事例和理论来晓喻听众、打动听众、"征服"群众，必须要有现实的针对性。所谓针对性，首先，演讲者提出的问题是听众所关心的问题，评论和论辩要有雄辩的逻辑力量，要能为听众所接受并心悦诚服，这样，才能起到应有的社会效果；其次，要懂得听众有不同的对象和不同的层次，公众场合也有不同的类型，如党团集会、专业性会议、服务性俱乐部、学校、社会团体、宗教团体、各类竞赛场合等，写作时要根据不同场合和不同对象，为听众设计不同的演讲内容。

（二）实用性

演讲的本质在于"讲"，而不在于"演"，它以"讲"为主、以"演"为辅。由于演讲要诉诸口头，拟稿时必须以易说能讲为前提。演讲稿写成之后，演讲者最好能通过试讲或默念加以检查，凡是讲不顺口或听不清楚之处（如句子过长），均应修改、调整。

（三）鼓动性

演讲是一门艺术。好的演讲自有一种激发听众情绪、赢得好感的鼓动性。要做到这一点，演讲稿思想内容要丰富、深刻，见解精辟，有独到之处，发人深思，语言表达要形象、生动，富有感染力。如果演讲稿写得平淡无味，毫无新意，即使在现场"演"得再卖力，效果也不会好，甚至相反。

（四）口语性

口语性是演讲稿区别于其他书面表达文章和会议文书的重要方面。书面表达文章无须多说，会议文书如大会工作报告、领导讲话稿等，并不太讲究口语性，虽然由某一领导在台上宣读，但听众手中一般也有一份印制好的讲稿，一边听讲一边阅读，不会有听不明白的地方。演讲稿就不同了，它有较多的即兴发挥，不可能事先印好演讲稿发给听众。为此，演讲稿必须讲究"上口"和"入耳"。所谓上口，就是讲起来通达流利。所谓入耳，就是听起来非常顺畅，没有语言障碍，不会发生曲解。

二、演讲稿题目的拟定

任何文章都有标题，一篇优秀的演讲稿也不例外，标题是文章中心的集中体现，是讲演者观点、态度的体现。一篇优秀的演讲稿的标题要做到简明生动，切中主题，极具吸引力，让听众感觉耳目一新，切忌冗长烦琐。若演讲的题目缺乏吸引力，就会直接影响演讲的效果。

（一）演讲题目的作用

一个新颖、生动、恰当而富有吸引力的题目有以下三个作用。

1. 概括性

它把演讲的主题、内容、目的全面地反映出来。例如，最初的梦想、追梦等演讲题目，一讲出来就让人明白内容和主题。

2. 指向性

题目一讲出来，听众就知道你要讲的是哪方面问题，是科普性、学术性的还是伦理道德的。

3. 选择性

题目能在演讲者未演讲之前就告诉听众你要讲什么。听众可以据此选择听或不听。

(二)演讲题目拟定的要求

1. 题目要贴合演讲中心思想

标题的内容必须与整个演讲稿的内容直接相关，或者必须揭示或涵盖演讲稿某一方面的内容。例如，马寅初的《北大之精神》告诉了人们演讲的主旨；朱自清的《论气节》指出了讲述的对象；彭德怀的《我们一定能够打胜仗》所示的是方向。

2. 题目要有适应性

题目要适应听众的实际。即选题考虑听众思想修养、文化水平、职业特点、阅历等，这样才能有的放矢。

要适应自己的身份。即要选择与自己所从事的工作性质、专业、知识面接近的题目，因为自己熟悉的东西容易讲深讲透，容易收到好的效果。

要适应演讲的时间。即要按规定的时间选择题目。如果规定的时间长，题目就可大些；如果规定的时间短，题目就可小些。

案例一

林肯《葛底斯堡演说》

"八十七年前，我们的祖先在这块大陆上创立了一个孕育于自由的新国家，他们主张人人生而平等，并为此献身。现在我们正在进行一场伟大的内战，这是一场检验这一国家或者任何一个像我们这样孕育于自由并信守其主张的国家是否能够长久存在下去，我们在这场战争中，我们聚集在这个伟大的战场上。"

《葛底斯堡演说》是林肯总统演说中最著名的一篇，也是在美国历史中最常被引用的演说。时值美国南北战争，距北方军击败南方叛军的葛底斯堡决定性战役仅四个半月。

3. 题目要新奇

题目只有"新"和"奇"，才能像磁石一样吸引听众。司空见惯、屡见不鲜的事物和人物，人们是不易关注的。如不必要的完美、生命中的空白这种题目就非常吸引人。

4. 题目要有情感色彩

演讲者的演讲总是充满强烈的情感色彩，若把这种强烈的爱憎情感注入题目里去，就能打动听众，起情感的导向作用和激发作用。

5. 题目要有生动性

演讲题目生动活泼，就能给人一种亲切感、愉悦感。当然，生动活泼与否主要由主题和内容而定。严肃的主题和内容就不宜用活泼的题目，用了反而会冲淡和破坏演讲的战斗性和严肃性。选择一个好题目并非一件容易的事，需要长期锤炼，反复琢磨，久而久之就会找到规律。

过程训练一

（1）幸福的人有两类。一类像在登山，他们以为人生最大的幸福在山顶，于是气喘吁吁、穷尽一生去攀登。另一类也像在登山,但他们并不刻意登到哪里。一路上走走停停,看看山岚,赏赏虹霓,吹吹清风,心灵在放松中得到某种满足。尽管不是大愉悦,然而,这些琐碎而细微的小自在,萦绕于心扉,一样芬芳身心、恬静自我。请根据这段材料,拟定一个演讲稿的题目。

(2) 有位哲人说:"真正让我疲惫的,不是遥远的路途;而是鞋子里的一颗沙。"体会其中的深意,并以此为材料拟定演讲稿的题目。

三、演讲稿的撰写

演讲稿的撰写包括演讲稿开头的撰写、演讲稿主体的撰写、演讲稿结尾的撰写、演讲稿的锤炼与修改四部分。

(一) 演讲稿开头的撰写

演讲稿的开头,是演讲者与听众的一座引桥,是演讲者与听众建立初步友谊的纽带,它在整个演讲过程中起着不可低估的作用。演讲稿的开头写得好,就能沟通演讲者与听众的感情,集中听众的注意力,唤起听众的兴趣,从而使听众对演讲内容产生一种强烈的渴望感。大凡成功的演讲,都要在演讲稿开头下一番功夫,精心设计和安排一个好的开头,力图使演讲的开头能打动听众的心扉,以此博得听众的好感,来为自己的演讲成功奠定基础,铺平道路。反之,如果演讲稿的开头写得不好,一开始就失去了与听众交流感情的链环,从而减弱演讲的吸引力。

案例二

巧用笑话

在一次推广普通话的演讲中,一位学者巧妙地运用一则笑话开头,取得了很好的效果。这则笑话是这样的:湖北的一位农民朋友,走在北京的大街上,看见一家商店里摆着很多漂亮的水壶,很想买,但他不会讲普通话,只好操着浓厚的家乡话问店里的女售货员:"你这水壶卖给我多少钱?"恰好这位湖北农民的家乡话中"水壶"的发音与普通话的"媳妇"很接近,被女售货员听成"你这媳妇卖给我多少钱?",女售货员以为碰到流氓,狠狠地瞪了他一眼,骂了一句:"流氓。"结果又被这位农民朋友听成了"六毛",他高兴地大叫:"你这水壶(媳妇)我要定了。"最后,售货员打110报了警,误会才解除。

这位学者用生动的语言讲了这则笑话,听众笑成一片,在大家笑完之后,学者抓住时机,引入演讲主题:方言阻碍了交流,导致了误解,闹出了笑话,大家说要不要推广普通话?这位学者运用笑话开头,但笑话又与演讲主题密切相关,可谓妙趣横生。当然,不是每次演讲都能用笑话开头,但准备一篇优秀的演讲稿时应充分了解观众,要设计尽量能拉近与听众距离的开头,为后面的演讲做好铺垫。

根据演讲的规律和实践经验的总结,演讲稿的开头主要有以下几种。

1. 提问式

这种开头一上台便向听众提出一个或几个问题，请听众与演讲者一道思考，这样可以立即引起听众的注意，促使他们很快便把思想集中起来，一边迅速思考，一边留神听。听众带着问题听讲，将大大增加他对演讲内容认识的深度和广度。但提出的问题不能太滥，应围绕中心，饶有趣味，发人深省；如果问得平平淡淡，不痛不痒，反而弄巧成拙，失去这种开场白的优势。演讲稿的开头，可根据听众的特点和演讲的内容，提出一些激发听众思考的问题，以引起听众的兴趣。这种问题应该新颖、独特，确实能促使听众去思考。

例如，人才在哪里？人才在九百六十万平方公里的土地上，在近十四亿人民中间，在当今改革的激流里，在你们——我尊敬的听众之中。这个开头既有很强的吸引力和感染力，又缩短了演讲者与听众的心理距离，建立了一条很好的友谊纽带。

2. 讲述式

这种开头直接介绍情况，说明根由。这种开头可以迅速缩短与听众的距离，使听众急于了解下文。如"1814年，燕妮生于萨尔茨维德尔。她的父亲路德维希冯·威斯特法伦男爵在特利尔城时和马克思一家很亲近，两家人的孩子在一块长大。当马克思进大学的时候，他和自己未来的妻子已经知道他们的生命将永远地连接在一起了。"这个开头对发生的事情、人物对象作出必要的介绍和说明，为进一步向听众提示论题做了铺垫。

3. 直插式

这种开头开门见山，提示主题。例如，宋庆龄《在接受加拿大维多利亚大学荣誉法学博士学位仪式上的讲话》的开头："我为接受加拿大维多利亚大学荣誉法学博士学位感到荣幸。"运用这种方法，必须先明晰地把握演讲的中心，把要向听众提示的论点摆出来，使听众一听就知道讲的中心是什么，注意力马上集中起来。

4. 渲染式

这种开头创造适宜的环境气氛，引发听众相应的感情，引导听众很快进入演讲氛围中。例如，恩格斯《在马克思墓前的讲话》的开头："三月十四日下午两点三刻，当代最伟大的思想家停止思想了。让他一个人留在房里还不到两分钟，等我们再进去的时候，便发现他在安乐椅上安静地睡着了——但已经是永远地睡着了。"

这个开头，只用短短的两句话，便把听众引进了一个庄严、肃穆、沉痛、对革命导师敬仰的气氛之中，有利于听众接受演讲的正文所欲展开的谈论。

（二）演讲稿主体的撰写

演讲稿的主体部分是指开头与结尾之间的文字，是一篇演讲稿的躯干和重点。它直接关系着演讲的成功与失败。主体要突出和强调讲话的中心问题，不可轻重不分，面面俱到。演讲稿的主体，要层层展开，步步推向高潮。所谓高潮，即演讲中最精彩、最激动人心的段落。在主体部分的行文上，要在理论上一步步说服听众，在内容上一步步吸引听众，在感情上一步步感染听众。要精心安排结构层次，层层深入，环环相扣，水到渠成地推向高潮。演讲的正文和核心部分，也是演讲稿的高潮所在，能否写好，直接关系到演讲的质量和效果。合理的主体内容应该做到如下几点：

1. 紧承开头

开场白提出了问题，主体部分就要紧接着加以论述。如果开头提出了一个问题，主体部分却去讲另一个问题，就会上下脱节，势必造成整篇演讲结构松散，甚至文不对题。

2. 选好重点

任何一篇演讲稿都有重点和非重点、主要部分和次要部分。一篇演讲稿如果没有重点、没有主次，那么，无论是演讲者还是听众都会抓不住要领。为了让我们的演讲稿主题鲜明突出，演讲稿就要只讲一个中心。一般来说，一篇演讲稿中只会安排一个中心，不能搞多个中心，因为多个中心给听众的感觉就是没有中心。只有一个中心，才能使演讲的主题鲜明突出，给听众留下深刻的印象。演讲中，观点不在于多，而在于你是否能把这个观点阐述得充分明白，让听众能够了解并能欣然接受。

3. 表明层次

层次是演讲稿思想内容的表现次序，它是演讲者思维进程的阶段性的具体表现，也反映了演讲者对客观事物的认识过程。主体部分展开的方式有以下四种：

（1）并列式。

即对演讲中心所涉及的几个主要问题进行并列讲述。并列式就是围绕演讲稿的中心论点，从不同角度、不同侧面进行表现，其结构形态呈放射状四面展开，宛若车轮之轴与其辐条。而每一侧面都直接面向中心论点，证明中心论点。

例如，权红同志在《世界也有我们的一半》的演讲中，谈了三个问题：一是女人没有获得自己的"一半"；二是女人本应有自己的"一半"；三是女人应争得自己的"一半"。这三个分题各自独立又互相连贯，共同阐明同一主题：世界也有我们的一半。这种材料的组合方式可使演讲条理井然，而且极有力量和气势。

（2）递进式。

即从表面、浅层入手，采取步步深入、层层推进的方法，最终揭示深刻的主题，犹如层层剥笋。这种形式也叫剥笋式，使分论点、段落之间步步深入，层层推进。分论点、段落之间必须有严密的逻辑关系，先讲什么，后讲什么，顺序不能随意变动。用这种方法来安排演讲稿的结构层次，能使演讲内容得到由表及里的深入阐述和证明。

（3）并列递进结合式。

这种结构，或是在并列中包含递进，或是在递进中包含并列。一些纵横捭阖、气势雄伟的演讲稿常采用这种方式。

（4）对比式。

这种层次把分论点与分论点之间、段落与段落之间形成一正一反的对照，使听众从两种事物的不同或对立中辨明谁是谁非，从而认识中心论点的正确性。如在《一个青年军人的思考》的演讲中，围绕着"我们应当自强不息"这一主题，先列举一些反面事例，进行分析、批评，然后以一名战士自学成才的事例，从正面称赞自强不息的民族精神。正反对比，效果突出，引人深思。

4. 段落衔接

段落衔接是指把演讲中的各个内容层次连接起来，使之具有浑然一体的整体感。由于演讲内容需要适时地变换演讲的节奏,因而也就容易使演讲稿的结构显得零散。段落衔接是对结构松紧、疏密的一种弥补,它使各个内容层次的变换更为巧妙和自然,使演讲稿富于整体感,有助于演讲主题的深入人心。过渡应该连接要点,使之浑然一体,恰当地体现内容之间的关系。用过渡句、短语和字词充当要点之间的桥梁。它们还可以向听众发出信号,说明各点之间的关系,关联词可以改变内容对听众造成的冲击。

演讲稿的衔接,有时需要过渡句,有时需要过渡段。一般来说,以下情况需要用到过渡:

(1) 讲述的问题由总到分或由分到总时。
(2) 由一层意思转到另一种意思时。
(3) 由议论转为叙述,或由叙述转为议论时。
(4) 由一件事转到另一件事时。

(三)演讲稿结尾的撰写

好的演讲结尾可以给听众留下深刻的印象,强化演讲的主题,赢得听众的掌声;好的演讲结尾会令听众回味无穷,发人深省。演讲稿的结尾,是主体内容发展的必然结果。结尾或归纳、或升华、或希望、或号召,方式很多。好的结尾应收拢全篇,卒章显志,干脆利落,简洁有力,切忌画蛇添足,节外生枝。

美国著名作家约翰·沃尔夫说,演讲最好在听众兴趣达到高潮时果断收束,未尽时戛然而止。

实际上,对于一场演讲来说,听众记不住太多的东西,能够记住的内容基本只有开头、演讲当中的故事及结尾部分。一个演讲结尾的好坏也极大地影响着听众对这次演讲的整体认知。所以,演讲的结尾必须经过精心的设计。

1. 结尾的作用

一般来说,演讲结尾的作用主要有以下几点:

(1) 总结回顾本次演讲的重点。
(2) 感谢你的听众。
(3) 表达这次演讲的感受。
(4) 行动的呼吁。
(5) 引发听众的思考或认知上的改变。
(6) 强化主题,把演讲推向高潮。

2. 结尾的方法

常见的有以下几种演讲结尾:

(1) 总结式结尾。

提炼要点,回顾演讲的主题,把演讲过程中的重点用简洁精炼的语言表达出来,重新让听众回顾一遍,可起到加深印象、强化主题、画龙点睛的作用。如果演讲的目的是向听众提供一种信息的话,那么这种概述性总结是非常合适的、必要的。通过重复你的观点,可以帮助听众填补一些前面他们没有完全领会的信息空白,从而对你的讲话加深印象。

（2）故事式结尾。

在演讲的结尾处，讲一个跟你的演讲主题相关的故事，这个故事最好是简短的，但是意味深长，能够引发听众思考，产生共鸣。会让听众觉得你的演讲意犹未尽，利用故事的含义，升华演讲的全部内容，让别人深刻地体会演讲的内涵。

（3）金句式结尾。

在演讲的过程当中，不断重复的金句，可以让演讲一步步推向高潮，在最后结束的时候再次提出来，可以提升演讲的感染力，让听众加深印象。古诗词就是很好的素材，诗词的气势是使演讲升华的好工具，因为诗词气势磅礴，气吞山河。在结尾的时候我们适当地引入诗歌会增强演讲的感染力，也给人一种回味无穷的感觉。

（4）号召呼吁式结尾。

在演讲结尾处以情动人，以慷慨激昂的语言点燃听众的激情，号召听众在演讲结束以后采取行动。可以是一段催人奋进的话，也可以是几句热血澎湃的名人名言。演讲者在结尾时如果能以充满激情、热情奔放、扣人心弦的语言来表达自己的思想主张，赢得听众感情上的共鸣，对听众的理智和感情进行呼唤，提出任务，指明前途，表达希望，发出号召，鼓舞听众振奋精神，付诸行动，那么演讲就能取得非同凡响的效果。

（5）提出一个发人深省的问题结尾。

根据你的演讲主题，在演讲结尾时，演讲者可向听众提出问题，甚至是一系列的问题，让听众进行思考。这个问题要有足够的深度，要紧扣演讲的主题，把演讲再一次推向高潮。这种结尾方式的优点在于能更好地让听众参与到演讲中来，而且让人深入思考，做到以境感人。

3. 演讲稿结尾的技巧

（1）运用排比，塑造节奏感和气势感。

演讲的结尾可以适当地运用排比，再次重申你的观点，或者表达你的情感。而一段有节奏感、错落有致的排比句可以有效地增加演讲的气势，把演讲推向高潮。

（2）演讲的结尾需要契合主题。

除了上面讲到的一些，演讲结尾的方式还有很多，比如名人名言式结尾、幽默式结尾、诗歌式结尾等。重要的是，演讲的结尾要跟你的演讲主题和风格相契合，不同的演讲需要选择不同的方式。

（3）演讲的结尾切记冗长啰唆。

演讲的结尾需要简洁有力，把整个演讲再次推向高潮，切记画蛇添足。

总之，演讲的结尾非常重要，好的演讲结尾可以赢得掌声，让听众记忆深刻，回味无穷。演讲结尾的时候，我们一般需要引导听众回顾本次演讲的主题，感谢你的听众来聆听你的演讲，同时表达本次演讲的感悟。有些演讲结尾还需要引发听众的思考和认知上的改变，呼吁听众采取行动，不断强化主题，把演讲再一次推向高潮。

（四）演讲稿的锤炼与修改

好的演讲稿不是一气呵成的，而是需经反复修改形成的。修改是演讲稿写作过程中重要的必不可少的一环，是提高演讲稿质量的必经之路。

美国第16任总统、世界著名演讲家林肯，在他发表第一次就职演讲前，对草稿进行了多次精心的修改。后来，他把这份演讲稿拿给国务卿西华过目。西华坦率地指出：演讲稿的结尾太过于直率，太过于鲁莽，太具刺激性。于是林肯又在此基础上进行了修改。林肯的第一次就职演说，改变了过去那种刺激性及鲁莽的演讲习惯，而呈现出友善的气氛，得到美国各界人士的一致好感。

林肯尚且认真修改自己的演讲稿，那么对于我们来说，关键场合，就更应该不厌其烦地对自己的演讲稿进行认真的加工、修改。

应该着重对演讲稿的哪些内容进行修改呢？

1. 从演讲稿的思想、观点、意向着手

首先，要看你确定的主题是否健康、正确；其次，看文字是否把你的主题表达出来，是否充分，是否新颖，有无片面性。有时即使主题正确无误，在修改时也会出现一些预想之外的闪光思想和语言，比原来的语言要深刻和精彩。

2. 审视结构

从演讲结构的一般模式看，审视结构会不会有什么大问题，开头、正文、结尾是否明确。修改时主要审视的是正文部分。主题有了变化，结构必须随之变动，即使主题没什么变化，由于起草时只是作为一种构想写出来的，一旦落实在纸上，反复审视、推敲，就会发现一些毛病，如逻辑性不强，前后位置不当，层次不清，上下文重复，材料和引文用得不是地方，段落衔接不紧密，等等，这些需要重新调整和修改，有时还要"动大手术"。

3. 推敲润色语言

修改演讲稿的目的，一是减少语言方面的毛病，二是保持演讲语言的特点。一方面，在草稿上，由于当时意念完全集中在主题的表现、事件的陈述等方面，往往无暇顾及语言的运用，不可避免地会出现句子残缺、用词不准、丢字错字等情况，都需要修改；另一方面，按平时定型的习惯写稿，容易出现书面语言较多的倾向，如句子太长，诗歌化、散文化等，只有经过修改才能保持演讲语言的特点。

过程训练二

（1）曾经有这样一首小诗：

你不可以左右天气，但你可以改变心情；

你不可以事事顺利，但你可以事事尽力；

你不可以改变不公，但你可以展现笑容；

你不可以与之明天，但你可以把握今天。

针对此诗，自定主题，准备一个3分钟的演讲。

（2）"幸福，不是长生不老，不是大鱼大肉，不是权倾朝野。幸福是每一个微小的生活愿望达成。当你想吃的时候有得吃，想被爱的时候有人来爱你。"请以此为话题，准备一个3分钟的演讲。

（3）请以"生命中的空白"为话题，准备一个3分钟的演讲。

(4)"不凡是瞬间的风景,平凡是永恒的罗兰。若要你选择,你会选择瞬间的风景还是永恒的罗兰?"请根据你对这句话的理解,准备一篇演讲稿。

第三节　演讲技巧

演讲技巧,是演讲的道中之术,通过演讲者声音的变化、表情的演绎和手势的运用,让演讲的内容得到完美的展示,从而感染观众、达到演讲的效果。要提升演讲技巧,需要大量的训练和复习,才会不断将技术性的力量提升到艺术性层面。所以,演讲技巧,是演讲爱好者们必须学习和锤炼的技能。美国著名演讲家罗杰斯说过,演讲技巧是一切演讲的伴侣。

一、了解听众

为了让听众更好地接受自己的演讲,我们就要研究听众的心理需求,明确听众听讲的目的,找到听众听讲的动机,这是十分重要的(图6.4)。

美国总统林肯说过:"当我准备发言时总会花三分之二的时间考虑听众想听什么,而只用三分之一的时间考虑我想说什么。"我们都知道打仗要知己知彼,方能百战不殆。任何一种演讲,其成功的关键都在于听众对演讲的接受。因此,演讲者必须了解听众心理特征和听众构成成分(图6.3)。

实验报告显示,人类注意力的持续时间非常有限。以一个单位对象为标准,人类注意力持续时间大约只有3~24秒。人的大脑时刻准备接受新的刺激。演讲实践也表明,听众很难聚精会神倾听一个冗长的演讲。因此,演讲者应有意识地制造演讲内容的起伏跌宕,适时变换语调和节奏,以保证能够持续吸引听众的注意力。

图6.3　好的演讲从了解听众开始

演讲者把重点放在听众想知道的事情上是为了让听众理解或者实现你要展示的观念,而不仅仅是出于对主题的兴趣。你需要弄清楚你期望听众对信息持什么态度。

总结下来,我们要提前对听众的以下信息进行分析:

(1) 年龄、性别、学历、专业、职业、职位。
(2) 对"演讲主题"的了解程度。
(3) 期望从演讲中获得什么。
(4) 能够接受怎样的演讲话题、演讲风格和演讲长度。
(5) 态度（支持者、中立者、怀疑者、反对者）。

二、做好前期准备

（一）熟记演讲稿，录下你的"即兴"演讲

提前练习（图6.4），并录下来，回放你的演讲录音，找出重复使用的词，如"啊"或"呃"等。反复修改演讲内容，一边讲，一边改。手、口、耳并用，用嘴讲，可以使句子简洁、顺口、有韵味，符合口语特点；用手写，可以去掉口语中啰唆、重复等毛病，使之精炼、准确，达到文学化的要求，直到满意为止。不要一字不差地背稿，那样演讲的时候会很僵硬。建议把讲稿浓缩成几个部分，每个部分的大意搞清楚。需要一字一句地背的地方是：

(1) 演讲中关键的几句话。演讲结束，观众可能记不住太多内容，但是演讲中最关键并反复出现的几句话，观众一定会印象深刻，千万不能讲错。

(2) 几个抖包袱的地方。抖包袱是为了调节气氛，讲错一个字就可能导致一个包袱都不出来。

(3) 涉及数据、科学性的数据、事实。这是演讲可信度的保证，绝对不能讲错。事前多核查数据，练习时多念几遍专有名词，别到时候顺嘴讲错了。

（二）掌握及控制好演讲时间

在演练时必须计算出演讲所需要的时间，再看看它是否过长或过短。

图6.4 提前练习有助于缓解紧张情绪

（三）找一个听众来练习演讲

询问一两个有见解的人，请他们提出建设性的批评，而不仅仅是表扬。例如，他们明白你演讲的内容吗？你讲的内容有连贯性和逻辑性吗？他们认为你讲的速度是快还是慢？然后根据他们的意见来进一步修改演讲的内容。做上述准备你可能觉得很麻烦，但

每个成功的演讲人都是这么走过来的。时刻注意收集素材，时刻在生活中练习，时刻准备发言。只有这样，才能确保演讲取得更好的效果。

（四）临场准备

要搞好演讲，除了要做好充分的材料准备外，还要有充分的临场观察准备。所谓临场观察准备，即演讲者要尽快观察、熟悉演讲现场，及时收集、捕捉现场的所见所闻，包括现场环境（时间、地点、场景布置）、演讲时使用的设备、听众、其他演讲者的演讲等，增加演讲的即兴因素。

三、巧妙运用演讲语言

演讲是一门语言的艺术，它旨在调动起听众情绪，并引起听众的共鸣，从而传达出你所要传达的思想、观点、感悟。语音和表达语音是语言的外部表达。标准而圆润的声音是听众清晰接受和理解的前提，对听众也是一种享受。一般演讲时发音和措辞应注意以下几点。

（一）注意语句的顿挫

演讲开始如一首昂扬的乐曲，想不成功都难。

（二）互动

反问、诘问都是演讲中引起观众思考，提高演讲质量的方法。忘稿时，尽量以圆滑的语言顺随过去，向下接稿，不要想不起下一句而卡在那里。

（三）语音要规范化

演讲者应努力达到演讲中的发音标准。说话的人一般应该说普通话，尽量不要使用方言，且吐词清晰。演讲的内容要让每个听众都听得到，并且听众很容易接受和理解。

（四）声音应纯净、响亮

纯净是指清脆的声音与胸、口、鼻腔共鸣，没有别的杂音，纯净的声音给人活力和力量、圆润和新鲜感，它增加了音质的魅力。声音应响亮而有力，这样坐在每个位置的听众都能听清楚。

（五）声音的流畅

声音流畅是指声音的流畅和活泼、词与句之间的语音衔接、句与句之间的语音衔接流畅生动，如行云流水，优雅自然，节奏清晰。

过程训练一

吐字训练一

十四是十四，四十是四十，不要把十四说成事实，也不要把四十说成是细席。要想说对四，舌头碰牙齿；要想说对十，舌头别伸直；要想说对四和十，多联系十和四。

吐字训练二

大桥底下一树枣，拿着杆子去打枣，青的多，红的少。一个枣，两个枣，三个枣，四个枣，五个枣，六个枣，七个枣，八个枣，九个枣，十个枣，九个枣，八个枣，七个枣，六个枣，五个枣，四个枣，三个枣，二个枣，一个枣。

以上两句绕口令，一起说完才算好。

四、上台注意事项

（一）眼睛要灵活

在演讲时，演讲者应该直视前方，考虑听众。眼睛应该充满感情并随时看着观众，掌握反馈信息。在大众面前说话，必须忍受众目睽睽的注视。当然，并非每位听众都会对你报以善意的眼光。尽管如此，你还是不可以漠视听众的眼光、避开听众的视线来说话。尤其当你走到麦克风旁边站立在大众面前的那一瞬间，来自听众的视线有时甚至会让你觉得刺痛。克服这股视线压力的秘诀，就是一面进行演讲，一面从听众当中找寻投以善意、眼光温柔的人，并且无视于那些冷淡的眼光。此外，把自己的视线投向强烈"点头"以示首肯的人，以巩固信心来进行演说。

（二）面部表情要丰富

面部神经敏感。内心情感会在脸上迅速而真实地表达出来。在具体的演讲中，演讲者的面部表情应该敏感、清晰、真实、有节制（图6.5）。演讲时的脸部表情无论好坏都会带给听众极其深刻的印象。紧张、疲劳、喜悦、焦虑等情绪无不清楚地表露在脸上，这是很难借由

图6.5　好的表情给演讲加分

本人的意志来加以控制的。演讲的内容即使再精彩，如果表情总缺乏自信，老是畏畏缩缩，演讲就很容易变得欠缺说服力。

（三）手势的使用应当准确和适当

在演讲中，准确恰当的手势可使有声语言更生动、有助于表达情感。演讲中常用的手势是象形手势（模拟手势）。演讲者通过象形手势来表达看不见或看不懂的东西，从而让观众感到形象和具体。例如，说到"你""我""他""这里""那里""上面""下面"等，可以用手势指向其特定的方向、人物或物体。

在演讲中，演讲者主要使用手势来表达演讲者的情绪。演讲中手势的使用应根据内容的需要、场地的大小和听众的情况而定，关键是要遵循美的原则。只有这样，我们才能达到预期的结果。

（四）演说时的姿势也会带给听众某种印象

虽然个人的性格与平日的习惯对此影响颇巨，不过一般而言仍有方便演讲的姿势，即所谓"轻松的姿势"。要让身体放松，反过来说就是不要过度紧张。过度的紧张不但会表现出笨拙僵硬的姿势，而且对于舌头的动作也会造成不良的影响。诀窍之一是双脚分开，与肩同宽，整个身躯挺直。诀窍之二是想办法扩散并减轻施加在身体上的紧张情

绪。例如，将一只手稍微插入口袋中，或者手触桌边，或者手握麦克风，等等。

过程训练二

1. 登场练习

登场方式：跑步登场、正步登场。

登场礼仪：鼓掌，与主持人握手，站立3~5秒。

2. 开始演讲

台上站姿训练：两脚平行，呈并拢式、稍息式站立。

台上仪容训练：头部平正，不倾斜，动作不能过多；身躯要求直立、收腹挺胸、摆平双肩、拉直双腿；眼睛注视听众。

握麦、拿麦训练。麦克风离颈部距离为1~2厘米，与身体角度为30°~75°，在非正式场合，麦克风可与胸平行，与唇距离为在1~10厘米）。

(1) 拳握。场合：正式讲课。

(2) 指握。场合：主持会议。

(3) 半握。场合：娱乐。

（五）服装和发型也会带给观众某种印象

东方男性总是喜欢穿着灰色或者蓝色系列的服装，难免给人过于刻板无趣的印象。轻松的场合不妨穿着稍微花俏一点的服装来参加。不过如果是正式的场合，一般来说仍以深色西服、男士无尾晚宴服及燕尾服为宜。发型也可塑造出各种形象。长发和光头各自蕴含其强烈的形象，而鬓角的长短也被认为是个人喜好的表征。

（六）运用互动

1. 通过举手促进参与

很多人认为让听众举手很困难，因为中国人普遍认为"枪打出头鸟"，先举手肯定会有不好的事情发生，所以很多人举手时都要前后左右看看大家。让听众举手存在一个小窍门，就是演讲者自己先把手举起来，这时所有人的焦点都在演讲者的这只手上，就不会去看其他人，就很容易引起听众的配合。

2. 提问引发思考

演讲时提出问题既可以控场，也可以形成互动。提出问题就是将疑问抛给听众，让他们思考。可能不是所有人都直接进行了回答，但是多数人都会认真思考。听众思考过的和演讲者直接讲出的效果完全不同，前者能给听众留下更深刻的印象。

案例一

巧妙引导创造互动

每个人都有表达自己思想的愿望，演讲者要善于给听众提供这样的机会。有位演讲者一上台就问："朋友们一起来做个游戏好不好？"听众兴趣徒增。他再指导听众操作：

"请将左右手腕到手掌边缘的横纹相叠对齐,然后左右手掌重合,再看右手比左手的中指是否要长一点点?"他指导听众操作,自己又示范,形成模仿式互动。结果大家果然发现右手比左手中指要长点,这更加激发起听众的好奇心。演讲者又说:"刚才这个游戏是一位所谓的大气功师的表演。他先装模作样地向听众发气,然后再指导听众做刚才的游戏。结果人人发现自己右手指长了一点。气功师说是他发气的结果,大家深信不疑。我当时也被愚弄了——朋友们,我可没有愚弄大家的意思啊!"听众大笑之后,演讲者进入正题:"我今天演讲的题目是《相信科学,不受愚弄》。"然后他才进入主题演讲,效果非常好。

(七)救场

演讲不是拍电影,它不能"从头再来"。演讲者在演讲前要有救场的准备,防患于未然,在演讲过程中,一旦真有意外情况发生,要能从容面对,巧妙救场。可以说,演讲者的机智风趣不但可以巧妙救场,更可以激活听众的思想和情绪,活跃会场气氛,形成演讲者与现场观众的互动和交流,引起听众的共鸣。下面介绍几种救场的方法。

1. 内容出错时

(1)如果意识到自己讲错了,可直接在后面补充。

(2)如果是大的错误,并且听众当场指出,要虚心接受,不要争论。

2. 忘了词时

(1)放慢语速重复一遍内容,快速思索。

(2)用疑问的形式再重复一遍。

(3)跳过,直接讲后面的内容。

3. 气氛比较沉闷时

(1)走下舞台,站在睡觉者旁边讲,或轻轻拍下他的肩膀。

(2)让听众举手并叫 YES。或者两个人一组,做游戏。

(3)进行互动,可让听众上台,现场就会活跃起来。

案例二

历史上著名的演讲

1. 约翰·费茨杰拉德·肯尼迪

"美国同胞们,不要问国家能为你们做些什么,而要问你们能为国家做些什么。全世界的公民们,不要问美国将为你们做些什么,而要问我们共同能为人类的自由做些什么。"

肯尼迪总统于1960年1月20日就职,并于当天发表了这篇演讲。在这篇演讲中,肯尼迪要求所有的美国人团结起来对抗共同的敌人如暴政、贫穷、疾病及战争,充分体现了肯尼迪总统的演讲天才。

2. 尼克·武伊契奇

我们习惯叫他尼克·胡哲,尼克·胡哲1982年12月4日生于澳大利亚墨尔本,塞尔维亚裔澳大利亚籍基督教布道家,"没有四肢的生命"(Life Without Limbs)组织创办人、著名残疾人励志演讲家。他天生没有四肢,但勇于面对身体残障,创造了生命的奇迹。

尼克说:"只有一次又一次的尝试,没有失败,没有失败者。"

"失败,其实是放弃。"

"生命的意义在于全心全意地投入。"

"做你自己。"

"相信你自己,你能做到。"

"你每天都有选择。"

"要有希望,为梦想而前行。"

"现在就算你用百万元来引诱我,叫我长出手脚,我也不会考虑。"

他的脸上永远是自信的微笑,他的眼睛闪烁着动人的神采,他的足迹遍布全球,用自己的故事告诉大家再大的困境都能超越,只要用心爱自己和这个世界。

3. 闻一多

《最后一次演讲》是小学课文中一篇经典的课文:"李先生的血不会白流的!李先生赔上了这条性命,我们要换来一个代价。'一二·一'四烈士倒下了,年轻的战士们的血换来了政治协商会议的召开;现在李先生倒下了,他的血要换取政协会议的重开!"

图 6.6 闻一多先生

这是闻一多(图 6.6)在 1946 年 7 月的李公朴追悼会上所做的讲演,在讲演中闻一多对以蒋介石为首的国民党反动派的倒行逆施做出了深刻的揭露和批判。当天下午闻一多就遭到了国民党特务人员的暗杀。

4. 苏秦

苏秦是战国时著名的演说家,曾在《苏秦连横说秦》里说道:"古者使车毂击驰言语相结,天下为一,约从连横,兵革不藏。文士并饰,诸侯乱惑,万端俱起,不可胜理。科条既备,民多伪态,书策稠浊,百姓不足。上下相愁,民无所聊,明言章理,兵甲愈起。辩言伟服,战攻不息,繁称文辞,天下不治。舌弊耳聋,不见成功,行义约信,天下不亲。"以"连横"说秦未成,又以"合纵"游说赵王,终于一举成名,身佩六国相印傲视天下。

5. 陈胜

"公等遇雨,皆以失期,失期当斩。藉第令毋斩,而戍死者固十六七。且壮士不死即已,死则举大名耳。侯王将相宁有种乎?"陈胜是秦朝末年反秦义军的首领之一,与吴广一同在大泽乡率众起兵,成为反秦义军的先驱,不久后在陈郡称王,建立张楚政权。陈胜在发动农民起义时发布了此次演讲,动员士兵起兵造反建立自己的政权。

6. 蔡元培

"诸君来此求学,必有一定宗旨,欲求宗旨之正大与否,必先知大学之性质。今人肄业专门学校，学成任事，此固势所必然。而在大学则不然。大学者，研究高深学问者也。"

《就任北京大学校长之演说》是蔡元培（图6.7）在1917年就任北大校长时发表的，集中体现了他兼容并包、思想自由的思想。

7. 温斯顿·丘吉尔

"我们将战斗到底，我们将在法国作战，我们将在海洋中作战，我们将以越来越大的信心和越来越强的力量在空中作战，我们将不惜一切代价保卫本土，我们将在海滩作战，我们将在敌人的登陆点作战，我们将在田野和街头作战，我们将在山区作战，我们决不投降。"

图6.7 蔡元培先生

这篇演讲是在丘吉尔当选首相后不久发表的，当时英国军队正从法国大撤退。丘吉尔作为一个演说大师，在演讲中大量使用了首句重复法、接续词省略和日耳曼词根单词等修辞手法，借以加强演讲的影响力。

过程训练三

演练：3分钟演讲

（1）5分钟分组研讨设计。

（2）每人公开演练。

（3）每人时间约3分钟。

（4）2分30秒铃声提示，若演讲超时，大家鼓掌请其下场。

（5）每组演练完毕，本组成员做1分钟解析，老师做综合点评。

拓展阅读

[1] 彼得·迈尔斯，尚恩·尼克斯. 高效演讲：斯坦福最受欢迎的沟通课 [M]. 马林梅，译. 长春：吉林出版集团有限责任公司，2013.

[2] 朱迪思·汉弗莱. 即兴演讲：掌控人生关键时刻 [M]. 坰清，王克平，译. 北京：人民邮电出版社，2018.

团队合作篇

第七章 团队概述

名人名言

不管一个人多么有才能，但是集体常常比他更聪明和更有力。
——奥斯特洛夫斯基

万人操弓，共射一招，招无不中。　　——《吕氏春秋》

学习要点

- 什么是团队？
- 团队的功能有哪些？
- 团队类型有哪些？
- 团队都需要有什么样的角色？

导学案例

飞行的雁群

现象一：大雁有一种合作的本能，它们飞行时都呈V型。当每一只大雁展翅拍打时，能帮助它两边的雁形成局部的真空效应。整个鸟群呈抬升效果。科学家发现，雁群以这种形式飞行，要比单独飞行多出71%的距离。

现象二：当一只大雁脱队时，它立刻感到肚子飞行时的迟缓、拖拉与吃力，所以很快又回到队形中，继续利用前一只大雁所造成的真空浮力。

现象三：当头雁疲惫了，它会轮流退到侧翼，另一只大雁则接替飞行在队伍的最前端。

现象四：飞在后面的大雁会利用叫声鼓励前面的同伴来保持整体的速度，继续前进。

现象五：当有一只大雁生病或受伤时，其他两只会由队伍飞下来协助保护它，直至其康复或死亡，然后它们自己组成队伍开始飞行，努力去追赶上原来的雁群。

案例启示：

与拥有相同目标的人同行，能更快速、更容易到达目的地，因为彼此之间能互相推动。

如果我们拥有像大雁一样的感觉，我们就会留在队伍里，与我们走同一条路，同时又在前面领路的人在一起，愿意接受他人的协助，必要时也愿意协助他人。

轮流从事繁重的工作是合理的，必要时，轮流担任与共享领导权是明智的，对于人或南飞的大雁都一样。

当我们在后面发声时，传达的是什么样的讯息？批评让我们调整步伐，鼓励更能让大家一往无前，我们必须确定的是从我们背后传来的是鼓励的声音，而不是嘘声。

如果我们与雁群一样聪明的话，我们必定也知道相互扶持，无论是在困难的时候还是在平顺的时候。

第一节　认识团队

一、什么是团队

越来越多的企业和组织都在本单位、本部门推广以团队形式进行工作的方式，这不是因为团队这个词时髦，而是因为采取团队形式工作，真正地能让他们得到真切的实惠。

团队理论的兴起是从美国对日本经济崛起的反思中开始的。20世纪60至70年代中期，日本经济迅猛发展，美国对日本经济奇迹进行研究，结果发现，如果个体之间一对一竞争，日本员工多半不会取胜，但如果以班组和部门为单位进行竞争，日本员工总能取胜。经过更加深入的研究，人们普遍认为，日本企业强大竞争力的根源不是在于其员工个人能力的卓越，而是其员工整体的团队合力的强大。欧美企业愈发意识到，不进行组织重整，只依靠领导殚精竭虑而没有员工的积极参与，只提高员工的个人能力而没有有效的团队协作，企业就会失去生命力。为此，欧美大力学习日本的团队建设，努力培养团队精神，团队建设风暴逐渐在各国许多企业中产生。

团队是指为了一个共同的目标而在一起工作的一些人组成的协作单位。团队合作就是一群有能力、有信念的人在特定的团队中，为了一个共同的目标相互支持合作、奋斗的过程。团队可以调动成员的所有资源和才智，并且会给予那些诚心、无私的奉献者适当回报。如果团队合作是出于成员的自觉自愿，它必将会产生一股强大而且持久的力量。

需要注意的是，团队脱胎于工作群体，又高于工作群体。所谓工作群体，是指为了实现某个特定目标，由两个或两个以上相互作用、相互依赖的个体的组合。

"一个和尚挑水喝，两个和尚抬水喝，三个和尚没水喝。""一只蚂蚁来搬米，搬来搬去搬不起，两只蚂蚁来搬米，身体晃来又晃去，三只蚂蚁来搬米，轻轻抬着进洞里。"上面这两种说法有截然不同的结果。"三个和尚"是一个团体，可是他们没水喝是因为互相推诿、不讲协作;"三只蚂蚁来搬米"之所以能"轻轻抬着进洞里",正是团结协作的结果。

在优秀的工作团队中,成员之间共享信息,做出决策,帮助其他成员更好地承担责任、完成任务,其实这已经蕴含一些团队的精神。但在工作群体中,不存在成员之间的积极协同机制,群体不能使总绩效大于个人绩效之和。工作群体和工作团队的比较见图 7.1。

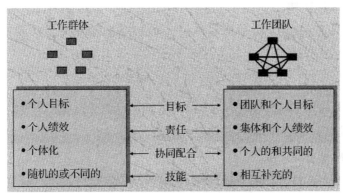

图 7.1　工作群体和工作团队的对比

例如,一个班级可说是一个群体。老师扮演着领导者的角色,学生注重的都是个人的成绩表现,老师评价学生的表现也是以个人的成绩为主。这个班级的目标也是与学校的使命相同,但这个班级的学生之间并不具有不同知识、技能或经验的相互依存性和互补性。因此,这个班级只能称为群体而非团队。若我们在班级内部选拔擅长篮球的学生,这些学生组成的篮球队可当成一个团队。班级篮球队被赋予一个共同的目标,即赢球,球队着重的是团队的整体表现,球队输球也绝非教练一人或球员个人的责任,而是每个队员均需负担的责任。在球队中,球员具有相互依存性,且每个球员均有其特殊的技能与专长,如前锋、中锋、后卫等。

过程训练

团队雕塑

1. 活动程序

(1) 学生分组:以 6~8 人一组为宜。

(2) 设计雕塑:小组需设计以"团队合作"为主题,以全体学员共同充当"材料"的雕塑。

(3) 展示雕塑:以小组为单位,全员参与,共同展示。老师拍摄后上传到计算机上。

(4) 诠释雕塑:小组派出代表,结合照片诠释"团队雕塑"的设计思想和寓意。

(5) 互投评选:全部小组展示和讲解后,进行互投,选出最佳团队。

2. 问题讨论

(1) 分析自己所在小组是不是一个团队?谈谈理由?

(2) 对自己小组的设计和展示满意吗?还有哪些方面可以改进的?

(3) 你认为哪个小组的作品最好？理由是什么？

(4) "团队雕塑"活动本身对你理解团队概念有什么启发？

二、团队的特征

团队具有以下八个基本特征：

（一） 明确的目标

团队成员清楚地了解所要达到的目标，以及目标所包含的重大现实意义。

（二） 相关的技能

团队成员具备实现目标所需要的基本技能，并能够良好合作。

（三） 相互间信任

每个人对团队内其他人的品行和能力都确信不疑。

（四） 共同的诺言

这是团队成员对完成目标的奉献精神。

（五） 良好的沟通

团队成员间拥有畅通的信息交流。

（六） 谈判的技能

高效的团队内部成员间角色是经常发生变化的，这要求团队成员具有充分的谈判技能。

（七） 公认的领导

高效团队的领导往往起教练或后盾的作用，他们对团队提供指导和支持，而不是试图去控制下属。

（八） 内部与外部的支持

既包括内部合理的基础结构，也包括外部给予必要的资源条件。

F1 赛场上的工作团队

F1 赛车维修站的分工合作堪称团队合作中的经典。每一次的赛车进站，都有 22 位工作人员参与工作。其中，12 位技师负责更换轮胎，均匀分配，每一轮 3 人，1 人负责拆下螺钉，1 人负责拆下旧轮胎，1 人负责装新轮胎；剩下的 10 个人每个人都有相对应的工作，1 个人负责操作前千斤顶，1 个人负责操作后千斤顶，1 人持加油枪，1 人负责加油机，等等，22 个人分工明确。尤为注意的是，有 1 人专门负责持有写着"刹车""入档"的指示牌，当牌子举起，即表示赛车可以离开维修区。而他也是这 22 人中唯一配备了与车手通话设备的人。

只有 22 位技师各司其职、通力合作、配合无间，加油、换胎等工作才能在短时间完成,才能让自己队的赛车快速回到跑道,去争夺最后的胜利。他们的效率很惊人,换胎4~5秒,加油的时间根据轻重油战术不同而不同,一般需要7~13秒,加上前后进站的时间,全部用时也就20~23秒。如此高的效率,没有天衣无缝的配合,是无法完成的。

三、团队的构成要素

团队的构成有几个重要的因素,管理学上称之为"5P"。

(一)目标(purpose)

团队应该有一个既定的目标,为团队成员导航,知道要向何处去,没有目标,这个团队就没有存在的价值。

团队的目标必须跟组织的目标一致,此外,还可以把大目标分成小目标,具体分到各个团队成员身上,大家合力实现这个共同的目标。同时,目标还应该有效地向大众传播,让团队内外的成员都知道这些目标,有时甚至可以把目标贴在团队成员的办公桌上、会议室里,以此激励所有的人为这个目标去工作。

(二)人员(people)

人是构成团队最核心的力量。目标是通过人员具体实现的,所以人员的选择是团队中非常重要的一个部分。在一个团队中可能需要有人出主意,有人制订计划,有人实施,有人协调不同的人一起去工作,还有人去监督团队工作的进展,评价团队最终的贡献。不同的人通过分工来共同完成团队的目标,在人员选择方面要考虑人员的能力如何,技能是否互补,人员的经验如何。

(三)定位(place)

团队的定位包含两层意思:一是团队的定位,团队在发展过程中处于什么位置,由谁选择和决定团队的成员,团队最终应对谁负责,团队采取什么方式激励成员;二是个体的定位,作为成员在团队中扮演什么角色,是制订计划还是具体实施或评估。

(四)权限(power)

团队当中领导人的权利大小跟团队的发展阶段相关,一般来说,团队越成熟,领导者所拥有的权利相应越小,在团队发展的初期阶段领导权则相对比较集中。团队权限关系包括两个方面:一是整个团队在组织中拥有什么样的决定权,如财务决定权、人事决定权、信息决定权;二是组织的基本特征,如组织的规模多大,团队的数量是否足够多,组织对于团队的授权有多大,它的业务是什么类型。

(五)计划(plan)

计划有两层含义:一是目标最终的实现,需要一系列具体的行动方案,可以把计划理解成目标的具体工作的程序;二是按计划进行,可以保证团队工作的顺利开展,只有在计划的操作下,团队才会一步一步地贴近目标,从而最终实现目标。

案例二

蚂蚁救火

英国科学家把一盘点燃的蚊香放进一个蚁巢。开始，巢中的蚂蚁惊恐万状，约20秒钟后，许多蚂蚁见难而上，纷纷向火冲去，并喷射出蚁酸。可一只蚂蚁喷射的蚁酸量毕竟有限。因此，一些"勇士"葬身火海。但他们前仆后继，不到一分钟，终于将火扑灭。存活者立即将"战友"的尸体移送到附近的一块"墓地"，盖上一层薄土，以示安葬。一个月后，这位动物学家又把一支点燃的蜡烛放到原来的那个蚁巢进行观察。尽管这次"火灾"更大，但蚂蚁这次却有了经验，调兵遣将迅速，协同作战有条不紊。不到一分钟，烛火即被扑灭，而蚂蚁无一遇难。科学家认为蚂蚁创造了灭火的奇迹。蚂蚁面临灭顶之灾的非凡表现，尤其令人震惊。

在野火烧起的时候，为了逃生，众多蚂蚁迅速聚拢，抱成一团，然后像滚雪球一样飞速滚动，逃离火海。那味里啪啦的烧焦声，是最外层的蚂蚁用自己的躯体开拓求生之路时的呐喊，是奋不顾身、无怨无悔的呐喊。

在洪水暴虐的时候，聚在堤坝上的人们凝望着凶猛的波涛。突然有人惊呼："看，那是什么？"一个好像人头的黑点顺着波浪漂过来，大家正准备再近些时营救。"那是蚁球。"一位老者说："蚂蚁这东西，很有灵性。有一年发大水，我也见过一个蚁球，有篮球那么大。洪水到来时，蚂蚁迅速抱成团，随波漂流。蚁球外层的蚂蚁，有些会被波浪打入水中。但只要蚁球能上岸，或能碰到一个大的漂流物，蚂蚁就得救了。"不长时间，蚁球靠岸了，蚁群像靠岸登陆艇上的战士，一层一层地打开，迅速而井然地一排排冲上堤岸。岸边的水中留下了一团不小的蚁球，那是蚁球里层的英勇牺牲者。他们再也爬不上岸了，但他们的尸体仍然紧紧地抱在一起，那么平静，那么悲壮……

案例思考：

其实，如果我们如蚂蚁一般，无论是在困境还是在顺境时都能彼此维护，互相依赖，再艰辛的路程也不惧怕遥远。其实，生命的奖赏是在终点，而非起点，在旅程中遭尽坎坷，你可能还会失败，只要团队相互鼓励，坚定信念，终究一定能够成功。

过程训练二

请识别下列群体是否能够被称为团队。

（1）一个寝室的寝室成员。
（2）研究科研项目的科研成员。
（3）一辆公交客车上的乘客们。
（4）一间教室的同学们。
（5）运动赛场上接力赛的运动员们。
（6）一个家庭中的成员。
（7）一所公司里的股东。

（8）工地里盖楼的工人。
（9）一家企业的工作人员。

第二节 团队类型和功能

一、团队的类型

按照团队存在的目的和形态进行分类，一般可以将团队划分成问题解决型团队、自我管理型团队、多功能团队和虚拟团队。

（一）问题解决型团队

这类团队常常是为了解决组织中的某些专门问题而设立的。团队的成员通常每周利用几个小时讨论改进工作程序和工作方法的问题，并提出建议，但他们通常没有权力根据这些建议单方面地采取行动。例如，他们讨论如何提高产品质量、生产效率和改善工作环境等问题。

（二）自我管理型团队

自我管理型团队是与传统的工作群体相对的一种团队形式。传统的工作群体通常由领导者来决策，群体成员遵循领导的指令。而自我管理型团队则承担了很多过去由他们的领导来承担的职责，如进行工作分配，决定工作节奏，决定团队的质量如何评估，甚至决定谁可以加入团队中来，等等。自我管理型团队能够很好地提高员工的满意度，但是有人发现与传统组织比较起来，自我管理型团队的离职率和流动率较高。

（三）多功能团队

有的团队是由来自组织内部同一层次、不同部门或工作领域的员工组成的，他们合作完成包含多样化任务的一个大型项目，这样的团队就是多功能团队，也称跨职能型团队。多功能团队打破了部门之间的界限，使得来自不同领域的员工能够交流，有利于激发出新观点，协调解决复杂的问题。

（四）虚拟团队

前面的三种团队形式都是基于我们的传统理解的，即团队的活动是面对面进行的。由于现代科技的发展，如互联网、可视电话会议等，使得协同性的工作并不需要面对面进行了。这种利用计算机和网络技术把实际上分散的成员联系起来，以实现一个共同目标的工作团队，即为虚拟团队。

虚拟团队可以同样完成传统团队能够完成的所有工作任务，如分享信息、做出决策和完成任务等。与传统团队形式相比，虚拟团队表现出以下几方面的特征：一是缺少副语言和非语言沟通线索，二是有限的社会背景，三是克服了时间和空间上的制约。这些特点既创造了虚拟团队的工作优势，也带来了一些新的问题，如情感问题等。

二、团队的功能

在许多著名、出色的企业中,团队都是其主要的组织结构和管理方式。团队在当今如此盛行,其原因在于,它在组织的经营管理活动中具有以下基本功能。

(一)充分利用资源

当某种工作任务需要多种技能和经验时,显然由成员各有特色并集思广益的团队来做,通常会比个人干得要好,因为团队有助于更好地组织利用成员的才能。而且,在复杂多变的环境中,团队比传统的部门结构更灵活,反应更迅速,更强化整体组织的结构和战斗力,它可快速地组合、重组、解散,这也可以大大提高组织资源的利用率。由此,以完成专门任务为目的的团队也就盛行于世。

(二)强化组织氛围

当组织员工只关心个人的工作目标时,他们往往会与其他同事发生摩擦,这种摩擦不仅造成损失,还造成员工之间的不愉快。而不愉快也会造成损失,这种损失比摩擦造成的损失要大得多。团队成员能够为了整个团队的共同目标而奋斗,他们会为了实现团队的目标而主动地谋求合作,这有利于改善组织的沟通状况,使团队成员们加强交流。合作带来的结果是既减少了冲突,又创造了良好的局部工作氛围和良好的组织总体氛围。

(三)产生内在动力

团队能够达到促进团队成员工作及参与自主决策的激励功效,给团队成员以巨大的工作动力。在团队中,有很强的民主气氛,团队成员能够提高工作参与度,使工作能满足自身的心理需求。团队还能对团队成员中的懈怠者产生一定的组织压力,敦促他们努力工作。在团队中工作,可以增加团队成员之间的友情,有利于满足团队成员的归属需要,极大地激励团队成员的工作积极性和创造性。

(四)促进效益提高

团队这种形式有产生正向协同作用的功能,它可以大大提高局部组织的生产率和整体的经济效益。当工作任务和日常决策权交给团队后,团队可以自动运转起来,管理层就能够摆脱日常事务管理而去思考和处理更重要的问题。将决策权下放给团队,团队就能够根据环境的变化灵活处理问题,有利于组织的目标和决策能够较好地实现,从而达到促进效益提高的目的。同时,团队实现信息的共享和集成,消除了传统组织结构中由于层层传递所造成的信息失真和延误,提高了信息传递的质量和速度。

(五)增强凝聚力

每个团队都有特定的目标,团队鼓励每个参与者把个人目标融入和升华为集体的团队目标,这就使企业文化建设中的核心问题——共同价值观体系的建立,变为可操作性极强的具体问题。团队鼓励其成员一专多能,并对团队成员进行工作扩大化训练,要求团队成员积极参与组织决策,充分体现了人本管理思想。同时,团队的工作形式要求其参加者只有默契地配合,才能很好地完成工作任务,促使他们在工作中有更多的沟通和理解，共同应付工作和生活压力。

总之，从总体的情况看，团队体制是成功的。但是，这种成功又是有条件的。有研究发现，在利润、生产率、产品质量都处于劣势的组织中，即使采用团队体制，也很难对绩效产生影响。

案例

真的存在1+1＞2吗

以前，我们中国有一句话叫作"人多力量大"。还有一句话叫作"齐心协力"。其实，在群体组织中，并不必然得出1+1＞2的结果。德国科学家瑞格尔曼的拉绳实验也能告诉我们这一点：参与测试者被分成四组，每组人数分别为一人、二人、三人和八人。瑞格尔曼要求各组用尽全力拉绳，同时用灵敏的测力器分别测量拉力。测量的结果有些出乎人们的意料：二人组的拉力只为单独拉绳时二人拉力总和的95%；三人组的拉力只是单独拉绳时三人拉力总和的85%；而八人组的拉力则降到单独拉绳时八人拉力总和的49%。

现代社会把人们组织起来，就是要发挥团队的整体威力，使团队的整体大于各部分之和。而拉绳实验却告诉我们：1+1＜2，即整体小于各部分之和。这一结果向团队的组织者发出了挑战。

案例思考：

显而易见，"以一当十"并不难，我们的社会太强调英雄，总在强调"以一当十"，但是，难的是"以十当一"。因为"以一当十"只要最大程度地发挥一个人的潜力就行了；而"以十当一"则不同，它需要最大程度地发挥十个人的潜力，而且要使这些潜力朝着一个方向使劲。

过程训练

你所在的群体是一个有凝聚力的团队吗？请对照标准思考。

(1) 定期召开会议且每个成员都会参加。
(2) 我们进行探讨并达成一致的团队工作与评级目标。
(3) 我们将会议的大部分时间花在业务问题的讨论上，但讨论是开放式的、积极的。
(4) 我们讨论任何冲突和争议，直至将其解决。
(5) 团队成员彼此认真倾听。
(6) 我们真的相互信任，并坦诚说出自己的真实想法。
(7) 领导角色是轮换和共享的，每个成员在适当的时候都能够为了团体的利益主动承担责任。
(8) 每个成员都为最终完成工作而努力。
(9) 我真心为身为团队的一员而感到满意。
(10) 对于别人出色的工作表现，我们毫不吝啬自己的赞美。

（11）团队成员给予并接受彼此的反馈，以提高团队的绩效。
（12）我们为彼此负责，每个成员都向团队负责。
（13）团队成员彼此非常欣赏，相互尊重。

第三节 团队的角色

"角色"一词源于戏剧。1934年，米德首先运用角色的概念来说明个体在社会舞台上的身份及其行为以后，角色的概念被广泛应用于社会学与心理学的研究中。角色是一个抽象的概念，不是具体的个人，它本质上反映一种社会关系。具体的个人是一定角色的扮演者。

在一个团队中，我们充当着不同的角色，从个人来看，我们并不完美优秀，但是对于一个团队而言，我们在某方面的突出特长刚好能够给这个团队增添助力，使这个团队更加牢固。在一个团队中，缺少任何一个角色都不行，如果其中一个角色失去，可能造成一个团队的解散，所以，每一个角色在团队中都是至关重要的。

一、角色分工

团队是由基层和管理层人员组成的一个共同体，它合理利用每一个成员的知识和技能协同工作，解决问题，达到共同的目标。团队的角色在完成任务的整个过程中发挥着重要作用。一般把团队角色分为八种，分别为实干者、协调者、推进者、创新者、信息者、监督者、凝聚者及完美者。

（一）实干者

角色描述：非常现实、传统甚至有点保守，他们崇尚努力，计划性强，喜欢用系统的方法解决问题。实干者有很好的自控力和纪律性，对团队忠诚度高，为团队整体利益着想而较少考虑个人利益。

典型特征：有责任感、高效率、守纪律，但比较保守。

作用：由于其可靠、高效率及处理具体工作的能力强，其在团队中作用很大；实干者不会根据个人兴趣而是根据团队需要来完成工作。

优点：有组织能力、务实，能把想法转化为实际行动；工作努力、自律。

缺点：缺乏灵活性、可能会阻碍变革。

（二）协调者

角色描述：能够引导一群不同技能和个性的人向着共同的目标努力。他们代表着成熟、自信和信任，办事客观，不带个人偏见。除权威之外，协调者更有一种个性的感召力。在团队中能很快发现各成员的优势，并在实现目标的过程中能妥善运用。

典型特征：冷静、自信、有控制力。

作用：擅长领导一个具有各种技能和个性特征的群体，善于协调各种错综复杂的关系，喜欢平心静气地解决问题。

优点：目标性强，待人公平。

缺点：个人业务能力可能不会太强，比较容易将团队的努力归为已有。

（三）推进者

角色描述：说干就干，办事效率高，自发性强，目的明确，有高度的工作热情和成就感；遇到困难时，总能找到解决办法。推进者大都性格外向且干劲十足，喜欢挑战别人，好争端，而且一心想取胜，缺乏人际间的相互理解，是一个具有竞争意识的角色。

典型特征：具有挑战性、好交际、富有激情。

作用：是行动的发起者，敢于面对困难，并义无反顾地加速前进；敢于独自做决定而不介意别人的反对。推进者是确保团队快速行动的最有效成员。

优点：随时愿意挑战传统，厌恶低效率，反对自满和欺骗行为。

缺点：有挑衅嫌疑，做事缺乏耐心。

（四）创新者

角色描述：拥有高度的创造力，思路开阔，观念新，富有想象力，是"点子型的人才"。他们爱出主意，其想法往往比较偏激和缺乏实际感。创新者不受条条框框的约束，不拘小节，难守规则。

典型特征：有创造力，个人主义，非正统。

作用：提出新想法和开拓新思路，通常在项目刚刚启动或陷入困境时，创新者显得非常重要。

优点：有天分，富于想象力，智慧，博学。

缺点：好高骛远，不太关注工作细节和计划，与别人合作本可以得到更好的结果时，却喜欢过分强调自己的观点。

（五）信息者

角色描述：经常表现出高度热情，他们反应敏捷、性格外向。他们的强项是与人交往，在交往的过程中获取信息。信息者对外界环境十分敏感，一般最早感受到变化。

典型特征：外向、热情、好奇、善于交际。

作用：有与人交往和发现新事物的能力，善于迎接挑战。

优点：有天分，富于想象力，智慧，博学。

缺点：当最初的兴奋感消逝后，容易对工作失去兴趣。

（六）监督者

角色描述：严肃、谨慎、理智、冷血质，不会过分热情，也不易情绪化。他们与群体保持一定的距离，在团队中不太受欢迎。监督者有很强的批判能力，善于综合思考、谨慎决策。

典型特征：冷静、不易激动、谨慎、精确判断。

作用：监督者善于分析和评价，善于权衡利弊来选择方案。

优点：冷静、判别能力强。

缺点：缺乏超越他人的能力。

（七）凝聚者

角色描述：是团队中最积极的成员，他们善于与人打交道，善解人意，关心他人，处事灵活，很容易把自己同化到团队中。凝聚者对任何人都没有威胁，是团队中比较受欢迎的人。

典型特征：合作性强，性情温和，敏感。

作用：善于调和各种人际关系，在冲突环境中其社交和理解能力会成为资本；信奉"和为贵"，有他们在的时候，人们能协作得更好，团队士气更高。

优点：随机应变，善于化解各种矛盾，促进团队合作。

缺点：在危急时刻可能优柔寡断，不太愿意承担压力。

（八）完美者

角色描述：具有持之以恒的毅力，做事注重细节，力求完美；他们不大可能去做那些没有把握的事情，喜欢事必躬亲，不愿授权；他们无法忍受那些做事随随便便的人。

典型特征：埋头苦干，守秩序，尽职尽责，易焦虑。

作用：对于那些重要且要求高度准确性的任务，完美者起着不可估量的作用；在管理方面崇尚高标准严要求，注意准确性，关注细节。

优点：坚持不懈，精益求精。

缺点：容易为小事而焦虑，不愿放手，甚至吹毛求疵。

从以上的描述可知：实干者善于行动，团队中如果缺少实干者，则会太乱；协调者善于寻找到合适的人，团队中如果缺少协调者，则领导力不强；推进者善于让想法立即变成行动，团队中如果缺少推进者，则工作效率将会不高；创新者善于出主意，团队中如果缺少创新者，则思维会受到局限；信息者善于发掘最新情报，团队中如果缺少信息者则会比较封闭；监督者善于发现问题，团队中如果缺少监督者，则工作绩效不稳定甚至可能大起大落；凝聚者善于化解矛盾，团队中如果缺少凝聚者，则人际关系将会变得紧张；完美者强调细节，团队中如果缺少完美者，则工作会比较粗糙。

如果拿一个软件项目团队作为案例，实干者适合做模块设计、编写程序等工作；协调者适合做项目管理工作；推进者适合做对项目进度影响较大的工作；创新者适合做系统架构设计工作；信息者适合做需求调研工作；监督者适合做 SQA 和测试工作；凝聚者适合做团队建设工作；完美者适合做需求、设计等一些重要产出物的评审工作。

陶瓷厂的精细分工

1769 年，一位英国人在开办陶瓷工厂时，在厂内实行精细的劳动分工，他把原来由一个人从头到尾完成的制陶流程分成几十道专门工序，分别由专人完成。这样一来，原来意义上的"制陶工"就不复存在了，存在的只是精细分工之后的挖泥工、运泥工、拌土工、制坯工等。转眼间,传统制陶工变成了各个岗位上的单独承担专项工作的工人,他们必须按固定的工作节奏劳动,服从统一的劳动管理。这种工作方法就是我们常说的流水线作业,这样的作业方式在大大提高批量生产能力的同时,也大大提高了产品的质量。

在任何一个团队合作完成任务的过程中,每个队员都在这个过程中发挥着重要的作用,因为有了合理的分工,每个人都扮演不同的角色去完成自己的任务,从而使整个任务能够顺利完成,哪怕他只是为团队做一点点小事。

二、角色分工的原则

(一) 每一种角色都很重要

"世间万物各有功用",人亦如此。团队中的每一个角色都是需要的,也都是非常重要的,"一个都不能少"。当团队中同一角色类型的成员较多而其他类型的成员缺乏时,作为团队管理者需要根据实际需要,进行人员的合理调配或培养。

(二) 一个人不可能完美

"人无完人",一个人不可能什么都懂,什么都能干。但具有不同性格和能力特征的成员一旦组成了一个团队,则这样的团队就可能完美,就可能创造出奇迹。

(三) 尊重团队角色的差异

"世界上没有完全相同的两片树叶",人亦如此。管理者需要尊重团队角色的差异,千万不能只认可与自己性格和能力相同或相似的成员,而排斥甚至打击与自己性格和能力相异的成员。

(四) 通过合作弥补不足

"没有人十全十美,也没有人一无是处。"只有合作才能弥补个体的不足,才可能创造出完美。迷失在大森林中盲人和腿脚不便的人的故事告诉我们,只有盲人和腿脚不便的人合作(盲人背腿脚不便的人;腿脚不便的人指路,盲人走路)才有可能都走出森林,单独行动只能死路一条。

案例二

西游记团队

《西游记》作为四大名著之一,其中的团队合作更是体现得淋漓尽致,其实唐僧师徒组合不能算是一个非常优秀的团队:其团队成员要么个性鲜明,优点或缺点过于突出,实在难以管理;要么缺乏主见,默默无闻,实在过于平庸。但就是这么一群对团队精神一窍不通的"乌合之众","个性"突出的典型人物组合在一起,克服了常人难以想象的种种困难,最终完成任务,取回了真经!

其实,换个角度来看,"个性"也许并不是那么可怕。

作为团队领导人和协调者的唐僧,虽然处事缺乏果断和精明,但对于团队目标抱有坚定信念，以博爱和仁慈之心在取经途中不断地教诲和感化着众位徒弟。

团队中明星员工孙悟空是一个不稳定因素，虽然能力高超，交际广阔，疾恶如仇，但桀骜不驯，喜欢单打独斗。最重要的一点是他对团队成员有着难以割舍的深厚感情，同时有一颗不屈不挠的心，为达成取经的目标愿意付出任何代价。

也许很少有人会意识到，猪八戒对于团队内部承上启下起着多么重要的作用，他的个性随和健谈，是唐僧和孙悟空这对固执师徒之间最好的"润滑剂"和沟通桥梁，虽然好吃懒做的性格经常使他成为挨骂的对象，但他从不会因此心怀怨恨。

至于沙僧，每个团队都不能缺少这类员工，脏活累活全包，并且任劳任怨，还从不争功，是领导的忠实追随者，起着保持团队稳定的基石作用。

每个团队成员都会有个性，这是无法也无需改变的，而团队的艺术就在于如何发掘组织成员的优缺点，根据其个性和特长合理安排工作岗位，使其达到互补的效果。

团队合作往往能激发出团体不可思议的潜力，集体协作干出的成果往往能超过成员个人业绩的总和。正所谓"同心山成玉，协力土变金"。长征胜利是中国革命史上乃至世界军事史上的一次奇迹。创造这个奇迹的红军战士和整支红军队伍就是有一个为天下所有贫苦人民打天下的共同目标。而且他们都不畏艰险，相互帮助、共同合作，充分发挥了团队合作的力量。他们是一个优秀的团队，在共同协作下不仅走出了困境，还为革命的胜利打下了基础。

所以成功需要克难攻坚的精神，更需要团结协作的合力。一个团体，如果组织涣散，人心浮动，人人自行其是，甚至搞"窝里斗"，何来生机与活力？又何谈干事创业？在一个缺乏凝聚力的环境里，个人再有雄心壮志，再有聪明才智，也不可能得到充分发挥！只有懂得团结协作，才能克服重重困难，甚至创造奇迹。

过程训练

训练一：团队雕塑

以"团队雕塑"活动中的小组为基础，小组成员通过讨论，对照团队的特征和成员构成，尝试构建团队（这个团队在今后的课程中会持续运行）。

（1）团队的总体目标是什么？
（2）如何分工？
（3）给自己的团队起一个响亮的名字，编一句核心口号，设计一个标志，还可以有团队成员共同承诺的规则。
（4）选出代表，分享团队的名字、口号、标志和分工情况。比比看，哪一组的想法最有创意，最能体现本组人的特点。
（5）思考：你们组是如何设计自己的文化符号的，给你什么启示？

训练二：沙漠求生

大约是八月中旬某一天的上午十点钟，你们的飞机迫降在一个大沙漠的中部地区。飞行员和副飞行员都死了，其他人没有受伤。飞行员在飞机迫降前告诉你们，飞机着陆点将距离原定目标位置大约 100 公里左右，原定飞行计划已在出发前交给了空中交通控制中心。他还估计飞机迫降点附近大约 120 公里有个采矿村。迫降地区是沙漠，贫瘠荒芜，除了一些仙人掌外一无所有。当时气温大约是 43℃。你们穿着夏装，每个人都带有手帕，一包烟，一支圆珠笔。你们总共有 2 000 元现钞。

问题：飞机着火前，你们的小组将下列单子上的 15 种物品抢救出来，现在要求你们根据这些物品对你们生存的重要性进行排序（1 表示对你们的生存最重要，15 表示重要性最小）。

首先，个人独自排序；然后，小组排序。小组排序要求所有成员都必须参与意见，并达成共识。在小组达成共识的过程中，不允许投票，不允许抛硬币。

15 种物品：手电筒和 4 节电池、装有子弹的 45 口径手枪、红色和白色降落伞、一瓶盐片、每人一升水、图书《沙漠里能吃的动物》、每人一副太阳镜、伏特加酒、每人一件风衣、水果刀、一面化妆镜、迫降区的地图、塑料雨衣、指南针、急救箱。

这个游戏的主要目的并不在于考验你的个人生存能力，而是促使你反思团队决策的利弊。任何决策的第一步，也是决定性的一步是制定策略。若策略出错，再怎样努力，结果只会把错误的事做到极致。

在这个游戏中要决定的策略是：靠小组的力量走出去，还是留下来等待救援？在沙漠环境中，正常人行走两个小时就难以继续支撑，所以专家的建议是留在现场等待救援。

专家对 15 种物品重要性的排序为：1 化妆镜、2 风衣、3 水、4 手电筒、5 降落伞、6 水果刀、7 雨衣、8 手枪、9 太阳镜、10 急救箱、11 指南针、12 地图、13 书、14 酒、15 盐片。

对专家排序理由的一些猜测：化妆镜是获救的关键，白天可通过反射太阳光线来显示你们所处的位置，也可通过聚焦生火，用于夜间求救和取暖。在救援队到来前，要设法减低体内水分散发，风衣能起到这个作用。红白的降落伞既能遮荫，也能用来求救，因为其色彩鲜艳，容易辨别。另外，不少人可能高估了盐片的用途，如果人体内盐分增加，需要增加大量水分来稀释。

拓展阅读

［1］李慧波. 团队精神：纪念版［M］. 北京：机械工业出版社，2015.

［2］弗兰克·拉夫斯托，卡尔·拉森. 最卓越的团队合作［M］. 邹琪，译. 上海：上海财经大学出版社，2004.

第八章 融入团队

名人名言

人心齐，泰山移。 ——谚语

一滴水只有放进大海里才永远不会干涸，一个人只有当他把自己和集体事业融合在一起的时候才能最有力量。 ——雷锋

人们在一起可以做出单独一个人所不能做出的事业；智慧、双手、力量结合在一起，几乎是万能的。 ——韦伯斯特

学习要点

- 如何快速地融入团队？
- 什么是团队精神？
- 如何培育团队精神？
- 如何提升团队信任？

导学案例

女排精神

习近平总书记在会见参加里约奥运会中国体育代表团全体成员时指出，"中国女排不畏强手、英勇顽强，打出了风格、打出了水平，时隔12年再夺奥运金牌，充分展现了女排精神，全国人民都很振奋"。① 中国女排以高昂的斗志、顽强的作风和敢于争第一、敢于挑战和超越自我的行动，诠释和刷新了"无私奉献、团结协作、艰苦创业、自强不息"的女排精神，引发了一场触及国人灵魂的精神洗礼，有力地弘扬了中国精神。多年来，尽管女排队员换了一批又一批，但女排精神一直在激励着这支队伍成长成熟，向新

---

① 习近平会见第31届奥运会中国体育代表［EB/OL］.［2016-08-25］. http://cpc.people.com.cn/n1/2016/0825/c64094-28666597.html.

的胜利目标奋进。

20世纪60年代，中国女排引入"魔鬼式"训练法，注重严格要求、团结协作、顽强拼搏，开掘出女排精神最初的源头。此后，女排在艰苦训练中不断砥砺精神，增强问鼎世界冠军的实力和勇气，到1981年，中国女排终于夺冠！从1981年到1986年，中国女排创下世界排球史上第一个"五连冠"，也创造了我国大球夺冠的奇迹。

世界体坛竞争激烈，没有永远的冠军。从1986年到2003年，中国女排有17年时间与世界冠军无缘。然而，无论是处在波峰还是处在波谷，女排精神永在！正如郎平所言："中国的女排精神与输赢无关，不是说赢了就有女排精神，输了就没有。要看到这些队员努力的过程。"这种筚路蓝缕的努力过程，其间有高低起伏，有质疑诘难。然而，这一切也砥砺着中国女排更加成熟。她们没有被挫折吓倒，在扎扎实实的拼搏奋斗中不断积蓄着取胜的实力。

尤其是2016年奥运会，中国女排被分到"死亡之组"，从"死亡之组"出线后又对阵占尽天时地利人和的巴西队。人们普遍认为，这场比赛获胜的概率不高。然而，中国女排却成功逆袭，硬是凭着一股顽强精神战胜对手。这一切，让人们在心潮澎湃、血脉偾张中深切体验到了永不放弃、永不言败的女排精神。

郎平曾在文章中写道："在我的字典里，'女排精神'包含着很多层意思。其中特别重要的一点就是团队精神。女排当年是从低谷处向上攀登，没有多少值得借鉴的经验，但是在困难的时候，大家总能够团结在一起，心往一块想、劲往一处使。""你一路虽走得摇摇晃晃，但站起来抖抖身上的尘土，依旧眼中坚定。"这种坚定的眼神，是中国女排向胜利进军的战略定力。

如今，我们前所未有地靠近世界舞台中心，前所未有地接近实现中华民族伟大复兴的目标，前所未有地具有实现这个目标的能力和信心，但前进道路仍然充满风险和挑战。在实现中国梦的新征程上，我们要大力弘扬女排精神，使之化为全党全国各族人民团结奋斗的强大精神力量，为实现"两个一百年"奋斗目标、实现中华民族伟大复兴的中国梦不懈奋斗。

第一节 如何融入团队

如何快速地和团队融为一体？很多职场新人由于经验不足，表现出无所适从。为此，职场新人不妨在以下几个方面做些努力：

（一）有信心，以最佳状态进入新工作团队

不管是初入职场还是重新选择工作环境，都需要树立信心，以自己最佳的工作状态进入新的团队。新的团队和我们之前的工作、学习环境有的明显不一样，有的甚至截然相反，这时更需要我们充满信心，快速适应并融入新的工作团队中去。

(二)了解新团队的基本特征

当我们进入一个新团队之前,要对这个团队的管理文化、组织架构等有所了解。只有对新团队的基本特征比较清楚以后,我们才能够知道自己适不适合在这个团队工作,也才能够知道自己在这个团队有没有发展及今后应该怎样更好地发展。

(三)勤恳踏实,做好自己的职责

不管在任何团队做任何工作,都需要我们勤恳踏实,努力发挥自己的才干,为团队发展尽最大努力,从基层一点一滴开始做起,做好自己的本职工作。

(四)积极参加团队活动

进入一个新工作团队以后,多多少少都会有一些陌生,会不如老成员那样熟络,但是我们应该大方面对,尽量积极主动地参加团队活动。参加团队活动,能够提升我们在整个团队中的活跃程度,能够促使我们快速地融入这个新的工作团队中来。

(五)不谈论团队成员的是非

进入一个新工作团队以后,我们要保持勤恳踏实,做好自己的本职工作。不要加入讨论团队成员是非的队伍中去,哪怕其他成员在谈论,自己也不要去谈论团队成员的是非。积极努力地做好本职工作是快速融入一个新工作团队的基本步骤。

(六)不论新老成员,大家互帮互助

进入一个新工作环境以后,我们就和新同事们形成了友谊圈。哪怕接触的时间不是很长,在他们有需要帮助的时候,我们也应该主动去帮助同事。这样的话,我们在接下来的工作中遇到不懂的问题,同事们也会积极地指导和帮助我们。大家互帮互助,能够减少新成员融入团队的时间。

(七)主动请教团队老员工

当我们进入一个新工作团队,就要摆正自己的心态,在遇到不懂的问题和不太清楚的方面时主动地请教团队中的老员工。主动请教团队成员尤其是团队老员工,能够使得我们对自己的业务更快地熟悉起来,能够加强我们与团队成员之间的互动,也能够促使我们快速地融入一个新工作团队。

小毛病能引出大问题

小陈大学毕业后来到一家私企,尽管表现不错,但经常因为一些他自认为是"小节"的问题,被主管批评。主管对他的评价是"大毛病没有,小毛病不断",每天上班总是险些迟到;开会最后一个来,第一个走;有时候抱着办公室里的电话聊个没完;办公室里他的桌子总是最乱最脏;不管是给客户还是给主管打电话,第一声总是"喂";等等。尽管小陈觉得自己是男生,大大咧咧点是很正常的事情,但主管却对这些"小节"很较真,曾因为他开会迟到扣过他当月的奖金,一次竟然还叫清洁工把他桌上的杂物统统当作垃圾扔掉。他现在很郁闷,工作也提不起精神。

职场新人有很多这样或那样的毛病,在学校养成的不良习惯不应该带到职场来,小陈的状况就是典型的没有融入团队氛围的例子,他与团队格格不入,看来,他离真正成为团队一分子的路还很远。

过程训练

找到团队

人数:40人。时间:20~40分钟。用具:4张彩色图片,4套彩笔,白纸若干。

1. 活动程序
(1) 老师将4张图片分别剪成10张形状不同的小图片。
(2) 老师将40张小图片打乱顺序,并分发给每个学生。
(3) 老师告诉学生可以根据自己手中的图片去寻找团队。
(4) 开始游戏。当学生都找到自己的团队并拼好彩图后游戏结束。
2. 问题讨论
(1) 小组讨论成员都是以什么方式寻找"团队"的?
(2) 在团队中如何才能找到归属感?如何来帮助团队取得成绩?

第二节 团队精神

一、什么是团队精神

所谓团队精神,简单来说就是大局意识、协作精神和服务精神的集中体现。它是团队成员们为了团队的利益和目标而相互协作、尽力完成的思想意识。这种团队意识反映在团队成员的工作作风上,反应在团队的凝聚力、士气、成员间的高度信任和为团队目标合作的意识上。

团队精神是组织文化的一部分,良好的管理可以通过合适的组织形态将每个人安排至合适的岗位,充分发挥集体的潜能。如果没有正确的管理文化,没有良好的从业心态和奉献精神,就不会有团队精神。团队精神有如下内涵:

1. 团队精神的基础——挥洒个性

团队业绩从根本上说,首先来自团队成员个人的成果,其次来自集体成果。团队依赖的是个体成员的共同贡献,而得到实实在在的集体成果。这里不要求团队成员都牺牲自我去完成同一件事情,而要求团队成员都发挥自我去做好这一件事情。就是说,团队效率的培养,团队精神的形成,其基础是尊重个人的兴趣和成就。设置不同的岗位,选拔不同的人才,给予不同的待遇、培养和肯定,让每一个成员都拥有特长,都表现特长,这样的氛围越浓厚越好。

2. 团队精神的核心——协同合作

社会学实验表明，两个人以团队的方式相互协作、优势互补，其工作绩效明显优于两个人单干时绩效的总和。团队精神强调的不仅仅是一般意义上的合作与齐心协力，它要求发挥团队的优势，其核心在于大家在工作中加强沟通，利用个性和能力差异，在团结协作中实现优势互补，发挥积极协同效应，带来"1+1＞2"的绩效。因此，共同完成目标任务的保障，就在于团队成员才能上的互补，在于发挥每个人的特长，并注重流程，使之产生协同效应。

3. 团队精神的最高境界——团结一致

全体成员的向心力、凝聚力是从松散的个人走向团队最重要的标志。在这里，有一个共同的目标并鼓励所有成员为之奋斗，固然是重要的，但是向心力、凝聚力来自团队成员自觉的内心动力，来自共同的价值观，很难想象在没有展示自我机会的团队里能形成真正的向心力；同样也很难想象，在没有明确的协作意愿和协作方式下能形成真正的凝聚力。

4. 团队精神的外在形式——奉献精神

团队总是有着明确的目标，实现这些目标不可能总是一帆风顺的。因此，具有团队精神的人，总是以一种强烈的责任感，充满活力和热情，为了确保完成团队赋予的使命，和同事一起努力奋斗、积极进取、创造性地工作。在团队成员对团队事务的态度上，团队精神表现为团队成员在自己的岗位上尽心尽力，为了整体的和谐而甘当配角，自愿为团队的利益放弃自己的私利。

二、团队精神的功能

（一）目标导向功能

团队精神的培养，使组织内的员工齐心协力，拧成一股绳，朝着一个目标努力，对单个员工来说，团队要达到的目标即是自己所努力的方向，团队整体的目标顺势分解成各个小目标，在每个员工身上得到落实。

案例一

2020年的春节，刹那间，一场突如其来的疫情席卷全国，它像是蓄谋已久且毫无波澜的战争，对我们发起了猝不及防的闪电战。当大家还沉浸在迎接春节的喜悦中时，它已经开始大张声势，肆无忌惮地恐吓着每一个人。一夜之间，各大新闻媒体满屏的都是疫情进展的近况，人们不断地去寻找着抵抗疫情的种种办法。商场、马路人可罗雀，人人戴着口罩，用戒备的眼神互相扫视着对方，新型冠状病毒给大家的生活蒙上厚厚的阴影。

在这样的阴影下，如果所有人都惧怕，所有人都沉浸在恐慌中，那我们的国家会是什么样？面对严峻的疫情防控趋势，一个个医疗团队、一位位医务人员义无反顾，挺身而出，战斗在疫情第一线，他们成了逆向而行的孤胆英雄。在生死时速的生命通道上，他们毅然担当起了治病救人、救死扶伤的社会重任。84岁的钟南山院士，在本该颐养天年、享受天伦之乐的时候，再次"挂帅出征"，带领团队抗击新型冠状病毒。

全国各地的医疗团队夜以继日、不眠不休地与病毒较量，为生命站岗。他们逆行的背影，是庚子年最美的风景线。在医疗团队的不惧挑战下，不知付出了多少努力，终于控制了疫情的继续蔓延并且以最快的速度研究出了疫苗。医疗团队中每个成员齐心协力，对于抗击疫情拧成一股绳，从而战胜了疫情。他们之所以能拧成一股绳都是因为团队所具有的目标导向作用。医疗团队伸出他们那温暖而有力的手，托起无数鲜活的生命。一纸请战书，满满的红手印，生死线上方显他们的英雄深情。

（二）凝聚功能

任何组织群体都需要一种凝聚力，传统的管理方法是通过组织系统自上而下的行政指令，淡化了个人感情和社会心理等方面的需求；而团队精神则通过对群体意识的培养，通过员工在长期的实践中形成的习惯、信仰、动机、兴趣等文化心理，来沟通人们的思想，引导人们产生共同的使命感、归属感和认同感，反过来逐渐强化团队精神，产生一种强大的凝聚力。

（三）激励功能

团队精神要靠员工自觉地要求进步，力争与团队中最优秀的员工看齐，通过员工之间正常的竞争，从而实现激励功能，而且这种激励不是单纯停留在物质的基础上，还能得到团队的认可，获得团队中其他员工的尊敬。

（四）控制功能

员工的个体行为需要控制，群体行为也需要协调。团队精神所产生的控制功能，是通过团队内部所形成的一种观念的力量、氛围的影响，去约束规范、控制员工的个体行为。这种控制不是自上而下的硬性强制力量，而是由硬性控制向软性内化控制；由控制员工行为，转向控制员工的意识；由控制员工的短期行为，转向对其价值观和长期目标的控制。因此，这种控制更为持久、更有意义，而且容易深入人心。

（五）妥协功能

倘若每个人在团队中都以自我为中心，将个人利益看得远远高出集体利益，那么整个团队就没有存在的必要。在团队中我们还要有妥协与牺牲精神，以大局为重，以长远发展为目标。

案例二

从前有两头驴，他们被一根绳子拴住了，它们的两边各有一堆草。它们反向走各去吃自己这边的草，可是绳子不够长，它们互相铆足了劲，努力去吃自己的草，结果都吃不到各自方向的那堆草，还白白浪费了力气。经过反复思考，它们决定共同协作先吃一边的草再吃另一边的草。它们在面对事情时先从各自利益出发，但最终向集体妥协，站在团队角度考虑问题，以大局为重，最终达到目标。

过程训练

你对待工作的态度是什么？用下面的标准对照查检自己：
（1）你每天起床之前都赖在床上，绞尽脑汁想象各种不上班的借口。
（2）上班迟到了想出各种理由来应付上司。
（3）偶尔需要周末加班，也要找各种借口进行逃避。
（4）上班也是以应付工作的心态，做一天和尚撞一天钟。
（5）每到周末，你的心不禁随着窗外的风轻舞飞扬起来。
（6）以前的周一症候群现在已经提前到周日晚上发作。
（7）终日郁郁寡欢，食不知味，一想到有这么多工作等待着你，你就开始头大。

如果你有以上情况，就要引起高度重视了。这不但欠缺团队精神，而且连能否完成工作都无法保证。

第三节 团队信任

职场新人刚进入工作团队，迫切希望工作会有成果，得到承认，这都需要与同事们建立信任关系。信任是合作的开始，也是团队管理的基础。一个不能相互信任的团队，无法完成任何的合作与交流，是一支没有凝聚力的团队，也是一支没有战斗力的团队。团队必须建立在相互之间的信任之上，才能有合作，共同完成大型的任务。

一、什么是团队信任

团队合作的基础是信任，如果团队成员之间失去了信任，尤其当成员彼此之间存在着较强的利益关联时，有效的团队合作只是一句空谈。

信任即对个人或事件的诚实、长处、能力和担保等发自内心的信赖。

信任具有三个特征：

第一，信任者承担着一定的风险，信任者要承受被信任者失信的损失。

第二，被信任者的行为不在信任者的控制之内。

其三，如果某一方违约，将会获取短期的利益。

在团队合作中，团队成员彼此之间的关系和信任程度是影响工作绩效的一个关键因素。信任虽然是一种心理契约，但如果团队成员彼此之间缺失了信任，团队合作的实现便失去了秩序保障。

信任的建立需要时间的积累，一个成员能否获得他人的信任往往取决于其过往的行为，如果他过去总是信守承诺、言出必行，具有较高的人格指标，便容易在团队中获得信任。

> **案　例**

三只兔子来到了一家饭馆，他们点了三份胡萝卜沙拉。侍者把美味的食物端上来的时候，兔子们才发现他们都没有带钱。

最大的兔子说："我是你们的老大，取钱的事不应该是我做的。"

稍微小一点的兔子说："我认为派小兔子去取钱最合话！"

最小的兔子说："我可以回去取钱，但是你们谁也不能动我的胡萝卜沙拉！"其他两只兔子连连保证，绝对不碰他的沙拉。于是，小兔子走了。

小兔子走后，大兔子和中兔子很快就把自己的那份沙拉吃完了。它们等了很长的时间，小兔子迟迟也不回来。于是两只兔子商量："我们还是把小兔子的那份也吃了吧。"

正当他们准备开吃时，小兔子从隔壁跳了出来："哼，如果你们敢动我的沙拉，我就不回去取钱！"

二、如何建立团队信任

管理人员和团队领导之间首先要建立起信任关系，然后团队成员相互之间建立信任关系。下面总结了可以用来培养信任感的方法，这些方法对团队领导和成员都适用。

1. 表明你既是在为自己的利益而工作，又是在为别人的利益而工作

我们每个人都关心自己的利益，当别人认为你利用他们、利用你的工作、利用你所在的组织为你个人的目标服务，而不是为你的团队、部门、组织利益服务，你的信誉就会受到损害。

2. 成为团队的一员，用言语和行动来支持你的团队

当团队或团队成员受到外来者攻击时，维护他们的利益，这样做会证明你对你的工作团队是忠诚的。

3. 开诚布公

如果你开诚布公，就可能带来信心和信任。因此，应该让人们充分了解信息，解释你作出某项决策的原因，对于现存问题，则坦诚相告，并充分地展示与之相关的信息。

4. 公平

在进行决策或采取行动之前，先想想别人对决策或行动的客观性与公平性会有什么看法。在进行绩效评估时，应该客观公平、不偏不倚；在分配奖励时，应该注意其公平性。

5. 说出你的感受

那些只是向员工传达冷冰冰的事实的组织管理人员与团队领导，容易遭到员工的冷漠与疏远。说出你的感受，别人会了解到你是真诚的、有人情味的，他们会更加了解你。

6. 表明你进行决策的基本价值观是一贯的

不信任来源于不知道自己面对的将是什么，花一些时间来思考你的价值观和信念，让它们在你的决策过程中一贯地起到指引作用。一旦了解了自己的主要目的，你的行动相应地就会与目的一致，而你的一贯性能够赢得信任。

7. 保密

你信任那些你可以相信和依赖的人，因此，如果别人告诉你一些秘密，他们必须确信你不会同别人谈论这些秘密，或者说不泄漏这些秘密。如果人们认为你会把私人秘密透露给不可靠的人，他们就不会信任你。

8. 表现出你的才能

表现出你的技术和专业才能及良好的商业意识，这能引起别人的仰慕和尊敬。应该特别注意培养和表现你的沟通、团队建设和其他人际交往能力。

过程训练

训练一：信任背摔

通过这个活动建立起彼此间的信任关系，培养建立团队成员的责任感。同时，这个活动还可以锻炼心理素质，克服恐惧心理，对心理素质提升有很大帮助。

1. 活动程序

（1）全队每个人轮流上到背摔台上背向队友，双脚后跟1/3出台面（培训师做示范动作），身体重心上移尽量垂直水平倒下去，下面的队员安全把他接住即为完成。

（2）这个项目的危险性大，所以一定要端正自己的态度，保持极高的警觉性，不得有一丝懈怠，以保证队友的安全。队员进行项目前都要将身上的尖锐物品（如眼镜、发卡、手表、钥匙、戒指等）放在一边，做完活动后再收回去。

2. 问题讨论

（1）为什么信任？信任是如何产生并建立起来的？如何体现自己对背摔团员的生命安全的责任感？

（2）孤立无助时（当背摔者还未触及队友手臂前），为什么会感到恐惧？

（3）如果是未知的领域，你怎么去面对？

训练二：团队信任能力评估

在团队中，团队信任能力是指自己与团队成员间坦诚相待、相互信任、互助互协的能力。请通过下列问题对自己的该项能力进行差距测评：

（1）在团队中，你如何看待诚信问题？

A. 诚信是信任的基础

B. 诚信影响信任关系

C. 诚信是个人品德

（2）管理者如何赢得团队成员的信任？

A. 做事先做人，言行一致

B. 按制度办事，一视同仁

C. 保持行为的一贯性

（3）是什么让你信任团队中的其他成员？

A. 团队成员的品德

B. 团队成员的能力

C. 团队成员的经验

(4) 你如何看待团队成员间的信任对团队的影响?

A. 信任会提高工作效率

B. 信任会增进团结和沟通

C. 信任会减少误会

(5) 当团队某一成员的行为被其他成员怀疑时,你如何看待?

A. 通过沟通了解真相

B. 应继续相信他们

C. 根据品行来决定是否信任

(6) 管理者应如何看待信任团队成员的作用?

A. 激发团队成员的斗志

B. 让团队成员顺利完成任务

C. 增进双方的感情

(7) 你认为团队成员间如何才能保持充分信任?

A. 建立信息共享机制

B. 定期沟通,消除疑问

C, 遇到疑问及时沟通

(8) 管理者应通过何种途径使团队成员之间相互信任?

A. 用统一目标增强凝聚力

B. 让团队成员间加强沟通

C. 提高团队成员能力和道德水平

(9) 管理者如何才能避免团队瓦解?

A. 让团队成员充分信任

B. 定期协调团队成员利益关系

C. 跟进团队成员需求

(10) 管理者对自己看到的状况和现象应该怎样认识?

A. 自己看到的未必是真实的

B. 自己只看到一部分

C. 眼见为实

评估标准及结果分析

选 A 得 3 分,选 B 得 2 分,选 C 得 1 分。

得 24 分以上,说明你的团队信任能力很强,请继续保持和提升。

得 15~24 分,说明你的团队信任能力一般,请努力提升。

得 15 分以下,说明你的团队信任能力很差,急需提升。

拓展阅读

[1] 陆建军,成杰. 团队精神 [M]. 北京:中华工商联合出版社,2010.

[2] 大卫·萨维奇. 合作式思维 [M]. 信任,译. 北京:中国友谊出版公司,2017.

第九章 打造团队

名人名言

人们塑造组织，而组织成型后就换为组织塑造我们了。
——丘吉尔

一名伟大的球星最突出的能力就是让周围的队友变得更好。
——迈克尔·乔丹

学习要点

- 团队培育的主要因素有哪些？
- 团队制度建设和团队文化建设的方法有哪些？
- 团队目标和团队文化如何制定？
- 团队进行学习和提升的途径有哪些？

导学案例

注重打造团队的星巴克咖啡

星巴克咖啡自1987年西雅图的一家街头小咖啡馆开始，发展到今天遍布全世界34个国家和地区的8 300余家咖啡店，除了它在打造其品牌上的独到策略之外，团队建设便是它维持其品牌质量的至关重要的手段，也是该公司不可替代的竞争力所在。以分店为单位组成团队，星巴克倡导的是平等快乐工作的团队文化（内部）。星巴克对自己的定位是"第三去处"，即家与工作场所之间的栖息之地，让顾客感到放松舒适、满意快乐是公司的愿景之一。与大多数企业不同，星巴克从不强调投资回报，却强调快乐回报。他们的逻辑是：只有顾客开心了，才会成为回头客；只有员工开心了，才能让顾客成为回头客；而当二者都开心了，公司也就成长了，持股者也会开心。

首先，领导者将自己视为普通一员。虽然他们从事计划、安排、管理的工作，但他们并不认为自己与众不同、应该享受特殊的权利、不做普通员工做的工作。比方说该公司的国际部主任，在去国外星巴克巡视的时候，会与店员一起上班，做咖啡，清洗杯碗，打扫店铺，完全没有架子。

其次，每个员工在工作上都有较明确的分工，比如有的专门负责接受顾客的点单、收款，有的主管咖啡的制作，有的专门管理内部库存，等等。但每个人对店里所有工种所要求的技能都受过培训，因此在分工负责的同时，又有很强的不分家的概念。也就是说，当一个咖啡制作员忙不过来的时候，其他人如果自己分管的工作不算太忙，会去主动帮忙，完全没有"莫管他人瓦上霜"的态度。这种既分工又不分家的团队文化当然并不是一蹴而就的，而是有针对性地强化训练的结果。

最后，鼓励合作，奖励合作，培训合作行为。所有在美国星巴克工作的员工，无论你来自哪个国家，在分店开张之前，都要集体到西雅图（星巴克总部）接受三个月的培训。学习研磨制作咖啡的技巧当然用不着三个月，培训大部分的时间主要用于磨合员工，让员工接受并实践平等快乐的团队工作文化。

由于各个国家之间的民族文化差异，有的时候在实施之中会遇到很大的阻碍。比如日本、韩国的文化讲求等级，很难打破等级让大家平等相待。最简单的例子就是彼此之间直呼其名，因为习惯了加上头衔的称呼，不加头衔称呼对方对上下两级都是挑战。为了实践平等的公司文化，同时又尊重当地的民族文化习惯，星巴克想出用给每个员工起一个英文名字的方式来解决这个矛盾。另外，公司还设计了各种各样有趣的小礼品用来及时奖励员工的主动合作行为，让每个人都时时体会到合作是公司文化的核心，是受到公司管理层高度认可和重视的。

第一节 明确团队目标

有这样一则寓言故事，鱼、天鹅和虾三个好朋友想要将一辆装满食物的小车从路上拖走。他们三个都使出了最大的力气，小车却一点儿也没有动。原来，天鹅在往天上拽，虾在向后拖，鱼却在朝前拉。三个好朋友都在努力，但力量没有用到一处、合在一起，目标达成也就无从谈起。

组织的发展壮大需要有明确的发展目标。在这个过程中，每个部门的员工都需要了解具体的工作目标，让团队成员带着各自明确的目标，各司其职来保证总目标的执行与实现。在一个优秀的团队中，领导者要了解每个队员的经验和能力差异，在分配任务时，与队员沟通交流，以了解他们的不同需求，分配目标时，根据这些差异发挥队员的积极作用，赋予队员参与感和归属感，使团队成员能人人参与其中，各尽所长地良好协作。正确引导队员们的工作动机，让大家在对工作目标有着共同认识的基础上，促进队员实现自己的目标，从而最终实现团队的总目标（图9.1）。

图9.1　团队目标

一、团队目标的作用

（一）指明方向

目标的订立为管理者提供了协调集体行动的方向，从而有助于引导组织成员形成统一的行动。所以，有人把目标的这一作用比喻为"北斗星"。

（二）激励作用

目标是一种激励组织成员的力量源泉。只有在员工明确了行动目标后，才能调动其潜在努力，尽力而为，创造最佳成绩。员工也只有在达到了目标后，才会产生成就感和满足感。有学者曾研究了目标对打字员、司机、电脑数据录入员、装卸工人及某些服务人员的激励效果，结果显示，明确的工作目标可使工作绩效提高11%～17%。

（三）凝聚作用

凝聚力可使组织成为一个多成员的联合体。当组织目标充分体现组织成员的共同利益，并与组织成员的个人目标保持和谐一致时，它能够极大地激发组织成员的工作热情、献身精神和创造性。当然，与组织成员的个人目标存在冲突的组织目标则可能削弱组织的凝聚力。这从一个侧面说明，组织目标的制定是管理工作的一项重要内容。

（四）决策标准和考核依据

目标不仅是管理人员制订决策方案的出发点，而且是考核管理决策的制定和执行工作好坏的依据。组织制定了明确的目标，有关人员的思考和行动才有客观的准绳，而不至于凭主观意志做决定，凭主观印象做考核。目标的重要性是不容置疑的，为此，就必须了解关于组织目标的一些重要性质、构成要素及目标制定的基本原则和基本方法。

二、制定目标的原则

核心层成员在制定团队目标时，需要明确本团队目前的实际情况，例如，团队处在哪个发展阶段，是组建阶段、上升阶段，还是稳固阶段？团队成员存在哪些不足，需要什么帮助，斗志如何？等等。制定目标时，要遵循目标的SMART原则：目标必须是具体的（Specific）；目标必须可以衡量的（Measurable）；目标必须是可实现的（Attainable）；

目标必须和其他目标具有相关性（relevant）；目标必须具有截止期限（time-based）。

有人做过一个调查，问团队成员最需要团队领导做什么，70%以上的人回答：希望团队领导指明目标或方向。而问团队领导最需要团队成员做什么，几乎80%的人回答：希望团队成员朝着目标前进。从这里可以看出，目标在团队建设中的重要性，它是团队所有人都非常关心的事情，它运用团队成员的才能和能力，促进组织的发展，使团队成员有一种成就感。因此，团队目标表明了团队存在的理由，能够为团队运行过程中的决策提供参照物，同时能成为判断团队进步的可行标准，而且为团队成员提供一个合作和共担责任的焦点。

三、怎样制定目标

要形成团队共享目标，应从以下几个方面着手：

（一）对团队成员进行摸底

就是向团队成员咨询对团队目标的意见，这非常重要。一方面，可以让团队成员参与进来，使他们觉得这是自己的目标；另一方面，可以获取团队成员对目标的认识，即团队目标能为组织做出的贡献，团队成员在未来应重点关注什么事情，团队成员能够从团队中得到什么，以及团队成员个人的特长是否在团队目标达成过程中得到有效发挥，等等。通过这些途径广泛地获取团队成员对团队目标的相关信息。

（二）对获取的信息进行加工和评估

通过摸底收集到信息后，不要马上就确定团队目标，应就团队成员提出的各种观点进行思考、加工和评估，以避免匆忙决定带来的不利影响。

（三）与团队成员讨论目标表述

与团队成员讨论目标表述，以便获得团队成员对目标的认可。虽然该过程很难，但这一步确是不能省略的。团队领导应运用一定的方法和技巧，比如头脑风暴法，确保成员的所有观点都讲出来，找出不同意见的共同之处，辩识出隐藏在争议背后的合理性建议，最终达成团队目标共享的双赢局面。

（四）确定团队目标

通过摸底和讨论，修改团队目标表述内容，使其能反映团队的目标。虽然很难让百分之百的团队成员都同意目标表述的内容，但求同存异地形成一个成员认可的、可接受的目标是重要的，这样才能获得成员对团队目标的真实认可。

（五）对团队目标进行阶段性分解

确定团队目标以后，尽可能地对团队目标进行阶段性的分解，树立一些过程中的里程碑式的目标，使团队每前进一步都能给组织及成员带来惊喜，从而增强团队成员的成就感，为一步一步完成整体性团队目标奠定坚实的信心和基础。

总之，对团队目标达成共识、建立目标责任是团队取得成功的关键。

过程训练

拟定可考核的目标

某集团拥有20家分公司，分公司独立运营，集中核算。有一位分公司的总经理在接触了目标管理概念后，很受启发，便决定向下属介绍这个概念，看看有什么效果。在会议上，他详细叙述了这种方法的发展情况，列举了在本公司使用这种方法的好处，并且要求下属人员考虑他的建议。

事情并不像他想象的那样简单。在第二次会议上，部门经理们就总经理的提议提出了好几个问题。财务经理要求知道："你是否有集团公司总裁分配给你的明年分公司的目标？"

"我没有。但我一直在等待总裁办公室告诉我，他们期望我们做什么，可他们好像与此事无关一样。"

"那么分公司要做什么呢？"生产经理其实什么都不想做。

"我打算列出我对分公司的期望，关于目标没有什么神秘的，我打算明年的销售额达到5 000万，税后利润率达到8%，投资收益率为15%，一项正在进行的项目6月30日能投产。我以后还会列出一些明确的指标，如今年年底前完成我们的新产品开发工作，保持员工流动率在15%以下……"总经理越说越兴奋！

"下个月，我要求你们每个人把这些目标转换成你们自己部门可考核的目标。我希望你们都能用数字来表达，我希望把你们的数字加起来就实现了公司的目标。"

通过以上案例，讨论如下问题：这位总经理能拟定可考核的目标吗？怎么拟定？这些目标会得到下属的认可和支持吗？他设定目标的方法、时候妥当吗？如果你是总经理，会怎么做？

第二节 建立团队制度

没有规矩不成方圆，没有制度管理就没有约束。在实际的管理当中我们发现，当团队在十个人左右的时候，靠的是管理者的人格魅力，只要有一个有能力、有魅力的领导者，团队就可以发展得风生水起。但是当团队发展到几十个人、上百个人的时候，靠的就是企业的制度化管理，只有制度完善（图9.2），才能更好地约束人的行为、规范人的行为，企业才能管理规范。

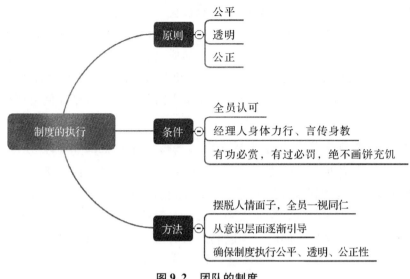

图 9.2　团队的制度

一、制度化管理的作用

制度化管理的作用主要有：

（一）制度化管理有利于企业效率的提升

制度是透明而公开的，在制度化管理下，企业要做到每一件事情都是程序化的、标准化的，这样做有利于员工迅速掌握自己需要的工作技能，有利于员工与员工之间、部门与部门之间、上级与下级之间进行有效的沟通，使企业内部之间的工作失误降到最低。

（二）制度化管理有利于企业运行的规范化和标准化

企业实现制度化管理就是要达到"一切按照制度办事"的目标。当每个人都把这一点牢记于心并贯彻到自己工作中的时候，员工就可以依据共同的制度准则处理各种事情，而不会见风使舵、察言观色，也不会因为人情而左右决策。

（三）制度化管理有利于人才的培养

规范的制度能够体现企业管理的公平、公正。制度化管理不但有利于吸引外部人才，也可以为内部人才提供好的晋升通道，促进人才的成长。

（四）制度化管理降低决策失误率

如果能将企业内部的所有事务都纳入制度化管理中，就可以有效地杜绝企业决策的"一言堂"现象，使企业的决策过程更加程序化、透明化。企业的决策更加科学有据，更能经得起实践的检验和市场的考察，这将大幅度降低决策的失误率。

二、建立团队制度需要注意的问题

在建立团队制度时需要考虑的问题主要有：

（一）各种制度应从企业根本性需求出发，与企业最本质目标相联系

制度文化是企业文化的骨架部分，任何一个企业离开了制度就会成为一盘散沙。但

制度又反映一个企业的基本观念，反映企业对社会、对人的基本态度，因而制度又不是随心所欲、不受任何制约的。制度必须从企业的根本性需求出发，是对企业根本性需求的维护。如事关企业生存的各种问题，包括产品质量、安全、相关方关系等，必须以制度加以明确规范。制度必须体现对人有高度的约束和规范，但又充分地信任人和尊重人，这就要求制度的产生必须立足于需要之上，立足于需要之上的制度即使再严格也是被人乐于接受的。

（二）制度应使各直接参与者的利益得到平衡，并产生互相制约的作用

制度作为公正的体现，不但要求其形式是公正的，更要求其内容是公正的，要使制度约束下各直接参与者的利益得到平衡，体现权利与义务的对称。制度在其形式上是对人的利益的制约。既然是制约，相对人来说就有一定的心理承受限度，决定这种承受限度的是制度的公正、公平性。同时，制度制约下的每一个成员既是受约束者，又是监督者，如果制度的内容是不公正的，就不能得到全员的认可。

（三）制度出台的程序应公正和规范

制度管理如果没有一个公正的出台程序就有可能陷入强权管理范畴。而强权发展到一定程度，往往会产生"指鹿为马"的结果，这就违背了制度创设的初衷。制度文化客观上排斥强权，主观上却又无时无刻不在倚重强权、彰显强权。在当代企业制度建设中渗入强权成分的情况屡见不鲜，试想，朝令夕改、出口成规的情况，在多少企业真正得到了彻底根除？而且管理越不规范，这种情况就越严重，就越与企业文化建设背道而驰。

（四）制度的执行要严格、平等

制度执行的最好效果就是在无歧视原则下产生普遍的认同心理，这也正是制度执行中的难点问题。因为每个人在企业中所处的地位不同，制度的监督执行部门在企业中所处的地位不同，在执行制度时很难做到完全公正和无歧视性，往往会影响制度执行的效果，危及制度的最终目标，这就需要企业高层领导的积极参与和强有力的支持推动，定期组织制度督导、检查，确保制度在不同层面上得到有效落实。制度化管理体现在企业文化建设中的"柔"和"刚"并不是对立的，关键是从制度的制定到执行整个过程是否真正体现出了公正的内涵，是否体现了企业的根本需求，如果达到了这个要求，那么制度化管理就奠定了企业文化的核心内容，成为推动企业发展的强大动力。

过程训练

奇特的规章制度

每个团队都有自己的规章制度，有的规章制度具有很强的可操作性，有的则不然。请同学们凭自己的记忆回忆见过的各种奇特的规章制度。然后小组讨论，那些奇特的规章制度为什么会存在？

第三节　打造团队文化

管理团队最有效的方式就是通过文化的象征和暗示作用，用价值观引导人的行为朝着有利于实现团队目标的方向发展。与现代团队管理制度相比，制度强制人达到标准，文化引导人超越标准。柔性管理理论认为，以强权来达到管理目标的刚性管理是迫不得已的下下策，企业更应该倡导一种文化管理，以员工内在自省、自觉、自律作为内心的激励力，让员工忘记制度的束缚，促使员工超越标准、超越自我。企业文化是制定战略决策的一种重要前提条件，同时，决策方法和程序也要适应企业文化。作为团队管理的一个重要方面，企业文化是使员工接受、认同企业中共同遵守的价值。好的团队文化可以提高管理的艺术性，达到事半功倍的效果。企业文化是决定组织结构是否合理、能否有效运行的一个重要因素，组织变革首先应考虑企业自身文化的变革。

打造团队文化的作用主要有以下几点。

一、导向作用的建设

团队文化集中反映了每个人的共同价值观、理念和共同利益，对每个成员都具有一种强大的感召力，可把员工的思想、行为引导到实现团队目标上来。团队文化是团队在发展过程中所形成的工作方式、思维习惯和行为准则。高效的团队来自统一的团队文化，团队文化一旦形成，便会强烈地支配着团队成员的思想和行为，团队文化是团队的无形资产，也是其他团队难以模仿的核心资源。一个团队能否有意识地建设和传播团队文化，并进行文化改革，从根本上决定着团队的命运和前途。

二、协调作用的建立

协调内部每个人之间的关系，完成工作目标；协调团队和外界的关系，实现"双赢"。团队民主的管理作风、自主的工作环境和富有挑战性的工作，使成员之间相互信任，能够坦诚、开放、平等地沟通与交流，人际关系和谐，身心愉快，参与愿望强烈，工作中充满了热情与活力。团队发展过程中经常碰到困难与挫折，但好的团队能够使团队成员愉悦相处并享受作为团队一员的乐趣，团队里不乏幽默的氛围。团队内部士气高昂，团队成员不畏艰难、不畏挫折，时刻保持旺盛的斗志。

三、凝聚作用的提升

团队文化通过共同的价值观，使个人产生对工作的责任感、自豪感和使命感，从而增强对集体的认同感和归属感。团队精神对团队成员的集体共同意具有一种强化作用，可以推动团队的有效运作和发展，提高组织的整体效能。一个具有团队精神的团队，往往显示出高涨的士气。团队成员对团队具有强烈的归属感、一体感,衷心地把自己的前途与团队的命运联系在一起,愿意为团队的利益与目标尽心尽力。团队成员对团队具有高度的忠诚,决不允许有损害团队利益的事情发生,并且有团队荣誉感。团队成员之间彼此信任,相互协作,信息共享,同舟共济。团队发展出清晰的团队规范,团队精神的价值观深入人心。团队精神的文化与舆论在团队氛围中占有统治地位。

四、激励作用的提升

在一种"人人受重视、个个被尊敬"的团队文化氛围下,个人的贡献就会及时受到肯定、赞赏和奖励,企业宗旨和经营理念是良好的激励标尺。公司的文化氛围能够以无形的、非正式的、非强制性的方式,对团队成员的思想和行为进行约束。关爱员工,留意每个节日与员工的生日。节日庆祝与生日祝福不仅仅是对员工的祝福,还可以调节日常的工作氛围,将关怀一点一滴地送出。同时不要忘了员工的家属,对员工家属的关怀往往更能抓住员工的心,因为在公司的种种表现让员工在家人面前很有成就感,满足了他们的"面子"问题。例如,员工的家庭成员生病,公司可以派代表予以探望;员工的婚姻大事更希望得到全体员工的祝贺,公司不妨把这当作一次聚会的契机;员工的子女升学成功、考取名校,也可以给予适当的奖励;定期邀请员工家属参加公司各类活动;等等。团队在文化氛围上既强调团队精神,又鼓励个人自我完善与发展,杜绝过于强调团队精神而压倒个性的文化倾向,激发个人的积极性、主动性和创造性。

五、良好沟通渠道的建立

有效的沟通可以使团队建设中上情下达、下情上达,促进彼此间了解;可以消除员工内心的紧张和隔阂,使大家心情舒畅,从而形成良好的工作氛围。部门内部的每个成员间必须相互尊重、彼此理解,否则,团队内部都将无法有效沟通,更谈不上对其他部门进行有效沟通。各部门之间也要相互尊重,对其他部门需要配合的工作积极配合。人们只有相互尊重,尊重彼此的技术和能力,尊重彼此的意见和观点,尊重彼此对公司的贡献,团队才能更加友好和谐相处,才能提高工作效率。

高度融合的宜家家居

宜家家居是世界上品牌知名度最高的公司之一,而它所创建的团队文化更是独具特色,为他人称道,也是它成功的关键所在。

该公司的团队以家具的品类来分,一个团队共同负责同一家具部的工作(比如办公家具、厨房用品、地毯部、沙发部)。宜家家居处处折射出一种民族文化:平等、低调、朴实、现代。宜家的低调平民文化不仅反映在其家具的价格上(但质量和风格则可靠、现代),而且表现在其公司上层领导的个人风格上。宜家的创始人从不张扬,而且穿着朴素,生活简单。据说他喝完饮料,一次性使用的塑料杯也舍不得扔掉。

宜家的招牌广告语是:"你不必富有,只需机灵(You don't have to be rich, just smart)。"它创造的团队文化也具有类似特征。为了鼓励团队成员间的高度融合和协作,公司并不给每个员工明确的岗位说明,相反,他们要求团队成员自己商榷讨论决定谁负责什么,该如何运作最为有效,等等,然后如此执行。团队的领导人也没有特殊的头衔,与他人平等,主要起协调沟通的作用,理顺团队并让每个人都能充满乐趣地工作。

一开始员工的离职率很高。但公司认为,这是宜家的核心文化的重要部分,就坚持了下来。在此过程中,当地的应聘者慢慢也熟悉了宜家的文化,认同的人才被聘任,整个运作就变得越来越顺利。因为宜家只是一个家居用品店,每个人的工作内容都不复杂,每个人都能胜任他人的工作,没有人是不可取代的(与微软的团队不同),所以团队的管理关键在于队员之间的互相磨合和默契,在于创造积极向上的、彼此信任和喜欢的团队气氛。

这样在任何人忙不过来的时候,暂时有空闲的人就会主动帮助,让顾客得到良好满意的服务。对团队的整体奖励在团队成员互相认同彼此喜爱的情况下就成了最有效的鼓励合作的手段。将此模式扩大到整个门店,就会产生整个门店即是一个大团队的效果。

宜家专门规定将一年中的某一天用来奖励所有员工,如何做呢?把在那一天售出的家具的全部收入分给每个员工。商店的员工因此对宜家都有强烈的归属感,将自己视为大家庭中的一员(许多店员介绍自己的亲戚朋友来宜家工作),于是就更加努力。这样的正向循环使公司的气氛越来越好。

第四节 提升团队能力

团队能力就是团队在适应客观条件和满足多元化需求的过程中,优化配置团队主客观资源、技巧和知识,以便于更好地实现团队目标的综合能力。其中,配置资源和组织能力是团队能力的重中之重。前者即为企业在适应客观条件和满足多元化需求的过程中,优化和整合团队主客观资源配置,以便更好地实现理想化的目标的能力。后者就是指团队在与竞争对手投入相同的情况下,具有以更高的生产效率或更高质量,将其各种要素投入转化为产品或服务的能力。这与整个组织的愿景文化、规则、组织设计等有非常大的关系。

要提升团队能力,必须具备以下几个条件:

一、具有定期的沟通机制

(一)求同存异

团队要求大同,存小异,只有取人之长,补己之短,才能相互欣赏,相互鼓励,增强自信,彼此增进信任和理解,才能使团队成员心往一处想、劲往一处使,提高团队整体战斗力。由于沟通差异、个体差异、结构差异的客观存在,误解和冲突的发生不可避免。怎样消除误解和冲突是团队的重要任务，沟通则是其最好的渠道。定期的沟通机制，能够使成员之间相互交流思想，交换意见，发表不同观点，可以增进理解，缓释情绪，减轻压力，活跃气氛；在严峻形势和困难面前，客观分析，权衡利弊，使大家心气相通，共同面对，容易达成共识。既有利于团队内部的精诚团结，气氛和谐；又有助于与外部加强联系，消除误会。同时，要认真对待非正式沟通所产生的信息，并加以合理利用和疏导。

（二）高效沟通

在团队工作中，高效的团队需要高效的沟通。沟通的效能越高，员工的满意度也会越高。员工的满意度越高，也会越有益于团队目标的完成。通常在团队中的队员之间的沟通瓶颈不在于语言，而在于精神，也就是思想上的沟通。为了团队的总体目标的实现，团队的领导者、队员之间要进行有效且高效的沟通（图9.3）。高效沟通

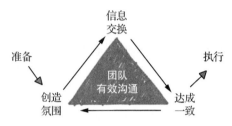

图9.3 有效的团队沟通模式

不仅仅包括语言沟通（书面或口头），还需要非语言沟通（肢体语言、语气语调），以及某些电子媒介的沟通（电视或电子邮件）。同时非语言沟通（语气、语调、身体语言等）很重要，也是有效沟通的一个方面。在团队中进行真正的沟通时，要通过表情、手势、音调甚至某些或大或小的肢体动作，给对方留下印记，使他愿意带着相应的问题，做好充分的准备，主动积极地来共同解决问题。在这个意义上，不能解决问题的沟通也就不是真正意义上的团队的沟通，只是工作之余的闲聊。

过程训练

团队协作达成一致

通过此活动培养学生的团队协作精神和团队凝聚力。

1. 活动程序

（1）将学生分组，每组人数相等，多出来的人作培训师助理或监督员。

（2）为学生每人分发一套8张的卡片（或白纸）。每张卡片上分别写着：美貌、财富、诚信、技能、健康、荣誉、智慧和乐观，请学生从中选择3个他认为最有价值的卡片。选择完之后，将剩余的5张卡片面朝下扣到桌子上。

（3）学生依次举例阐述自己选择的理由。

（4）各组协商，看能否达成一致。迅速达成一致的组得10分，这样的团队为高凝聚力团队；经讨论后达成一致的组得5分，这样的团队为中凝聚力团队；不能达成一致的组得0分，这样的团队为低凝聚力团队。

2. 问题讨论

（1）团队内部可以通过什么样的方式达成一致？

（2）如何才能有效地提高团队的凝聚力？

二、要做好分工与协作

协作与分工是目标的细化,也是责任的分解,是完成目标的基础。分工靠领队的安排,分工必须明确。协作是分工的孪生姊妹,是润滑剂、黏合剂,协作靠成员的相互配合。分工和协作都是方法和手段,分最终是为了合,合则需要分,其最终的目的是完成目标,这也是加强成员责任的基本要求。

(一)分工发挥个人的特长和优势

分工与协作令每个人根据自己的专长去完成相应的工作,这样可以使每个部分的工作都能相对尽善尽美。

(二)协作弥补个人的不足

很多工作是一个人没有办法完成的,即使完成了也不会有很好的效果。《西游记》中虽然唐僧师徒四人每个人都有不足,但最终取经成功,正是分工与协作弥补了这个不足。

(三)分工与协作产生强大的动力

古语说,"近朱者赤,近墨者黑",一个好的氛围对人的影响是巨大的,好的团队氛围可以使每个成员都心甘情愿尽自己最大的努力去完成好工作,工作效率成倍增长。分工时必须明确分工到个人,每个人各自完成后再进行汇总、整理,这样可发挥每个人的特长,让 $1+1>2$,使得整体效能变大、工作效率提升。团队可以充分运用分工与协作原理,让每项工作更好地被完成。

案例一

做一天和尚撞一天钟

有一个小和尚担任撞钟一职,半年下来,觉得无聊之极,做一天和尚撞一天钟而已。有一天,主持宣布调他到后院劈柴挑水,原因是他不能胜任撞钟一职。小和尚很不服气地问:"我撞的钟难道不准时、不响亮?"老主持耐心地告诉他:"你撞的钟虽然很准时、也很响亮,但钟声空泛、疲软,没有感召力。钟声是要唤醒沉迷的众生,因此,撞出的钟声不仅要洪亮,而且要圆润、浑厚、深沉、悠远。"

三、具有完善的学习制度

为使团队生命力长盛不衰,必须不断从内外两个方面汲取营养,学习他人成功的经验,总结失败的教训,吸收新知识、新文化,提高消化、吸收与创新的水平。善于发现团队成员身上的闪光点,使之激发并内化成力量,使团队充满勃勃生机。

(一)团队内部成员培训

团队内部培训是指团队凭借自身力量,通过各种方式、手段对新加入团队的成员进行态度、知识和技能等方面的培训开发,以达到预期目标的过程。团队内部讲授者可以是专设的内部培训师,也可以是具有某些专长的优秀成员。团队内部培训一般有两种形

式：一种是内部讲师根据成员培训需求及内部培训资料对相关成员进行培训；另一种是内部讲师通过参加外部学习相关知识，然后将所学知识转授给团队内部成员。

（二）团队外部讲师培训

团队除组织内部讲师开展成员培训外，还可以聘请外部专业培训师进行专项培训。这样做的好处是可以针对团队的迫切问题量身定做，学习和吸纳外部讲师给团队带来的新思维、新方法。有的团队领导者还"借"外部讲师之口传达自己的敏感理念，会有不一样的效果。

（三）参加外部举行的公开培训

团队可以根据其需求选择好所需参加的培训项目是很关键的，参加外训的目的就是提高参与人今后的工作能力，同时团队也可以为今后内部培训储备主讲人。

四、要有能力卓越的领导者

团队的领导者需要带领团队有效运作。领导者要调动多个个体为了共同的目标去努力，掌握员工的不同需求，并根据队员的差异而尽量满足他们不同的需求。领导者的领导力是在实践过程中不断地培养、发展、加强的，不是一成不变的。

（一）以身作则

团队领导要想用自己的行为带领团队达到目标，就要身先士卒，积极主动地工作，以饱满的精神状态和敬业精神投入工作，以极大的激情和顽强的精神对待工作，以努力认真负责的心态创造性地完成任务。中层管理者在企业中起着承上启下的枢纽作用，扮演着桥梁角色。

（二）尊重和爱护

团队领导与团队成员相处，要做到尊重和平等，要视他们为亲人，不要乱加指责，要耐心听取员工的意见和建议。团队领导要关心团队的所有成员，帮助他们成长，引导他们把工作当事业，激励他们成才，带领他们实现个人目标，从而实现团队目标。团队领导不仅要关心成员的工作，还要关心、了解他们的健康和生活，力所能及地解决他们的困难。

（三）善于沟通

有效的沟通能够解决很多不必要的麻烦，沟通是团队合作的关键，一个高效的团队，需要有效的沟通与默契配合。懂得沟通是团队领导必备的管理精髓，团队领导要置身于团队当中，与员工知心交往，从内心深处、推心置腹地与员工交朋友，这样，员工既会把你当领导，又会拿你做朋友，愿意跟你讲真心话，心甘情愿地跟随你。

（四）勇于担当

担当就是承担责任。作为管理者，承担责任是必备的能力，在工作中，管理者能够承担多大的责任，就意味着能够获得多大的信任。遇到问题不找借口、不推卸责任，要勇敢地承担属于自己的责任。

(五) 乐于奉献

奉献是一种精神、美德，也是人生的最高境界。领导者更要忘我地工作，更应讲奉献，不计个人得失，在名利面前想成员，这样，既培养了自己，又影响了团队。作为团队的带头人，只有自己足够优秀，处处以身作则，才会得到团队成员的尊重和服从，并以他为榜样，向他学习。此时，团队领导的个人魅力和影响力将会产生正能量，团队就会产生极强的凝聚力、战斗力和执行力。

案例二

不断提升团队能力而闻名的公司

以项目小组的形式来开发电脑软件是由微软首创的。微软的产品是电脑软件，专业性很强，需要知识积累和不断创新，并要求不能出错。在这种情况下，公司需要的文化并非一团和气的温暖，而是平等又充满争论的团队文化，在思想的交锋中产生创新的火花，在不同视角的争辩中创造最独特完美的产品，这是合作精神在微软产品项目小组中的体现。

比尔·盖茨从小就是个电脑迷，而且很小就有用电脑知识赚钱的意识。上中学时，他就整天待在电脑前，而且还为学校的一个项目编程赚钱。他对电脑的狂热和痴迷使他只追求知识和真理，而对权威毫无敬畏之心。他在从哈佛辍学去新墨西哥州的一家电脑公司工作时，没有一个人敢与公司的技术老板顶嘴，但只有最年轻的比尔·盖茨敢。他与保罗·艾伦创办微软之后，思想的争论、敢于向他人的思想挑战的风气就被鼓励并发扬光大，他甚至要求向他汇报工作的人及所有项目小组都遵循"敢提不同意见"的原则。项目小组有名的"三足鼎立"结构也就这样建立起来：软件设计员、编程员、测试员，三种人员互相给彼此挑刺，刺挑得越多，最后的产品就可能越完善。而项目小组的成员大家都平等，组长也没有特别的权利，主要担任沟通协调的角色，解决任务冲突、人员冲突、时间冲突，使大家愉快配合，按时将产品完成。

这样独特的团队合作能够实现，与公司的几个重大环节的把握有十分密切的关系。首先是公司文化的创立（如前所述），其次是人员招聘的把关。微软招人的时候用的测试题全是智力和创意测试，已经成为IT行业招聘的经典。

案例思考：

微软公司是怎样提升团队能力的？

拓展阅读

[1] 克莉斯蒂·海吉斯. 不懂激励，你怎么带团队 [M]. 朱晨光，译. 北京：北京联合出版公司，2019.

[2] 骆华. 赢在团队公约：团队制度与执行力建设的23个法则 [M]. 北京：人民邮电出版社，2015.

第十章 团队执行力

名人名言

在未来十年内，我们所要面临的最大挑战就是执行。
——比尔·盖茨

当战略定好后，关键在于执行力，细节决定成败。 ——史玉柱

三流的点子加一流的执行力，永远比一流的点子加三流的执行力更好。
——孙正义

学习要点

- 了解什么是执行力？
- 了解影响执行力的因素？
- 怎样打造高效执行力？
- 怎样学会积极、主动地工作？
- 怎样学会立即行动？

导学案例

阿诺德和布鲁诺的差距

阿诺德和布鲁诺同时受雇于一家店铺，拿着同样的薪水。可一段时间以后，阿诺德青云直上，而布鲁诺仍在原地踏步。布鲁诺到老板那儿发牢骚。老板一边耐心地听着他的抱怨，一边在心里盘算着怎样向他解释清楚他和阿诺德之间的差别。

"布鲁诺，"老板说话了，"你去集市一趟，看看今天早上有什么卖的东西。"布鲁诺从集市上回来向老板汇报说，今早集市上只有一个农民拉了一车土豆在卖。"有多少？"老板问。布鲁诺赶快又跑到集市上，然后回来告诉老板一共有40袋土豆。"价格是多少？"布鲁诺第三次跑到集市上问来了价格。"好吧，"老板对他说，"现在请你坐在椅子上别说话，看看别人怎么说。"

老板把阿诺德叫来，让他也去一趟集市，阿诺德很快就从集市上回来了，向老板汇报说，到现在为止，只有一个农民在卖土豆，一共40袋，价格是多少；土豆质量很不错，他带回来一个让老板看看。这个农民一个钟头以后还会带来几箱西红柿，据他看价格非常公道。昨天他们铺子的西红柿卖得很快，库存已经不多了。他想这么便宜的西红柿老板肯定会要进一些的，所以他不仅带回了一个西红柿样品，而且把那个农民也带来了，他现在正在外面等回话呢。

此时，老板转向布鲁诺说："现在你知道为什么阿诺德的薪水比你高了吧？"

案例思考：

生活中我们是否有较好的执行力呢？

第一节 执行力概述

一、什么是执行力

所谓执行力，是指贯彻战略意图，完成预定目标的操作能力，是把组织战略、规划转化成效益、成果的关键。执行力包含完成任务的意愿、能力、程度。对个人来说，执行力就是办事能力，即能不能按时按质量完成自己的工作任务。对团队来说，执行力就是战斗力，即在预定的时间内完成团队的战略目标。通俗地说，就是用尽一切方法按时并保证质量，完成自身工作和职责。

二、执行力的作用

理想能否成为现实，关键看执行。以最快的速度迈开第一步，让理想之花从幻想的梦境中走出来，用自己勤奋的汗水浇灌这朵美丽的花，让它盛放。不要怕执行中的错误，"失败是成功之母"，只要去做了，失败了也不怕，因为成功正从不远处向你走来。执行力就是完成目标任务的实际程度。执行力＝执行能力×变现系数，其中变现系数就是在执行任务中的个人因素（包括品德、能力、意愿等）。

企业要加快发展，要走在行业的前端，除了要有好的决策、好的发展战略、好的管理体系外，更重要的是团队要有执行力，保证决策被严格无误地执行。好的执行力能够弥补决策方案的不足；否则，再好的决策方案，也会死在不良的执行过程中。从这个意义上说，执行力是企业成败的关键。任何事情只要去做就会有结果，不做就不会有结果。想成就一番事业，必须要经过大磨难，但只要一点一点地做，认真规划执行好每一步，一定有希望登上胜利的彼岸。没有任何借口，这是执行力的表现，它是一种很重要的思想，体现了一个员工对自己的职责和使命的态度。思想影响态度，态度影响行动，一个不找任何借口的员工，肯定是一个执行力很强的员工。因此，工作就是不找任何借口地去执行。

任何成绩都是实打实地干出来的。实干是成就事业的基础，脱离了实干的策划只是镜花水月的美景罢了。脚踏实地取得的结果，就算没有理念设想的好，也是实实在在的，能为企业带来业绩，能让别人看得见。

三、执行力的类型

人人都在讲求执行力，因为没有执行力，一切美好的设想和决策都将落空。但是，追求执行力不是一句简单的呼喊，更不是一厢情愿的事情，也绝不是把执行力打成一个包去做单纯地强调。要提升执行力，关键是要对执行的主体，也就是执行者加以甄别和分析，然后一把钥匙开一把锁，因人而异。只有这样，才能有效地提升执行力。

执行力是一个有机整体，一方面是"执行"，另一方面是"力"，执行且有力才叫作"执行力"。平心而论，作为执行者，在执行层面上一般是可以做到的，但是执行了是否有执行力，那是有很大区别的。一般来说，执行者在执行力度上，可以大致分为五种类型：

（一）执行力最佳

这种类型的人在执行的时候往往具有四个特点：一是深刻理解执行的意义和重要性；二是懂得执行之后所能产生的价值；三是知道自己执行力的高和低与全局和整体的利害关系；四是坚持并养成每一次执行都力求最佳的习惯，在执行中往往具有"善之又善"的创造性。这种类型的执行者是企业中最为看重而且也是苦苦追求的，当然也是最为缺乏的。

（二）执行力良好

这种类型的人在执行的时候往往具有三个特点：一是懂得理解执行力的重要性；二是懂得做好该做的事情，有把事情做好的积极愿望；三是具备执行的能力，并且追求执行的结果和效果。此类执行者也是企业理想的"我所欲者"。

（三）执行力一般

此类执行者具有两个特点：一是谨小慎微，出于私利的自尊，怕被领导批评，惧怕公司制度的无情和领导者的权威，怕惩罚，因此不得不被动执行；二是在执行中往往表现出机械、僵化、死板、教条，不知变通和灵活，且不对执行结果的好坏负责。

（四）执行力较差

此类执行者差就差在：一是不懂什么是执行力，更不懂为什么要有执行力；二是在执行中凭想当然、靠自我意识、迷信惯例；三是在执行中常常光说不练，即使执行了也是摆摆样子、走走过场，只要领导看得见"我在执行"就行，如果领导不满意，就拿出两个盾牌来抵挡，一个是示弱，虚情假意地接受批评，另一个是示强，极尽诡辩之能事，强调客观理由，搞得领导无话可说。

（五）执行力很差

此种类型的人基本上靠"应付、对付、凑付"过日子，甘居弱者，不思进取，滥竽充数,最大的本事就是借公司管理不善、督导不力、考核不到位混日子。

企业既然存在这五种类型的员工,那么,讲求执行力就不能用"打包的方式"仅仅限于强调和要求,而要在"力"字上花力气、下功夫,要一把钥匙开一把锁,因人而异,做好有针对性的工作。

四、团队成员需要的执行力

(一)服从力

服从力就是服从上司、组织全局的能力。服从是第一执行力,是高效执行力的重要保障,服从是一种美德,是每一个员工必须具备的最基本素质。领导和上司赏识的也正是具备这种素质的员工。把任务交给这样的员工,既放心,又省心。只有学会了服从,你才能成为一个优秀的执行者,才能为企业的发展和壮大做出自己的贡献。

(二)计划力

计划力就是工作的安排能力,许多人也会做出完美的计划,但真正执行的时候,总会因为某些内在因素或外在因素使得计划被抛到脑后,而去做那些计划之外的事,最后计划没能完成,日积月累,事情堆积如山,因此,好的计划加上强大的执行力,才能事半功倍。

案例一

没有实现的旅行计划

有一个美国人一直想到中国旅游,于是制订了一个旅行计划。他花了几个月阅读搜集来的资料——中国的艺术、历史、哲学、文化。他研究了中国各地地图,订了飞机票,并制定了一个详细的日程表。他标出要去观光的每一个地点,每个小时去哪里都定好了。他的一个朋友知道他翘首以待这次旅游,在他预定回国的日子之后几天,这个朋友到他家做客,问他:"中国怎么样?"这人答道:"我猜想中国是不错的,可我没去。"他的朋友大感不解:"什么!你花了那么多时间做准备,却没有去,出什么事啦?"他回答道:"我喜欢制订旅行计划,但我不愿去飞机场,所以待在家没去。"

行动是实现目标的唯一途径。如果你不采取任何行动,即使成功的果实就在你眼前,你也踩不到。英国前首相本杰明·狄斯累利曾指出,虽然行动不一定能带来令人满意的结果,但不采取行动绝无满意的结果可言。做了,你就有可能成功;不做,你永远不可能成功。

(三)配置力

配置力就是对员工人力资源、时间和财力等资源的配置能力。人力资源管理要做到人尽其才,才尽其用,人事相宜,最大限度地发挥人力资源的作用。但是,对于如何实现科学合理的配置,这是人力资源管理长期以来亟待解决的一个重要问题。怎样才能对企业人力资源进行有效合理的配置呢?必须遵循以下原则:

1. 能级对应原则

合理的人力资源配置应使人力资源的整体功能强化，使人的能力与岗位要求相对应。企业岗位有层次和种类之分，它们占据着不同的位置，处于不同的能级水平，每个人也都具有不同的水平和能力，在纵向上处于不同的能级位置。岗位人员的配置，应做到能级对应，也就是说，每一个人具有的能级水平与所处层次和岗位的能级要求相对应。

2. 优势定位原则

人的发展受先天素质的影响，更受后天实践的制约。后天形成的能力不仅与本人的努力程度有关，也与实践的环境有关，因此，人的能力发展是不平衡的，其个性也是多样化的。每个人都有自己的长处和短处，有其总体的能级水准，同时也有自己的专业特长及工作爱好。优势定位内容有两个方面：一是指人自身应根据自己的优势和岗位的要求，选择最有利发挥自己优势的岗位；二是指管理者也应据此将人安置到最有利发挥其优势的岗位上。

3. 动态条件原则

动态条件原则是指当人员或岗位要求发生变化的时候，要适时地对人员配备进行调整，以保证始终使合适的人工作在合适的岗位上。岗位或岗位要求是不断变化的，人也是在不断变化的，人对岗位的适应也有一个实践与认识的过程，由于种种原因，使得能力与岗级不对应，用非所长等情形时常发生。因此，如果一次定位就定终身，既会影响工作的开展，又不利于个人的成长。能力与岗级对应，优势定位，只有在不断调整的动态过程中才能实现。

4. 内部为主原则

一般来说，企业在使用人才特别是高级人才时，总觉得人才不够，抱怨本单位人才不足。其实，每个单位都有自己的人才，问题是"千里马常有"，而"伯乐不常有"。因此，要在企业内部建立起人才资源的开发机制，运用好人才的激励机制。

（四）行动力

行动力即坚决执行、马上行动的能力。行动力强的人策划战略意图，具备超强的自制力，同时能够去突破自己，实现自己想做而不敢去做的，或者对认为自己能力不足的事儿，也制订计划，下定决心，一定要去实现。

案例二

猫和老鼠

从前，有一只黑猫，它每天都能捉10多只老鼠，让老鼠们吃尽了苦头。于是，老鼠们召开研讨会，共商对付黑猫的办法。有的建议加紧研制毒药，有的说干脆一起扑上去把黑猫咬死。最后老奸巨猾的鼠王提出了一个与众不同的想法："老鼠杀猫是不可能的。如果不能杀死它，就应该设法躲避它。咱们推选出一名勇士，偷偷地在猫脖子上挂个铃铛，这样一来，只要猫一行动就会有响声，大家就可以事先躲起来。"老鼠们公认这是个很好的想法。但怎样执行呢？高额奖金、颁发荣誉证书等办法一个又一个地提出来，但是讨论来讨论去，老鼠们也没有找到一个敢于执行这一决策的勇士。

这个故事告诉我们：有好的想法却不能执行，那只是空想。同样，对于企业来说，管理者有了决策，但因脱离了实际，无法执行，最终也无惧于事。因此，在使员工执行决策之前，管理者首先要根据本企业的实际作出科学决策，保证计划切实可行。科学合理的战略部署是执行的前提，战略如果脱离实际，就根本谈不上执行。

案例三

吴王与孙武练兵

孙武是春秋时期非常有名的军事指挥家，他来到吴国之后，吴王把他当作座上宾款待。有一天，吴王对孙武说："孙武啊，都说你的军事理论很强，我想知道你能不能带兵打仗？"孙武回答道"你给我兵，我就能带。你给我一支军队，我一定能训练成非常优秀的军队。""无论什么人，你都能把他们训练成一支军队吗？"吴王又问，孙武说："没问题。"于是吴王指着自己的宫女说："你能把我这群宫女训练成军队吗？"孙武说："你只要给我权利，我就能把这些宫女全部训练成军人。""好，我给你权利，限时三个时辰。"吴王说。

于是，孙武和吴王的宫女们都站在了训练场上。这些宫女从来没接受过军事训练，只是觉得这件事很有趣，大家你推我我推你闹作一团。吴王看着情景，也觉得新鲜好玩，就把他最宠爱的两个妃子也叫了过来，并让她们担任两队宫女的队长。

孙武开始练兵，他大声说道："大家停止喧哗，马上列队站好，左边一队，右边一队。"但是没人听他的话，宫女和妃子还是在原地嬉笑打闹。孙武也不着急，他大声说："这是我第一次说，大家没听明白，这是我的问题。"

然后孙武第二次要求"女兵"们列队。这些"女兵"们依然没什么反应，玩笑依旧。这时孙武又说话了："我第一次讲话大家没听明白，那是我的错。第二次还没听明白，可能还是我的错。下面我开始说第三遍，大家列队，左队站左边，右队站右边。"

第三次说话结束了，还是没人按照口令行事。孙武沉下脸来严肃地说："第一次大家没听明白，是我的错误。第二次大家也没听明白，还是我的错。但是第三次没听明白就是你们的问题。来人，把那两个队长带到一边去，立刻斩首。"马上有士兵上来把那两个妃子抓了起来。这时，吴王赶紧对孙武说："不能这样！我只是说着玩的，千万别动真的。"孙武说："你是不是给我权利了？现在军权在我手中，立刻斩首。"士兵咔咔两刀把两个妃子砍了。见到这种阵势，众宫女马上肃然而立，没用三个时辰，两个队列就成形了。

过程训练

测试你的执行力

下面是有执行力的人具备的几个特点，看看你能打多少分？

（1）自动自发。（20分）

(2) 注意细节。(10分)

(3) 为人诚信、负责。(10分)

(4) 善于分析、判断和应变。(10分)

(5) 乐于学习、求知。(10分)

(6) 具有创意。(10分)

(7) 韧性——对工作投入。(10分)

(8) 人际关系（团队精神）良好。(10分)

(9) 求胜欲望强烈。(10分)

执行力评价：

总分超过90分，执行力很强；

总分为80~90分，执行力较强；

总分为70~80分，执行力一般；

总分为60~70分，执行力较弱；

总分为60分以下，执行力很弱。

请你选择出3个你认为自己最弱的方面，然后试图提升它。

第二节 团队执行力

一、什么是团队执行力

所谓团队执行力，是指将战略与决策转化为实施结果的能力，就是当上级下达指令或要求后，迅速做出反应将其贯彻或者执行下去的能力。

二、团队执行力的重要性

（一）没有执行力就没有核心竞争力

企业的很多问题都是由执行力问题造成的。很多企业不是没有制度，也不是没有战略和人才，而是不能坚定、彻底地执行。

（二）提升执行力是构建企业核心竞争力的重要途径

企业的成功30%靠战略，20%靠机遇，50%靠执行力。企业的战略、战术可以被对手跟进和模仿，但执行力则是企业实实在在的运作过程，它是无法模仿的。

（三）团队执行力关系到企业的生死存亡

企业关注的焦点：一是决策，如何实现决策的科学与正确；二是执行，如何高效地完成决策目标；三是评估，如何客观准确地衡量个人与部门的绩效。

案例一

海尔的"擦桌子"理论

海尔总裁张瑞敏先生曾举过一个很生动的例子:如果让一个人每天擦桌子六次,那么他在第一天可能擦六遍,第二天可能擦六遍,但是到了第三天,可能就会擦五次、四次、三次,到后来,就不了了之了。

管理人员要求擦六遍桌子,我们中国员工首先就会想,为什么要擦六遍桌子,擦桌子只要达到干净的目的就行了,在这样的思想指导下,就会逐渐减少擦桌子的次数,如果很长时间没有检查,甚至就不再擦桌子了。很多人会认为,擦桌子只是小事情,还有很多比擦桌子更重要的事情等着自己去做。

一个单位,不可能把所有的一遍或者两遍就可以做好的事情都要求重复去做,就如同军训队列,上战场不会排着队让敌人扫射,但是平时的队列训练,可以起到严格部队作风的作用。这就是要锻炼员工的执行力,培养一令既出、坚决执行的企业作风。

擦六遍桌子,与其说是企业精神,还不如叫作企业作风训练更为贴切。假设擦一遍桌子20~30秒,擦六遍桌子就需要2~3分钟,那么,擦六遍桌子的时间和人力成本对企业来说可以承受的。但是,任何一个管理者不会让员工每天把窗户玻璃擦六遍,把地面拖六遍,因为这样的人力和时间成本是任何企业都承担不了的。

对于大多数中国企业来说,要做到员工每天都要擦六遍桌子,恐怕也是不大现实的。因为即使刚开始员工做得很好,长时间以后,管理人员会因为忙,检查和监督也不会坚持下去,然后,就会像张瑞敏先生说的那样,最后不了了之。

如果从训练员工的角度出发,可以要求员工在一定期限内每天不折不扣地擦六遍桌子,然后逐渐减少,最后的要求就是桌子每天擦拭,只要保持整洁就行。这样,经过一段时间的训练之后,员工就会养成爱清洁的习惯,不用管理者要求,自己也会要求保持这个桌子干净。员工长此以往坚持下去,结果不光桌子保持干净,而且会使员工在工作中的执行力大大增强,做事干净、利落,讲求办事效率。最后,桌子干净与否就会体现一个人的品质,员工会把这种作风体现在产品上,使产品整洁、漂亮,提高产品的档次。

目前,我们推行的"5S"管理,就是像擦桌子一样,简单、易行而有效。我们只要每天拿出5~10分钟的时间进行"5S",就会使我们的现场保持整洁、有序。当然,要做好每天都要擦拭桌子这样的小事也并不容易,"5S"管理考验的是我们的细心、耐心与恒心,塑造的是我们的性格细节与人格魅力。在以后的工作中,如何进一步提高素养,达到一种自觉"5S"的状态,把执行力转化为生产力,更是我们需要深入研究的问题。

三、影响团队执行力的因素

(一)职业观念有偏差,习惯利益

员工与企业有一种关系叫作职业动机,职业动机是直接引起、推动并维持人的职业活动以实现一定职业目标的心理过程,产生于对个体工资、福利待遇、工作环境、安全

条件等物质方面的需要；产生于个体成就感、荣誉感、事业心、人际交往等精神方面的需要。职业动机不正确，会导致对职业观念产生一定的偏差，进而影响团队执行力。

（二）组织观念较欠缺，我行我素

有些员工没有大局观念，组织纪律比较差，工作期间我行我素，虽然能够按时保质保量完成工作，但是其组织纪律差对整个团队的负面影响是非常大的。

（三）责任性不够，习惯找借口

有些员工缺乏主人翁的精神，对待工作不够严谨，不能认真负责地完成团队的任务，缺乏团队精神和创造精神，经常为自己的失败找借口，不能够严格地要求自己，不能够全身心地投入工作中去。

（四）工作习惯不良，习惯拖延

所有不良习惯中，拖延是最致命的一种，因为它让效率变为零。执行力坚决主张：行动第一，想法第二；速度第一，完美第二；结果第一，过程第二。要把本职工作做好，就得培养主动工作的习惯，培养积极的态度。这是很多成功者之所以取得成就的最重要秘诀。积极的态度将激励你拥有巨大的勇气去面对工作中的困难和艰辛，它将为你提供面对各种挫折和失败的勇气。

所谓积极态度，即偏向于创造性活动而不是枯燥乏味的工作；偏向于欢乐而不是悲伤；偏向于希望而不是绝望。一个持有消极态度的人，一个总是抱怨自己不幸的人，一个总是担心自己错过末班车的人，一个总认为自己的投资时机错误的人，最容易朝着失败方向前进。改变态度也是有办法的，如运用翻面技巧，发挥积极因素，隔离消极因素，简化处理原则，分享积极态度，建立自信心态，坚持体育锻炼，清楚自己的使命。

要积极主动地工作。团队需要的人才不仅要具有专业技术知识，更需要那些工作积极主动、热情自信的人。一个合格的职业人不应是被动地等待上司安排工作，而是应该主动去思考岗位需要自己做什么，然后努力地去完成。主动的行为才能养成主动的习惯。行为的日积月累，让人形成了思维和行为的模式。工作同样也是一种习惯。主动做事就是一种习惯，而且是非常优秀的习惯。

（五）沟通不到位，不能正确领会上级的意图

在团队中，沟通不到位的原因主要有：

1. 以自我为中心

思维是沟通的基础，任何一个有目的的沟通都始于自我，有效沟通是一种动态的双向行为，而双向的沟通应得到充分的反馈，只有沟通的主体、客体双方都充分表达了对某一问题的看法，才具备有效沟通的意义。

2. 表达不清

思维混乱也不能带来有效的沟通，如果一个人连自己想什么都不明白，又怎么能够清楚地表达给别人呢？然而，明确的观念也并不会自动地保证有效沟通，或许自己很清楚自己想要说什么，但是很可能一张口就词不达意，表述混乱。

3. 沟通缺乏真诚之心

在沟通过程中缺乏一颗真诚之心，经常顾左右而言他，也会导致沟通不顺利。

案例二

忙碌的农夫

农夫早晨起来，告诉妻子说要去耕田，当他走到田地时，却发现耕耘机没有油了，原本打算立刻要去加油的，突然想到家里的三四只猪还没有喂，于是又回家去，经过仓库时，望见旁边有几条马铃薯田，他想起马铃薯可能正在发芽，于是又走到马铃薯田去，路途中经过木材堆，又记起家中需要一些柴火，正当要去取柴的时候，看见了一只生病的鸡躺在地上……很显然，最后他什么事也没有做好，回到家被妻子责备了一番。

在执行工作的过程中，难免会遇到一些这样的麻烦，或者那样的突然增加的事务，让我们在时间紧张的工作中乱作一团，最后的结果是什么事情都做了一点，但没什么事情是合格完成的。我们在纷繁杂乱的事务中，要对任务进行适当的规划，并合理安排好工作的步骤，以达到事半功倍的效果。

过程训练

学会管理时间、提升自身执行力

请同学们拿出纸笔，制作一个本周末时间表，本表应涵盖一整天的活动，时间表要将时间分解成块，清楚地指出每一个小时要干什么，并能呈现一定的顺序，然后将它放到平时看得见的地方或者拍照留存在手机内，周末强迫自己尽量按照计划去做事，每做好一件事将它记录下来，长期坚持一定的时间后，看看自身是否有变化。

第三节 提高团队执行力

团队建设是职场上永恒的话题。要提高团队的执行力，离不开以下几种方法。

一、明确团队的奋斗目标

团队目标要明确，不能任凭团队领导的主观臆想，不能脱离实际情况。超宏大的目标，不会激励团队成员，只会让团队成员没有信心，丧失斗志。一些团队的内部，往往存在分工混乱、职责和权利不够明确，导致部门的岗位人员对自己的任务与目标没有统一的认识，因此，工作中经常出现互相推卸责任的现象，使团队执行力落实不到位，工作效率降低，造成了一定的损失。团队内部如果没有一定的奋斗目标，没有长远的战略布局，就会导致团队缺乏凝聚力，没有前进的动力，团队内部的沟通与协调就会出现问题，最终也会导致团队的发展与企业整体的目标背道而驰。

案例一

白龙马和驴的故事

话说白龙马当年和驴子是一个农舍里的。兄弟俩每天农耕拉磨,农夫给的待遇也相当的丰盛,只要每天把地耕完,再拉几圈磨,就会得到很好的草料,然后美美地晚上睡上一觉,迎接第二天的曙光,然后是一样的耕地、拉磨、吃草料、睡觉……

忽然有一天,观音菩萨在半空出现,她说要驴马兄弟中的一个驮着唐三藏去西天取经,报酬相当丰厚,可以有机会成佛或者封为天神,当然,过程是艰苦的,需要走十万八千里路,还要经历九九八十一难,路上还随时有可能被妖魔鬼怪吃掉,而且需要走上十几年的时间……驴子一听坚决不参加,他说现在只要好好地耕地农作拉几圈磨,就会得到很好的草料,再美美地睡上一觉,所以他坚决不参加这次旅行;白龙马听过之后,决定愿意驮着唐三藏上路,他想看看外面的世界。

于是他们上路了。真的走了十万八千里路,经历了九九八十一难,甚至有几次险些被妖魔鬼怪吃掉而丧命,终于经历了十四年的时间完成了取经的任务。取得真经后,白龙被封为天神,能腾云驾雾。

这个时候他忽然想起了当年的老兄弟——驴子,于是他想飞到工作过的农舍,看看自己的老朋友。当他再次回到农舍的时候,他看到的是这样的场面,驴子已经老得动不了了,也干不动活了,躺在那里正等着被农夫杀掉吃肉。他看到神采奕奕的白龙马,开始不停地抱怨生不逢时,命运不济。

这时白龙马说了一句话,也是这个故事最重要的一句话,他说:"其实这十几年的时间,我和你是一样的,我们晚上一样的休息,我白天在驮着唐僧走路,你白天驮着锄头也在走路,唯一不一样的,是我一直向着一个有经的地方在走,而你这十几年的时间只是在围着一个磨盘原地打转而已。"

案例思考:

不安于现状是成功的开始,但不是终结,要向有经验的人学习成功的经验。晚上睡前千条路,早上醒来走原路,这是大部分人一生的写照。方法不对努力白费,要找到可以改变的方法,才是智者。一个人的生活质量取决于他遇到过什么样的人,学习过什么样的课程,读过什么样的书!

二、提升领导者的执行力

作为企业的领导者,必须明白执行力对于企业的重要性,而且策略原本就是为执行而拟定出来的。在执行的过程中,一切都会变得明确起来。面对激烈的市场竞争,以执行为导向的公司,其实施能力一定优于同行业其他公司,也会比其他公司更优秀、更出色。另外,领导者需要一手抓策略,一手抓执行力。

虽有一流的创意和战略,但缺少一流的执行,创意和战略得不到落实,企业也很难发展。但如果有一流的执行,即便创意和战略差了点,还可以通过执行弥补,企业也就充满希望。执行力永远是企业成功的终极保障。无论是多好的创意还是多美的想法,不执行都只能是镜花水月。只有执行了,才能将创意和想法变成现实。如果在执行过程中,发现创意不好,也不乏改正的机会。

让最优秀的人站在领先的位置,让其成为别人追赶的目标,通过目标导向作用,激发团队的正能量。团队领导应身先士卒,发挥表率作用。

团队领导要根据团队成员的特点,科学合理地分派工作任务,安排合适的人去做合适的事情,通过正确合理的授权,发挥每位团队成员的特长,增强团队的战斗力。

三、重视培养下属的执行力

(一)杀死成功的拦路虎——"拖延症"

执行力的死敌是"拖延症"。现在有很多人患上了"拖延症",明明应该立即去做的事情,却找各种借口拖延,非要等到拖无可拖时,才硬着头皮匆匆上阵。这样做的结果是,不仅事情做不好,还浪费了宝贵的时间。因此,在建设团队的过程中,培养下属的执行力是极为重要的一环。

(二)团队必须"言必信,行必果"

不要让理想停留在幻想阶段,不要让创意永远只是心中的梦想。现在就去做,立刻开始行动,马上迈出第一步。不要怕失败,"失败是成功之母",只要做了,失败并不可怕,因为成功总是藏在失败的后面,随时准备让你惊喜。

四、营造团队执行力文化

(一)团队达成共识,有共同目标

没有团队目标,再小的压力也会击垮团队。团队共识是指团队成员对团队的目标、价值观、制度和行为等方面形成了高度一致的认可和赞同。为什么虎豹同道、鹰蛇同行,正是因为有了高度的认同,才有了合力捕食的默契。只有具有共识,才能共处、共行。宣讲、谈话、辩论、公约、奖惩这些都是建设团队行之有效的方式。

(二)在团队中寻求自我发展与管理

良好的团队环境能够促进个人的发展,个人在团队中参与各项活动,成员间相互坦诚,能够引导成员走向深度对话,创造互相尊重、互相支持的和谐气氛,整合团队成员的力量,逐渐形成强大的团队合力,引导成员深度思考和对话,这将促进成员间知识、技能、性格、气质的互补。同时,在交流的过程中衍生出新的智慧,不仅有益于团队目标的达成,更能促进成员突破个人思维的局限。在团队框架内个人寻求自我发展与管理,不断自我激励、自我超越,实现新的自我价值,增强自己的责任感和使命感,在工作中不断地感受生命的涌动和成长。

(三)在团队中寻找适合自己的定位

团队成员在寻求自我发展和管理的过程中,也对自己在团队中的定位有了逐渐清晰

系统的思考。在团队中给自己的定位无论是过高、过低还是错位，都不利于成员自身的发展和团队目标的实现。

那我们又该如何摆正自己的错误定位，认清自己在团队中的正确定位呢？

1. **要认清理想和现实的差距**

在团队活动中，要客观认识自己的实际工作能力。对自己的实际工作能力做出精准的评估，判断自己的职业倾向与目标岗位的特征是否相符，找出能让自己最大化发挥价值的岗位，才能最大程度地扮演自己在团队中的角色。

2. **要学会用他人的工作业绩来检验自己**

当你的工作业绩和你选择的目标差距过大的时候，你就要考虑自己是否能胜任这个团队角色了；同样地，当你对自己的工作信心不足时，不如静下心来观摩一下"榜样"是怎么工作的，认真地学习他的工作方法，在工作的实践中不断地提升自己，通过"追赶他人"度过这段定位过低的"时差阶段"。

3. **要认清自己的权利和义务**

团队工作是一个集体工作，在团队中的每一个人都有属于自己的权利和义务。用自己拥有的权利去更高效地完成工作，在团队配合中尽到自己的工作义务，这是避免角色错位的好办法。当你发现自己的权利和义务和你实际付出的努力不相符合的时候，要对自己进行准确的自我反思和校正，摆正角色。

五、及时激励优秀的人才

激发与鼓励，具体地讲，就是激发人的工作动机，挖掘人的身心潜能，鼓励人的工作干劲。所谓刀不磨不利，人不激不奋。对表现优秀的应给予及时的肯定，通过表扬评价和奖励，向员工传递积极信息，激发队员的内在动力，提高员工主动工作的热情，发挥其主动性、积极性、创造性，让其释放更强的能量。可采取适当的方式提高员工干劲，为员工创造良好的工作环境，做到赏罚分明，结合绩效考核结果，制定适当的激励措施。有些团队内部考核制度形同虚设，不能落实到位，导致团队成员不能够很好地完成本职工作，员工随意性很大，平时无所适从、得过且过。团队内部肯定会存在一定不公平的现象，主要体现在薪资待遇及薪酬设计不合理，若工作完成的结果不是决定薪资待遇的关键点，久而久之，员工就会消极怠工，对工作没有了积极主动性，缺少热情，导致团队工作效率下降，对于企业长远发展是十分不利的。

案例二

主动执行

安德鲁·卡内基在一家铁道公司管理部担任小职员，一天早晨，他突然收到一封电报，电报上说，有一列货车在城外被堵了三个小时。

但是，按规定除铁道公司老板外，任何人在任何情况下都不能对列车下达调度命令，若违反规定立即革职。然而当时老板外出未归，打电话又联络不上，怎么办？安德鲁·

卡内基知道多耽误一分钟,将给铁道公司造成巨额的损失。在无计可施的情况下,他仔细分析了原因后,就提起笔来,拟好电文,以老板的名义,发电报给列车长,指示他迅速处理,并且在电报上签了字。他知道根据公司严格的规定,这么做等于是自动辞职。

老板外出返回后,发现了安德鲁·卡内基的辞呈,并了解了事件的详细情形。第二天,安德鲁·卡内基的辞呈被退了回来,上面用红笔批了几个大字:辞职不准。接着,老板把安德鲁·卡内基叫到办公室说:"小伙子,有两种人永远只能在原地踏步。第一种人不肯听命行事;另外一种人只肯听命行事。"这件事情让老板发现了安德鲁·卡内基的胆识与魄力。

很显然,一个人的执行力不仅表现在听命行事上,还应在执行中有一定的开创性和主动性。

拓展阅读

[1] 倪云华. 团队执行力36法则[M]. 北京:中国纺织出版社有限公司,2020.
[2] 孟志强. 执行就是要结果[M]. 北京:中华工商联合出版社,2020.

第十一章 团队合作与竞争

名人名言

我们知道个人是微弱的，但是我们也知道整体就是力量。

——马克思

高尚的竞争是一切卓越才能的源泉。

——休　谟

学习要点

- 竞争与合作的含义是什么？
- 怎样在合作中竞争？
- 合作与竞争的关系是怎样的？
- 如何培养团队中合作与竞争的能力及意识？

导学案例

五个手指的故事

从前，有一位长者听到五个手指在议论。

大拇指说："我最粗，干什么事都离不开我。别的四个手指都没用。"

食指说："大拇指太粗，中指太长，无名指太细，小拇指太短，他们都不行。"

中指说："我的个子最高，只要我一个人就能做很多事。"

无名指说："真讨厌，大家都不给我一个名字，我真不愿意和他们在一起。"

小拇指说："他们长得那么长、那么粗，有什么用？我是小而灵，我的作用最大。"

长者听了他们的对话，语重心长地对他们说："你们都说自己最有用，那么我就请你们来比一比，看看到底谁的作用大。"于是这位长者拿出两只碗，其中一只碗里面放了一些小豆子，要求五只手指分别把这些小豆子拿到另一只碗里。结果可想而知，没有一只手指能完成这件事。

案例思考:

五根手指相互配合,就能握起拳头;大家团结友爱,就能获得最大的成功。这五根手指就像在生活中遇到困难的我们,只有懂得团结合作,才能更好地把遇到的事情完成。

第一节　团队合作

合作,指不同的个体为了共同的目标,协同活动,促使某种既有利于自己又有利于他人的结果得以实现的行为或意向。

团队的良性发展需要一定的科学管理,与个体的力量相比,团队的管理更需要团队内部成员的相互合作。与此同时,竞争关系会伴随着合作关系应运而生,而寻找团队中合作与竞争的平衡点则成了一个值得关注的问题。只有既竞争又合作,才能突破孤军奋战的局限,实现双赢或多赢。

一、团队合作的条件

要实现团队合作,重点要做好以下几点:

(一)责任为重

在团队合作中,只有每个个体拥有强烈的责任感,才能够想方设法地去为团队服务,做好自己的本职工作。同时,责任感也是信任度,有责任感的团队值得被大家信任,而有责任感的个体也会让组织更加信任他,把重任交给他。所以,培养自身及其团队合作中的责任感是十分重要的。有责任感的青少年,一定要学会加强自身修养,坚持正确的政治方向,自觉实践全心全意为人民服务的宗旨与理念。

(二)学会交流

在团队合作中,交流十分重要,而交流建立在复杂的人际关系基础上,所以我们要掌握交流的艺术。在贯彻平等互利等原则的前提下,既要表现真实的自我,又要了解和认识对方,掌握交流的艺术,努力做到礼貌待人,主动热情,积极求同,缩短距离,了解对方,记住特征。同时,情感在人际交往中是一个极其重要的因素。我们之所以能够表现出真实的自我,就是把塑造人格魅力看作是交际成功的根本奥秘和首要条件,正因为如此,人与人之间的交流才能在真实自然、坦诚相待的基础上沟通感情,心理相容。

(三)理解宽容

理解宽容是团队合作中的一种美德。对人宽容,就会得到大家的拥护。与团队一同分享自己快乐的人,也必定会为团队内产生的忧愁而忧愁。所以,当团队内遇到矛盾时,只有大家相互理解,相互包容,相互原谅,才能够使团队更具有凝聚力和战斗力。

(四)各抒己见

各自抒发自己的情绪和意见,直接面谈是团队合作的一剂良药和最佳方法。通过面谈，团队成员充分表达了自己的意见，一使成员感受到参与感和被尊重；二是得到更多信息，为进一步求同存异奠定基础；三是团队成员在各抒己见的过程中能够碰撞出更好的方案或方法。

（五）各施其长

特长是每个人身上的闪光点，也是团队内每个成员之间友好相处的特殊工具。要想使自己被团队所承认，就应该发掘自己的特长，将特长应用在团队合作中，使整个团队在迈向目标时，能够通过自己的特长为整个目标服务，加快完成任务。而每个人的特长也会被团队或者团队内成员所接纳、所喜欢、所羡慕。如果长处不为对方所重视，要么对方是外行，要么对方比你更高明。应运用自己的特长，取得团队的重视，从而获得信心，这是最有把握合作的方法。

（六）讲究信誉

遵守诺言是一项重要的感情储蓄。在团队中结交朋友的窍门是对别人真心诚意，说真话，办实事，言而有信，不轻易许诺。人与人之间最大的信任就是关于进言的信任。品德高尚的人与他人真诚交往，不讲虚言套语，像水一样清纯。只有抛掉虚伪，以诚相见，才能得到别人的尊重和信任。真诚之心所到的地方，虽坚如磐石的东西，也能被打开，此所谓"精诚所至，金石为开"。

案例一

小米集团的建立与发展

小米集团于2010年4月成立，是一家专注于高端智能手机自主研发的移动互联网公司，已获得来自Morningside、启明、IDG和小米团队4 100万美元的投资，其中小米团队56人投资1 100万美元。2011年8月16日，小米开始手机硬件设计制作，仅仅一年时间，他们发布了第一款小米手机。最关键的是，按照小米董事长、CEO雷军的说法，这款小米手机将是一款性价比极高的高端智能手机。能够成就如此速度的，是小米公司那七个堪称超豪华的联合创始人团队。

雷军是金山软件的董事长和著名的天使投资人，林斌是谷歌研究院的副院长，洪锋是谷歌高级工程师，黄江吉是微软工程院首席工程师，黎万强是金山软件人机交互设计总监、金山词霸总经理，周光平是摩托罗拉北京研发中心总工程师，而刘德是一位自世界顶级设计院校ArtCenter毕业的工业设计师。

小米成功的原因有以下几点：

1. 让每个人发挥自身所长，各司其职

雷军是董事长兼CEO，林斌是总裁，黎万强负责小米的营销，周光平负责小米的硬件，刘德负责小米手机的工业设计和供应链，洪锋负责MIUI，黄江吉负责米聊，后来增加了一个负责小米盒子的王川。这几位合伙人除了理念一致，大都管过超过几百人的团队，更重要的是都能一竿子插到底地执行。

2. 组织层次清晰，分工明确

小米的组织机构,一层产品、一层营销、一层硬件、一层电商,每层由一名创始人坐镇,大家互不干涉。

3. 新鲜独特的"有人排队的小餐馆理论"

小餐馆成不成功的标志是有没有人排队,小米就是要做有人排队的小餐馆,我们希望小米的所有人都在产品的一线,而不是当老板、当管理者。

4. 在工作上达成共识,有强烈的时间观念和敬业精神

在内部,他们统一共识为"少做事",少做事,才能把事情做到极致,才能保证工作效率和质量达到双赢。

小米团队之所以能在如此短的时间内取得这么大的成就,与小米手机创始人独特的合作模式和管理方式有关。

二、团队合作的原则

团队是一个整体,需要协调一致地行动。但每个团队成员的优势不同,所处位置不同,观察问题的角度不同,对同一事物产生的看法也会不同,甚至存在较大差异。这就充分体现了团队合作原则的重要性。

(一)集思广益

集思广益不但可以创造奇迹,开辟前所未有的新天地,而且能激发每个人在团队合作中的最大潜能,使团队即使面对再大挑战也不畏惧。每个人的"心智"都是一个独立的"能量体",而潜意识则是一种磁体,当我们行动时,他们的磁场力就产生了。如果一个人与更多具有相同"磁场力"的团队成员结合在一起,就可以形成一个强大的"电磁场",而这个电磁场创造的力量将会是无与伦比的。集思广益的精髓在于尊重差异,取长补短。集思广益的沟通,是指敞开胸怀,接纳一切稀奇古怪的想法,同时也贡献自己的意见。

(二)团结互补

一致并不代表团结,相同也不意味着齐心,只有团结、齐心,才能互补,才能和平共存。

(三)尊重差异

团队合作应该尊重差异,重视不同个体的不同心理、情绪与能力及个人眼中所见到的不同世界,同时应重视不同的意见,以增长见识。

(四)自愿合作

如果团队内的个体想赢得他人的合作,就要征询他人的愿望、需要及想法,让他自愿参加。"我要合作"与"要我合作",其结果是迥然不同的。

(五)平等待人

平等待人是建立良好人际关系的前提。人与人相处或合作的过程中,交往的双方在人格上是完全平等的。

（六）具有团队精神

有了团队精神，团队成员才会拼命地努力，组织活力才会增强。

案例二

动物的团队合作

生物学家发现，互助互援是各种动物面对强敌最锐利的武器。一只单独生活的昆虫、野兽，很难逃脱被彻底毁灭的命运。蚂蚁有许多天敌，它的卵和幼虫是许多动物的美食，一只蚂蚁的防御没有多大价值，但成千上万的蚂蚁不但没有受到鸟类或食蚁兽的摧残，反而使许多虫、兽有所畏惧。蜜蜂由于实行集体生活，它们共同工作，使它们的个体力量、安全系数都增加了若干倍。鹦鹉是极其合群的鸟，它们互相依恋，患难与共，除了人以外几乎没有其他的敌人，很少有猛禽或哺乳动物敢去攻击它们。草原狼常常二三十只结成一群去追逐偶尔离群的野牛；成群结队的野狗能够战胜熊和老虎；一匹马只要不离群，无论熊、虎或狮子都不能伤害它。互助团结的合群生活，能使动物由弱变强，由愚变智，有利于抵御强敌和适应各种恶劣的自然环境。

三、团队合作的方式、方法

团队内的合作需要讲究技巧，有的团队使用强迫的方法，有的团队使用说服的方式，而有的团队则使用惩罚或奖赏的手段，其目的都是为了减少团体中的个人利己思想，使团队全体融为一体，向着共同目标一齐努力。

（一）聚拢法

在团队周围聚拢起一批"专家"，让他们各显其能，各尽其才。

（二）填补法

增加团队成员的创造性设想，填补其头脑中的知识空隙，通过团队之间、团队内部的互相激励，互相诱发，产生连锁反应。

（三）沟通法

团队成员彼此尊重，互相交流，互相沟通心灵的奥秘，开诚布公地交谈，增进了解。

（四）开辟法

在团队中应开辟一条两全其美的第三条路，以真正了解双方的想法，在此基础上，引导双方互相商量，直到找出共同认可的方式，那便是创造性合作的理想环境。

（五）化阻法

即使在最不利的环境中，依然可进行内心的组合。不必太在意旁人的诋毁，应该化解负面的阻力，发掘别人的长处，以弥补自己的不足。在僵持不下的局面中，应寻找第三种可能性。

（六）求同法

团队内每个人的共同点是合作交往的基点，一切友谊和合作都是在此基础上的延伸。

从共同的话题谈起，同点推测，设想共同话题；同点选择，试探谈吐动机；同点发挥，发展真诚友谊。从共同的情趣爱好学起，以利于引起心理共鸣，产生共同语言，增进相互理解。应努力找到喜欢之物，摘取交往之实，收获合作之果。

（七）换位法

团队内成员交往合作的宗旨，在于合作双方的交流和理解。换位思考的优点在于：一是能够使整个团体变得美好，也重视每个成员的举措与动机；二是能够消除团队内成员彼此间的隔阂与不理解。

（八）自谦法

人人都是平凡的，然而又是不平凡的。有效地学会合作之道乃是要永远表现得平凡，能在任何人面前保持"平凡"，团队内就有团结合作的引力。

（九）迂回法

"批评是苦的，表扬是甜的"，如果我们学会把表扬掺入批评之中，那么相互批评也更容易为团队内每个人所接受。

（十）褒奖法

任何工作都是汗珠和精力的结晶，不论成就如何，团队内每位成员都应拿赞美代替讥笑，拿鼓励代替嫉妒。多讲一句赞扬和鼓励的话，就可为团队内的相互合作增添凝聚力。待人处事上，缺点和短处要当面指出，在背地里应尽量说他人的优点和长处。间接赞扬的方式最能使团队内每个人保持愉悦的心态，而这种方式也总是会经过中间人而传到被赞扬者耳朵中去。

（十一）感召法

团队内成员要加强合作，必须以相互交心为前提。能从细微之处体贴别人，对别人关怀备至的人，才是最会关怀、最能合作的人。

四、团队合作注意事项

对合作要有一个清醒的认识，如果辛辛苦苦所建立的组织，受到派系、非正式团体等的阻碍，而衍生出不合作、争面子、虚荣心的恶性较量，则有可能导致分裂的局面。

对合作要有一个深刻的认识。合则两利，互相补台，好戏连台；分则两散，互相拆台，大家垮台。

对合作要有一个需要的认识。要感动别人或获得人缘，就得配合对方，先从他人的需要入手。

下面通过一则古希腊寓言故事，来具体体会一下团队合作需要注意哪些事项。

（一）明确目标，满足需求

相传，在古希腊时期的塞浦路斯，曾经有一座城堡里关着7个小矮人，传说他们是因为受到了可怕咒语的诅咒，才被关到这个与世隔绝的地方。他们住在一间潮湿的地下室里，找不到任何人帮助，没有粮食，没有水，这7个小矮人越来越绝望。

小矮人中，阿基米德是第一个受到守护神雅典娜托梦的。雅典娜告诉他，在这个城堡里，除了他们所在的那间房间外，其他的 25 个房间里，其中一个房间里有一些蜂蜜和水，够他们维持一段时间，而在另外的 24 个房间里有石头，其中有 240 块玫瑰红的灵石，收集到这 240 块灵石，并把它们排成一个圈的形状，可怕的咒语就会解除，他们就能逃离厄运，重归自己的家园。

第二天，阿基米德迫不及待地把这个梦告诉了其他的 6 个伙伴。其中 4 个人都不愿意相信，只有爱丽丝和苏格拉底愿意和他一起努力。开始的几天里，爱丽丝想先去找些木材生火，这样既能取暖，又能让房间里有些光线。苏格拉底想先去找那个有食物的房间，阿基米德想快点把 240 块灵石找齐，好快点让咒语解除，3 个人无法统一意见，于是决定各找各的，但几天下来，3 个人都没有成果，反而耗得筋疲力尽，更让其他的 4 个人取笑不已。但是 3 个人没有放弃，失败让他们意识到应该团结起来。他们决定，先找火种，再找吃的，最后大家一起找灵石。这是个灵验的方法，3 个人很快在左边第二个房间里找到了大量的蜂蜜和水。

在经过了几天的饥饿之后，他们狼吞虎咽了一番，然后带了许多食物分给特洛伊、安吉拉、亚里士多德和梅里莎。温饱的希望改变了其他 4 个人的想法。他们后悔自己当时的愚蠢，并主动要求要和阿基米德他们一起寻找灵石，解除那可恨的咒语。

（二）提高效率，学习提高

为了提高效率，阿基米德决定把 7 个人兵分两路：原来 3 个人继续从左边找，而特洛伊等 4 人则从右边找。但问题很快就出来了，由于前 3 天一直都坐在原地，特洛伊等 4 人根本没有任何的方向感，城堡对他们来说就像个迷宫，他们几乎就是在原地打转。阿基米德果断地重新分配，爱丽丝和苏格拉底各带一人，用自己的诀窍和经验指导他们慢慢地熟悉城堡。

提高效率，尽快完成团队的目标是任何一个团队所追求的。知识是生产力，是提高效率的重要手段。而经验是知识的有机组成部分，也可以通过有意识的学习获得。

（三）认清阻力，达成一致

当然事情并不像想象中的那么顺利，先是苏格拉底和特洛伊那组总是嫌其他两个组太慢。后来，当过花农的梅里莎发现，大家找来的石头里大部分都不是玫瑰红的。由于地形不熟，大家经常日复一日地在同一个房间里找石头。大家的信心又开始慢慢丧失。

团队的阻力来自成员之间的不信任和非正常干扰。尤其在困难时期，这种不信任及非正常干扰的力量更会被放大。因此，在团队运作时，建立一个和谐的环境非常重要。

（四）合则两利，分则两散

阿基米德非常着急。这天傍晚，他把 6 个人都召集在一起商量办法。可是，交流会刚刚开始，就变成了相互指责的批判会。

性子急的苏格拉底先开口："你们怎么回事，一天只能找到两三个有石头的房间？"

"那么多的房间，门上又没有写哪个房间有石头，哪个房间没有石头，当然要很长时间了！"爱丽丝答道。

"难道你们没有注意到,门锁是圆孔的都是没有的,门锁是十字型的都是有石头的吗?"苏格拉底反问道。

"怎么不早说哪?害得我们做了那么多的无用功。"其他人听到这儿,似乎有点生气。经过交流,大家才发现,原来他们有些人可能找准房间很快,但可能在房间里找到的石头都是错的;而那些找得非常准的人,往往又速度太慢。他们完全可以将找得快的人和找得准的人组合起来。

相互指责只会使问题更加严重,对问题的解决没有丝毫的帮助。

(五)分工协作,发挥专长

一个团队里,具有专业素质的人非常关键。但是一个团队的运作,需要的是各种类型的人才,如何搭配各类人才,是团队管理要解决的重大问题。

于是,这7个人重新进行了组合。并在爱丽丝的提议下,大家决定开一次交流会,交流经验和窍门。然后把很有用的那些经验和窍门都抄在能照到亮光的墙上,提醒大家,省得再走弯路。

吃一堑,长一智,及时总结经验、教训,并通过合适的方法与团队内的所有成员共同分享,是团队走出困境、走向成功的很好做法。

在7个人的通力协作下,他们终于找齐了所有的240块灵石,但就在这时苏格拉底停止了呼吸。大家震惊和恐惧之余,火种突然又灭了。

没有火种,就没有光线,没有光线,大家就根本没有办法把石头排成一个圈。

本以为是件简单的事,大家都纷纷地来帮忙生火,哪知道,6个人费了半天的劲,还是无法生火,以前生火的事都是苏格拉底干的。寒冷、黑暗和恐惧再一次向人们袭来。灰暗的情绪波及了每一个人,阿基米德非常后悔当初没有向苏格拉底学习生火。

分工有利于提高效率,但分工会使得团队成员知识单一。在一个团队里,不能够让核心技术掌握在一个人手里,应通过科学的体制和方法对核心知识进行管理。

在神灵的眷顾下,最终火还是被生起来了,人们胜利了。通过对团队的有效管理,团队的目标最终实现了。美好的愿景是团队组建的基础,明确的目标是团队成功的基础,团结协作则是团队成功的关键。

五、怎样提升团队中的合作意识

要提升团队中的合作意识,须做好以下几点:

(一)团队成员之间主动交流

交流是协调的开始,团队成员之间在经历、知识、能力方面会存在某些差别,所以要把自己的想法说出来,也要多听别人的想法。

(二)保持乐观的心态

即使遇到了麻烦,也不要悲观丧气,要保持乐观的心态去对待。要学会说:"我们是有能力的,肯定会把这个问题解决好的。"

（三）谦虚友善

纵然某一位成员在各方面都比别人优秀，也不要张狂，要时刻保持谦逊的态度。

（四）坦然接受别人的批评

请把你团队内的每个人当成朋友，坦然接受批评。一个对批评暴跳如雷的人，每个人都会对她（他）敬而远之。

（五）群策群力

两个人的力量总会比一个人的力量强，整个团队的力量则更强。如果每个人都可以提出令团体满意的建议，并在其他团队成员遇到困难时及时提供帮助，那么团队的建设必然会更加出色。

案例三

黑熊与棕熊

黑熊和棕熊喜食蜂蜜，都以养蜂为生。它们各有一个蜂箱，养着同样多的蜜蜂。有一天，它们决定比赛看谁的蜜蜂产的蜜多。黑熊想，蜜的产量取决于蜜蜂每天对花的"访问量"。于是它买来了一套昂贵的测量蜜蜂访问量的绩效管理系统。同时，黑熊还设立了奖项，奖励访问量最高的蜜蜂。但它从不告诉蜜蜂们它是在与棕熊比赛，它只是让它的蜜蜂比赛访问量。

棕熊与黑熊想得不一样。它认为蜜蜂能产多少蜜，关键在于它们每天采回多少花蜜——花蜜越多，酿的蜂蜜也越多。于是它直截了当告诉众蜜蜂：它在和黑熊比赛看谁产的蜜多。它花了不多的钱买了一套绩效管理系统，也设立了一套奖励制度，重奖当月采花蜜最多的蜜蜂。如果一个月的蜜蜂总产量高于上个月，那么所有蜜蜂都受到不同程度的奖励。一年过去了，两只熊比赛的结果是：黑熊的蜂蜜不及棕熊的蜂蜜的一半。

案例思考：

看完这个故事，大家有什么感想？同样是采用了激励手段，两个团队也同样都尽力去做，但结果差别很大。我们在日常工作中，是不是也会遇到同样的问题呢？采用不同的绩效考核手段和激励机制，会有什么样不同的收获呢？

过程训练

训练一：穿越障碍

1. 活动程序

在教室中间，将一根橡皮筋分别固定在教室两端，橡皮筋高约1.2米。现团队成员均在橡皮筋的一边，请采取办法让所有的人从橡皮筋的上方过到另外一边。通过时所有的人都不能碰到橡皮筋。

2. 问题讨论

（1）在这个游戏中，如果不和别人合作，一个人能过去吗？

(2) 你是如何求得别人的帮助的？
(3) 一个小组是否安排了通过的先后顺序，这个顺序是如何形成的？
(4) 你从这个游戏中学到了什么？

3. 结果应用

在别人的帮助下我们更容易穿越障碍，达到彼岸。在互助的过程中信任和友情这些人际情感更容易在人际心田中延展，可以说合作带给我们的不仅仅是效率的提高，也是和谐人际关系的深入。

训练二：合力起身

1. 活动程序

请每个团队先派出两名队员，背靠背坐在地上，两人双臂相互交叉，合力使双方一同站起来；以此类推，每个团队每次增加一人，如果失败，需重新再来一次，直到成功，才可再加一人。老师和其他团队同学在旁边观看，选出人数最多且用时最少的一队为优胜者。

2. 问题讨论

(1) 反思自己的游戏过程，如果仅仅靠一个人或几个人的力量能不能完成？
(2) 如果大家不配合，会出现什么结果？
(3) 队员之间是用什么办法做到一致的？
(4) 队员之间是如何协调的？
(5) 这个游戏跟力气大小有无关系？
(6) 如果团队中有一个人不配合，这个游戏能否完成？

3. 结果应用

这是一个看似容易、做起来却很难的活动。人们往往觉得容易就开始直接尝试，结果发现不然，于是又会出现另一种情况，认为困难而不再努力去完成，这时少数积极的人、队长开始继续尝试并讨论对策，在团队领导的鼓励下，部分队员又开始参与并尝试去完成任务。通过不断的尝试、失败，再尝试、再失败，总结经验，还是可以完成任务的（图11.1）。

图11.1 合力起身

第二节 团队竞争

一、竞争的积极作用与消极作用

古往今来，竞争一直都是存在的，无论是组织与组织之间还是个人和个人之间都存在竞争。同时，竞争有双面的影响，既有积极作用，也有消极作用。

案例一

鲶鱼效应

挪威人爱吃沙丁鱼。挪威人在海上捕得沙丁鱼后，如果能让它活着抵港，卖价就会比死鱼高好几倍。由于沙丁鱼生性懒惰，不爱运动，返航的路途又很长，因此捕捞到的沙丁鱼往往没回到码头就死了，即使有少部分沙丁鱼是活的，也奄奄一息。只有一位渔民的沙丁鱼总是活的，而且很生猛，所以他赚的钱也比别人的多。该渔民严守成功的秘密，直到他死后，人们打开他的鱼槽，才发现鱼槽里只不过多了一条鲶鱼。原来当鲶鱼装入鱼槽后，由于环境陌生，就会四处游动，而沙丁鱼发现这一异己分子后，也会紧张起来，加速游动，如此一来，沙丁鱼便活着回到港口。这就是所谓的"鲶鱼效应"。

（一）竞争的积极作用

（1）竞争能够激发团队成员参与学习和活动的热情，提高成员创造的积极性、主动性。

（2）竞争能克服人的惰性，激发人的潜能和创造性。

（3）竞争可以促进人们相互帮助，分工协作，在竞争中学会合作。

（4）竞争是为了更好地适应社会发展的需要。

案例二

草原羊

许多人都知道草原羊的例子。澳大利亚某牧场上狼群出没，经常吃掉牧民的羊。牧民于是求助政府和军队将狼群赶尽杀绝。狼没有了，羊的数量大增，牧民们非常高兴，认为预期的设想实现了。可是，若干年以后，却发现羊的繁殖能力大大下降，羊的数量锐减且体弱多病，羊毛的质量也大不如前。牧民这才明白，失去了天敌，羊的生存和繁殖基因也退化了。于是，牧民又请求政府再引进野狼，狼回到草原，羊的数量又开始增加。

(二)竞争的消极作用

(1)团队之间的竞争,胜出的肯定是少数成员,可能会给其他失败的成员带来一些消极的影响。

(2)竞争可能会影响团队成员之间的关系,如果一旦团队成员之间关系出现问题,可能会影响整个团队工作的进度。

(3)频繁的竞争不一定会产生激励的作用,可能使团队的成员沉浸其中,导致身心上的疲惫。所以,大家一定要合理地去看待团队中的竞争。

二、竞争的合理性与必要性

团队内的竞争是合理且必要的,只有在竞争当中,整个团队和团队内的成员才能不断地进步和成长。有威胁性的环境更利于团队在各个方面能力的提高。竞争作为一种社会性刺激,会使个体产生一系列心理需要和行为活动。处于竞争条件下,人们的自尊需要和自我实现的需要更为强烈,对于竞争活动将会产生更加浓厚的兴趣,克服困难的意志更加坚定,争取成功的信念也更加坚强。个体将动员一切力量,全力以赴,充分发挥内在潜力与创造力,力争使自己在竞争中立于不败之地。所以团队中存在竞争是合理的。

通过与他人的竞争,个体对自己的特点和能力有了进一步的认识,能客观地评价自己,扬长补短,精益求精。即使遇到失败,遭到挫折,也能寻找原因,争取"东山再起"。

案例三

新时代的竞争

当今时代,科学技术日新月异,注重技术创新已成为世界性潮流,技术更新的速度大大加快,产品的生命周期明显缩短。从一定意义上来说,企业之间的竞争已经成为技术、管理、创新、速度的竞争,唯快者,才能占得先机,赢得主动。正因为如此,许多成功的企业在竞争策略上都把"快"作为要义之一。美国硅谷是没有白天黑夜之分的。"天"早已不是计量时间的尺度,因为可能等你一觉醒来,你所在的领域已经重新"洗牌"。海尔集团注重快速推出新产品,努力在市场上"领先一步",做一块新"蛋糕",曾经平均每个工作日开发一个新产品,每年申报两项专利,新产品贡献率达到70%。

三、竞争机制在团队合作中的运用

为了使竞争机制在团队合作中发挥其积极作用,避免其消极作用,应注意以下几个方面:

(一)理性竞争

利用理性竞争让全体团队成员参加竞争,使竞争与合作并举,让成员在竞争中学会合作。

（二）目标导向

以目标达成为导向，在时间上求变通，让成员积极、主动地参与竞争。

（三）全面竞争

全面竞争，而不单纯是知识的竞争，更是能力和对待竞争看法和心态的竞争。

（四）绝对性与相对性结合

坚持竞争结果评价的绝对性与相对性相结合。

过程训练一

冲出包围圈

1. 活动程序

以班级为单位，将全班分成两组，一组为包围者，一组为突围者。所有包围者手臂相搭构成圆圈，形成包围状，突围者则单兵作战。突围队员先站在圈内，然后可以采用各种方法闯出圈外，包围者彼此齐心协力阻挡该突围者闯出，1分钟以后，换其他突围队员，直到所有突围者轮完为止。通过这个游戏，可以让包围者感觉到集体团结的重要性，也能让突围者感觉到单兵作战的不易，因而增加班级的凝聚力，同时为后续的拓展活动做准备。

2. 问题讨论

（1）包围者成功了几次？失败了几次？为什么会失败？

（2）突围者成功了几次？失败了几次？为什么会失败？

（3）包围者的体会如何？是否感到集体团结的重要性？

（4）突围者的感受如何？单兵作战容易吗？

（5）我们的班级是否团结？怎样才能促进我们班级的团结？

3. 结果应用

当对手非常强大的时候，我们会产生恐惧；当面临重重包围的时候，我们会感到无助。我们积极寻求突破，并努力拼搏的时候，机会和希望也随之产生。通过这个活动，培养学生个体的竞争意识及团结的重要性，同时明白竞争需要意识，竞争需要力量，竞争也需要能力，竞争还需要技术。

四、团队竞争注意事项

团队成员之间是一定存在竞争的，但是我们并不希望竞争的消极作用出现在团队之中，我们一定要明确团队竞争所需要注意的问题。

（一）良性竞争

我们一定要良性地去竞争，不能够"耍心机"，以打扰或者影响对方而去取得这场竞争的胜利。

(二) 调整好心态

调整好自己对团队之间竞争的心态，不能够因为自己的一次失利或者成功就将自己放在不合适的位置上。要以合理的心态和态度去面对团队内竞争的成败。

案例四

艺术巨匠的"竞争"

1920年，程砚秋先生拜梅兰芳先生为师。那时候，程砚秋尚未成名。为了让程砚秋得到更多的学习机会，梅兰芳每晚演出都要留一张好票请程砚秋观看。

1947年，梅兰芳与程砚秋同时在沪演出，梅兰芳在中国戏院，程砚秋在天蟾舞台。为了提高程砚秋的身价，梅兰芳采取了如下办法：一是每天都主动询问清楚程砚秋当晚演什么节目，若发现对方安排的节目与自己的相同，就主动更改，决不与程砚秋的重复，以免影响程砚秋的观众数目；二是演出票价也尽量不超过程砚秋，以此表明程砚秋的价值和地位。

一段时间，每晚上海的这两个戏院内外都是人山人海，灯火通明，观众们既为两位艺术巨匠友好的"竞争"鼓掌，也为梅兰芳高尚的师德和戏德喝彩。

五、怎样在团队合作中竞争

团队成员之间的工作和交流沟通更多的应该是合作，然而在合作之中也是一定存在竞争的。那又该怎样在团队的合作中去竞争，发挥我们团队最大的能力，使团队效力得到最大化呢？

合作中的竞争可以采取以下几种方式：

（一）岗位竞争

在保证团队工作进度的情况下，可以在相同的工作岗位设置两位成员，同时去完成，以选取更好的。

（二）分组竞争

以分组的形式去进行竞争，可以是不同的工作，从完整度和完成情况、细节部分去评定。

过程训练二

出牌对局

让同学们明白竞争需要技术、竞争需要智慧，参与并接受竞争的结果，承认并接纳真正的强者。

1. 活动程序

(1) 由两个团队形成一个对抗队，不允许两团队人员交流。

(2) 决定出牌情况：每个团队发三张牌，即一张红牌、一张黑牌、一张弃权牌。每队由队长组织投票。各团队在经过内部讨论、投票之后，以少数服从多数的方式决定出牌情况，出牌只能是红牌或黑牌或弃权牌。

（3）出牌活动中备一名通信员，用于在两团队之间公布对方的出牌情况，通信员必须在确认两团队的出牌结果有效之后，才能公布对方团队的出牌结果。

（4）团队中，只要有1人弃权，则该次投票无效，投票的有效性由通信员进行确认。

（5）得分规则。

① 如果双方都出黑牌，各得正3分；如果双方都出红牌，各得负3分。

② 如果有一方为红牌，另一方为黑牌，则出黑牌方得负5分，出红牌方得正5分。

③ 如果有一方出弃权牌，另一方出黑牌，则出弃权牌的一方得0分，出黑牌方得5分。

④ 如果一方出弃权牌，一方出红牌，则出弃权牌的一方得0分，出红牌方得负3分。

⑤ 如果双方都出弃权牌，则双方均得0分。

⑥ 游戏最好要进行6轮投票，其中第三轮得分乘2，第五轮得分乘3，最后的胜负规则为：累计正分最高者获胜，胜利一方有权利得到其他方的祝福。胜利方也可以要求失败方为自己做一件当场可以完成的事。

2. 问题讨论

（1）两小组被分开在教室的两个角落，众人乱作一团，然后开始投票。少数人对游戏规则云里雾里，甚至毫不关心，有些人立即发表看法，有人要求选红牌，也有人提出选黑牌，相持不下。你怎么看待这种情况，又是怎样做的？

（2）通常出红牌的呼声占了上风，因为他们的观点是：要么大家两败俱伤，要么就赢大了。而选黑牌的人则抱有很大的风险，如果对方出黑牌，我们才有得分的机会；如果对方出红牌，自己就亏大了。更多的人是双面派，选红牌也行，选黑牌也行。人群中开始有了争论，不同的观点都想说服对方，你又会做什么或如何表现？

（3）你如何看待这个游戏？在游戏中获得什么启迪？

3. 结果应用

博弈论与纳什均衡。本游戏来自于图克（Tucker）1950年提出的一个著名的博弈模型"囚徒困境"，在博弈论中，这是一个完全信息静态博弈的典型案例。"囚徒困境"博弈的基本假设如下：警察抓住了两个合伙犯罪的罪犯，但缺乏足够的证据指证他们所犯的罪行。只要有一人供认犯罪，就能确认罪名成立。为了得到所需的口供，警察将这两名罪犯分别关押，以防止他们结成攻守同盟。如果他们两人都拒不认罪，则他们会被以较轻的罪名各判1年徒刑；如果两人中有一人坦白认罪，则坦白从宽，立即释放，而不认罪者则将重判8年徒刑；如果两人同时坦白认罪，则他们将各被判5年监禁。

在两人不能串通且完全理性的前提下，一定是每个人都追求自己的利益最大化而不会顾同伙的利益，并且双方又都不会相信对方的合作精神，最后的结果，只能实现对他们都不理想的结果（各判5年），即他们摆脱不了的"囚徒困境"。该结局也被称为"纳什均衡"，也叫非合作均衡。

这里并不深入讨论博弈论与纳什均衡，因为决定博弈结果的因素太多：双方知道的信息是否完全（很多人游戏进行一多半，还不清楚规则）；是否可以沟通（每个小组的成员，都会想方设法去打探对方的信息）；双方的协议是否得到遵守（如果有人违背协议，他就是最大的利益所得者）；双方是否理性（想一想那位坚持要出黑牌的组长）；等等。

第三节 团队合作与竞争的关系

个体的能力再强大也有边界，不足的地方就需要他人的补充，这就有了合作存在的基础；竞争能让个体变得更强大，更强大的个体可以让合作产出更大的结果。竞争与合作是不可分割、对立统一、相互联系的关系。

一、竞争中蕴含的合作条件

有效有序的竞争需要合作，其中原因主要包括以下几点内容：

（一）竞争有利于团队成员扩大交往

团队成员竞争促使人们在公开正当的交换和妥协中不断扩大彼此的交往，这必然会稠化人际关系的密度，从而使每一位成员彼此适应，更好地进行团队协作。

（二）竞争提升团队凝聚力

团队之间的竞争，可以让彼此学习对方的长处，也可以提高团队成员之间的默契，同时去对抗一个"敌人"，让团队凝聚力得到很大的提升。

（三）竞争离不开合作

竞争与合作并不是一对"敌对兄弟"，竞争离不开合作。因为有合作才能优势互补、取长补短、收拢五指、攥紧拳头、形成合力。

案例一

向对手致谢

大家知道，"定比定律"的发现者是法国著名的科学家普鲁斯特。可是，为探索这一科学奥秘，他和贝索勒互不相让地进行了长达9年的论争，双方不知否定和推翻了对方多少个企图证实自己观点正确的结论。最后，普鲁斯特成了竞争的获胜者。他们是怎样对待竞争的结果的呢？普鲁斯特丝毫没因为自己获胜而趾高气扬，他衷心地感谢贝索勒说："要不是你的质疑，我是难以深入地去研究'定比定律'的。"他向世人郑重宣告："发现'定比定律'，贝索勒有一半功劳。"贝索勒懊丧了吗？没有。相反，他为在科学的争论中发现了真理而高兴万分。他给普鲁斯特写信道："您发现了'定比定律'，可喜可贺，9年的争论，结出了果实，我向您——真理的发现者致意！"

二、竞争的发展要求合作

竞争的发展要求合作。合作可以产生竞争的"双赢"结果,即可以使所有参与方都提升实力和竞争力。但若一个团队采取仅对自身有利的战略,竞争对手对这种行为进行强烈的报复,每个团队的发展境况会比互相合作差得多。所以竞争的发展必须有合作在其中发挥一定的作用。

赤壁之战

三国时期,吴国大都督周瑜与蜀国军师诸葛亮分属吴蜀两国,私下里两国时不时地在较劲,就算在两国合作的时期两国都在较劲。在赤壁之战的时候,周瑜与诸葛亮在和合作的过程中也不乏竞争,但是这种竞争并没有分出胜负,反而造成了双赢的局面——曹操赤壁大败,败走华容,为三国鼎立的局面打下了基础,也顺利地避免刘备、孙权等人成为曹操的阶下囚。

可口可乐与百事可乐

生活中随处可见这样的现象。喜欢喝可乐的人知道世界上的两大可乐巨头——可口可乐和百事可乐,可口可乐公司和百事可乐公司竞争已经持续了很久并且还将持续下去。这种竞争真的有输赢之分吗?答案是否定的,在这么多年的竞争中,两者不但没有输赢,反而形成了一种双赢的局面。互相促进,不断进步,使可乐市场精彩纷呈!

三、竞争中合作的原则

在竞争中合作,需要遵循贡献原则和成效原则。

(一)贡献原则

贡献原则是所有参与者要在合作进程中付出、给予及作出改变,而非一方的单独行动。贡献是合作能获得成效的基本起点。参与方贡献的结合形成的虚拟"组织界面",是用以攫取最大利益,建立双赢局面和创造发展新契机的平台。是否对合作有所贡献,取决于参与者的自主性和独立性。当然,贡献是参与方力所能及的行为,如果一个贡献必须搭上一个参与方自主、独立的丧失,取而代之的是不安全感,这将意味着双方同时推进一个项目的进度关系不复存在,团队成员之间合作关系就会瓦解。

(二)成效原则

成效原则是指通过合作能够创造的具体有效的成果,是合作存在与进化的理由。成效由参与各方协力,且共同分享。分享的比例与分别做出的贡献及达成的共识有关。参与方正是揣着对之可能获得成效的向往与憧憬,着手建立合作关系。成效是合作的目的与动力。在不同领域,合作的成效有着不同的具体的含义,如产品附加价值的增加、综合国力的提高、获利能力的改善、学术发展空间的拓展、文化的繁荣、认识的完整等。

收益的获取可增强参与方的贡献能力,进而提高合作的层次,推进合作的进程。

四、合作与竞争能力的主要培养途径

合作与竞争能力的培养主要有以下几种途径。

(一)高度重视团队合作与竞争能力的培养

给予能力培养一定的重视度,不要按照传统的形式去看待团队的合作与竞争能力的培养,要符合新时代的新要求。

(二)充分发挥广大指导团队的作用

任何事情都需要有正确的引导,团队成员之间难免会有不同的意见,在讨论以后又没有得到让大家都满意的答案,这时就需要有一个可以引导我们走向正确道路的人出现,给我们指明前进的方向。

(三)加强团队文化建设

一个民族的文化是一个民族的根本,一个团队的文化更是一个团队的精神营养。有一定的团队文化及传统,团队成员就会自觉地按照传统及文化去要求自己,同时,提高对工作的严谨度,更能提高团队合作与竞争能力。

(四)感受良好的社会氛围

良好的社会氛围会为我们的团队提供很多有益的建议及做事的方式、方法,能够更好地提高团队的竞争与合作能力。

案例三

长者的恩赐

从前,有两个饥饿的人得到了一位长者的恩赐:一根鱼竿和一篓鲜活硕大的鱼。其中,一个人要了一篓鱼,另一个人要了一根鱼竿,于是他们分道扬镳了。得到鱼的人原地就用干柴搭起篝火煮起了鱼,他狼吞虎咽,还没有品出鲜鱼的肉香,转瞬间,连鱼带汤就被他吃了个精光,不久,他便饿死在空空的鱼篓旁。另一个人则提着鱼竿继续忍饥挨饿,一步步艰难地向海边走去,可当他已经看到不远处那片蔚蓝色的海洋时,他浑身的最后一点力气也使完了,他也只能眼巴巴地带着无尽的遗憾撒手人间。

又有两个饥饿的人,他们同样得到了长者恩赐的一根鱼竿和一篓鱼。只是他们并没有各奔东西,而是商定共同去寻找大海。他俩每次只煮一条鱼,经过遥远的跋涉,终于来到了海边,从此,两人开始了捕鱼为生的日子,几年后,他们盖起了房子,有了各自的家庭、子女,有了自己建造的渔船,过上了幸福安康的生活。一个人只顾眼前的利益,得到的终将是短暂的欢愉;一个人目标高远,但也要面对现实的生活。只有把理想和现实有机结合起来,才有可能成为一个成功之人。有时候,一个简单的道理,却足以给人意味深长的生命启示。

当社会给予你与他人相同的条件时,你怎样去对待这个条件,怎样去获得更多的利

润，你是否需要一个团队去实现你的目标，让自己更加的成功，这些都是值得我们思考的问题。

过程训练

训练一：问题思考

（1）你是如何看待一个团队合作与竞争能力缺失的原因的？
（2）当你已经意识到你的团队内部出现了问题，你该怎么解决？
（3）当你面对别人评价你的团队的合作与竞争能力时，你会做出什么样的回应？

训练二：足球赛

1. 活动程序

把整个团队分为人数相等的两组，让队员们选择和自己身材相当的人，团队内结对，让搭档们把各自的脚踝绑在一起。每团队选一对搭档，背靠背站立，并把他俩的腰捆在一起，作为各队的守门员。两队开展足球比赛，分上下半场，每个半场15分钟，半场结束时两队交换场地。比赛中队员们必须一直绑着脚踝，用3条腿踢球，按足球规则进行比赛。

2. 问题讨论

（1）哪个队赢得了比赛？
（2）比赛过程中人们遇到了什么问题？
（3）搭档们是如何协调工作的？
（4）什么因素有助于团队更加有效地运作？

3. 结果应用

我们进入一个充满竞争更需要合作的时代，这需要我们既要有竞争的意识，又要学会合作，在合作中竞争，在竞争中合作，这是这个活动要告诉我们的道理。

训练三：合理前进

1. 活动程序

把学员随机分成三组，把两块木板均匀地搭在排成一条直线的3张板凳上，所有队员站成一排，要求在所有人不许触地的前提下，合理移动板凳和木板，在规定时间内看团队整体移动的距离。

2. 问题讨论

（1）团队成员之间有无分工？
（2）有没有实施策略的商讨和计划？
（3）有没有设定人数完成的距离，并考虑目标的作用？
（4）有没有意外情况的出现，又是如何解决的？

3. 结果应用

这个训练项目提示我们，面对纷繁复杂的局面，每个人都会有自己的见解，这样就要求每个人明确自己在团队中的定位及责任，既要各抒己见，充分发挥个人的聪明才智，又要及时汇总意见，提炼最佳方案，这才是保持工作快速高效的途径。在团队合作中，应该了解每个成员的特点，合理地优化资源配置。每个人都应首先完成自己职责范围内的事情，同时具有强烈的责任心和服从组织的耐心，避免急躁情绪，听从统筹安排，这样才能战胜困难，取得成功。

团队的决策力、沟通力、执行力是检验团队实力的关键环节。团队中需要有智囊团，但更需要有可以果断做出决策的领导人，团队的沟通与执行力也必不可少。缺少了哪一点，都不可能成功。因为缺少了智囊团，就没有了行动方案；而缺少了领导，就会各执一词，各行其是；缺少了沟通与执行力，就会出现"上热""中温""下凉"的局面，上面忙作一团，下面无所事事。方案确定后，有时也许需要适时进行调整，此时，充分发扬民主集中制就显得非常重要。

拓展阅读

[1] 程笑冉. 看不见的竞争力：68个教育细节培养儿童关键能力［M］. 北京：清华大学出版社，2021.

[2] 詹秀娟. 团队合作［M］. 北京：中国轻工业出版社，2019.

参 考 文 献

[1] 赵仁平，刁玉峰. 职业沟通与团队合作 [M]. 北京：中国书籍出版社，2018.

[2] 武洪明，许湘岳. 职业沟通教程 [M]. 北京：人民出版社，2011.

[3] 邹晓春. 沟通能力培训全案 [M]. 3版. 北京：人民邮电出版社，2014.

[4] 王佳，徐玲. 人际沟通与交流 [M]. 北京：清华大学出版社，2013.

[5] 王青，胡巍. 沟通技巧与领导力开发 [M]. 上海：上海交通大学出版社，2007.

[6] 全琳琛. 沟通能力培训游戏经典 [M]. 北京：人民邮电出版社，2009.

[7] 刘永中，金才兵，何乔. 管理培训游戏600则：管理培训游戏全案 [M]. 升级版. 广州：广东经济出版社，2015.

[8] 许湘岳，徐金寿. 团队合作教程 [M]. 北京：人民出版社，2011.

[9] 徐畅，庞杰. 大学生基本素质训练教程：礼仪 团队 心理 拓展训练 [M]. 2版. 北京：清华大学出版社，2012.

[10] 王波. 团队建设能力培训游戏经典 [M]. 北京：人民邮电出版社，2009.

[11] 姚裕群，孔冬. 团队管理 [M]. 长沙：湖南师范大学出版社，2007.

[12] 惠亚爱. 沟通技巧 [M]. 北京：人民邮电出版社，2009.

[13] 王琪. 有效沟通实务 [M]. 北京：中国人民大学出版社，2018.

[14] 王光华，赵国宏. 口才沟通与演讲实用教程 [M]. 北京：中国人民大学出版社，2017.

[15] 帕特里克·兰西奥尼. 团队协作的五大障碍 [M]. 北京：中信出版社，2010.

[16] 琳达·亨曼. 高绩效团队 [M]. 肖剑，译. 北京：中国友谊出版公司，2019.